徐显芬 李 臻 主编

大夏世界史研究

日本工作站文集

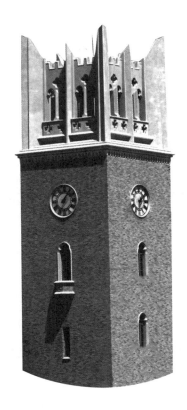

东方出版中心

WORLD
HISTORY and
INTERNATIONAL
RELATIONS STUDIES

图书在版编目（CIP）数据

大夏世界史研究：日本工作站文集 / 徐显芬，李臻
主编. 一上海：东方出版中心，2022.6
ISBN 978-7-5473-1966-6

Ⅰ.①大… Ⅱ.①徐… ②李… Ⅲ.①世界史—文集
Ⅳ.①K107-53

中国版本图书馆CIP数据核字（2022）第030210号

大夏世界史研究：日本工作站文集

主　　编　徐显芬　李　臻
策划组稿　张爱民
责任编辑　黄　驰
装帧设计　钟　颖

出版发行　东方出版中心有限公司
地　　址　上海市仙霞路345号
邮政编码　200336
电　　话　021-62417400
印 刷 者　上海颛辉印刷厂有限公司

开　　本　710mm×1000mm　1/16
印　　张　16.5
字　　数　239千字
版　　次　2022年11月第1版
印　　次　2022年11月第1次印刷
定　　价　99.00元

目　录

下 编

前言

华东师范大学世界历史海外工作站在日本建成后取名为"华东师范大学海外学术研究早稻田大学研究中心"（以下简称"研究中心"），《大夏世界史研究 日本工作站文集》是相关科研人员的学术成果。我在这里首先介绍一下研究中心成立的经纬及相关的研究活动，然后对文集的论文构成做一个简要的说明，以便读者了解本书的概貌。

一、"华东师范大学海外学术研究早稻田大学研究中心"成立

2018 年 10 月 31 日，华东师范大学历史学系主任孟钟捷教授与日本早稻田大学社会科学综合学术院院长刘杰教授签署了两校院系间交流合作协议，开启了两院系间有协议的交流历史。一个月后的 11 月 27 日，华东师范大学历史学系沈志华教授和沐涛教授带队访问了日本早稻田大学社会科学综合学术院，在那里举行了正式签字仪式并交换了协议文本。早稻田大学社会科学综合学术院院长刘杰教授全程亲自接待，日本著名历史学者毛里和子教授、波多野澄雄教授出席了仪式。由此，华东师范大学世界历史海外工作站在日本建成，取名为华东师范大学海外学术研究早稻田大学研究中心。

研究中心成立之际的 2018 年 11 月 27 日下午，在签约仪式之后举行了第一次交流工作坊，双方就合作形式和具体细则进行了详细的讨论和落实。刘杰教授致开幕辞，欢迎华东师范大学一行来访早大，期待以此为契机加强双方校际、院系间的交流与合作。沈志华教授回顾了华东师范大学与早稻田大学交流合作的长久渊源，

介绍了华师大世界历史学科近两年的发展情况，包括承接中国国家社会科学基金特别委托项目、"周边国家研究院"的成立、在第四轮教育部学科评估中世界史学科获得"A+成绩"、成立"世界历史研究院"等相关情况。沈志华教授表示，早稻田大学是世界著名学府、日本顶尖大学，对能正式签订两校院系间交流合作协议并在今后切实开展各种交流合作活动感到由衷的高兴。

华东师范大学世界史学科负责人、"世界历史研究院"执行院长沐涛教授与早稻田大学社会科学综合学术院院长刘杰教授正式交换了合作协议。签约仪式结束后，刘杰教授介绍了早稻田大学社会科学综合学术院的基本情况，沐涛教授介绍了华师大历史学系和新成立的"华东师范大学世界历史研究院"的基本情况。双方与会成员毛里和子教授、波多野澄雄教授、姚昱教授等，对之后交流合作的方式、可能开展共同研究的领域及课题、教师及学生的相互派遣等议题进行了深入的意见交换。

二、研究中心的交流活动

研究中心成立以后，两校院系之间开展了卓有成效的交流活动。继 2018 年 11 月的第一次工作坊之后的半年，2019 年 6 月华师大历史学系主任孟钟捷教授带团访问早大，举办了第二次工作坊。

此次历史学系访日代表团访问早大之际，有幸与华师大汪荣明副校长率领的访日代表团在早稻田大学会合，一同进行了访问。6 月 21 日，一行 12 人首先访问了早稻田大学社会科学综合学术院，与该学术院教师进行了交流座谈会，随后移步到早稻田大学行政主楼 205 贵宾室，与早稻田大学理事弦间正彦教授会面，双方进行了亲切友好的交谈。

翌日，在早稻田大学社会科学综合学术院的 801 会议室举行了"华东师范大学历史学系与早稻田大学社会科学综合学术院第二次联合工作坊"。工作坊以"世界历史与现代社会"为主题，分为三个环节进行了研讨。上午的学术分会由社会科学综合学术院寺尾健一教授主持，在刘杰院长和孟钟捷主任致辞后，中方学者孟钟捷教授、李孝迁教授、李磊教授、李月琴副教授和王悦老师分别做了学术报告。孟钟捷围绕"德累斯顿大轰炸之争"展开讨论了历史认识的三个问题，即认识主体资格、认识价值以及认识方式的选择，提出第二次世界大战这一国际事件的认识主体应由"人类命运共同体"来担当，认识价值应该从复仇心理向共存意识转化，而复合、理性及辩证的历史逻辑才是二战记忆"真实性"的保障。李孝迁首先指出中国近代史研究受到了日本学界的很大影响，接着以范文澜的《中国通史简编》的编撰为例讨论了历史叙事模式的发展变化，提出了关于历史书写的重要观点：不仅要分析历史书写的叙事内容，更为重要的是要理解历史书写的叙事模式、为谁而写和为什么要写的问题。李磊从观念层面入手，用《三国遗事》中记载的新罗人对唐朝的记忆与想象，来描绘新罗人在认同唐朝天下意识的同时又把唐朝解读为"帝国"的微妙心态，并以此启示东北亚区域一体化的困难和基础。李月琴详细讲解了日本"明治维新"一课在中学历史课程标准、中学历史教材以及中学课堂中是如何规定并进行教学的，指出了历史教学第一线的重要性。王悦对研究罗马起源及发展历史的重要史家李维的叙事形式进行了分析，具体地通过强调纪念物在李维写作手法上的有效运用，从可视化视角分析了李维叙事形式的独到之处。对上述报告，日方学者、社会科学综合学术院的郑成准教授逐一做了点评。

下午的学术分会仍由寺尾健一教授主持，早稻田大学名誉教授中野忠、同学术院教授格鲁·安德森和刘杰教授分别做了学术报告，孟钟捷教授和学术院君塚弘恭准教授做了评论。中野忠从英国经济史的角度讲了欧洲产业革命发生的历史原因，强调了良好的自然条件（欧洲的矿区离城市比较近）为产业革命提供了得天独厚的条件。安德森回顾了第二次世界大战结束前后到 20 世纪 50 年代日本文化马克思主义的发展及其局限性，指出这一时期的日本文化马克思主义的实践促进了 60 年代以后的"民众史"及"社会史"研究的兴起，并推动了战后历史学的巨大变化。刘杰指出克服历史的负面影响从而实现和解仍然是东亚需要完成的课题，提出了作为和解学基础的"新新史学"，并概括出了"新新史学"的四个特点：具有跨越国界的全球史特点、应对历史叙事的"大众化"时代的需要、融合多样学科的跨学科特点以及史料多样化的特点。

第三个分会专门就之后的交流合作进行了讨论，由刘杰院长主持，孟钟捷主任就基于院系间交流合作协议之后今后可能推进的交流合作方式，提出了双方教师的互访、学生的互派以及联合工作坊的定期举办等推进共同研究的相关议题。双方就这些议题逐一进行了讨论，确认了开展具体事务及联络方式等细节问题，并一致认同今后着力促进双方交流合作活动的定期化和机制化。

在此次研究中心交流活动结束后，历史学系访日代表团一行还访问了位于东京都江东区的日本教科书研究中心。该中心常务理事兼教科书图书馆馆长辰野裕一介绍了研究中心的发展历史、工作宗旨、研究特色，以及当前研究课题的进展情况。孟钟捷主任表示，希望借此次访问机会建立起有效的沟通平台，推进双方长期的交流合作机制。辰野馆长表示希望与华东师范大学历史学系建立长期的友好合作关系，进一步开展更为多元深入的合作交流活动。双方一致表示了对资料共享、科研人员交流以及信息沟通等具体合作活动的期待。

第二次工作坊之后不久，2019 年 9 月，早稻田大学社会科学综合学术院郑成准教授率领早稻田大学师生 15 人访问了华师大历史学系，与历史学系的师生进行了学术交流活动。在历史学系举办的交流座谈会上，系主任孟钟捷致辞表示欢迎，历史学系有研究生（包括硕士和博士生）16 人、本科生 7 人参加了交流座谈会。双方大学生就中日关系、日本政治经济、中日社会文化的异同等主题交换了意见看法，增进了彼此的理解和友谊。

2020 年初以来，虽然双方往来受到了一定的影响，但交流活动仍在继续。2021 年 3 月，华东师范大学历史学系与早稻田大学东亚国际关系研究所联合举办了题为《历史与和解学》的线上国际研讨会。刘杰教授（科研项目"面向和解的历史学家共同研究网络的检证"首席专家）致辞后，进行了一整天的线上研讨。全天共分四组，每组由中日双方各一人做学术报告、各一人做点评的形式进行，讨论了与历史及其和解相关的一些重要问题，推动了双方的学术交流与理解。

三、文集的上编

《大夏世界史研究 日本工作站文集》分为上编和下编，上编由七篇文章构成，都是华东师范大学历史学系世界历史专业的博士生以及博士毕业生的研究成果。他们都是华东师范大学海外学术研究早稻田大学研究中心的重要成员，此前积极参与交流中心的学术活动，今后都将是积极推动研究中心发展的主力军。

朱成林的《日美安全保障条约形成论——兼述吉田茂的政治决策》分析了在美国对日占领后期日美安保条约的形成过程，指出对于战败国日本来说与美国签订安保条约存在多个弊端，并考察了日本政府在与美国的交涉过程中选择接受签订条约的理由，认为时任日本首相吉田茂是在将媾和独立、安全保障、经济复兴放在冷战语境中加以思考并作出的政治决策，这样既能在法律层面争取到日本主权的恢复，又能在事实层面获得美国对日本的安全保障，并能以此为战后日本经济复兴创造有利的外部条件。

刘凯的《冷战转折下美日对冲绳归属问题的政策演变》分析了战后冲绳归属的确立过程，指出：战时的盟国和战后初期的美国军方，都有将琉球群岛从日本领土中剥离的想法，美军亦有在冲绳建立永久性军事基地的基础政策主张。战后初期的日本政府，则力图继承其近代扩张的成果，持续在对美交涉的准备策略和交涉过程中提出保留其琉球群岛主权的主张。随着冷战的爆发，美日走向同盟关系，在日方不断索求和实现自身战略利益的前提下，美国改变了其对琉球群岛的战后处理态度，逐渐倾向于满足日本针对琉球群岛"潜在主权"的主张。1951年《旧金山对日和约》的签署，使日本对琉球群岛所谓"潜在主权"的主张获得了美国的默认，冲绳的归属问题在冲绳的缺位和美日双方的交涉中被确定下来。

李臻的《战后初期芦田外交的经济因素再探讨》分析了芦田开展外交的背景及经济因素在其中所起到的作用，指出芦田外交采取了将其经济自立政策与媾和准备工作相结合的策略，因此芦田外交构筑日美安保体系的原型是手段而非目的，是要通过解决安保问题以后达成日本经济自立的目标。文章还认为，冷战的发展在这一阶段只是外交政策形成的促成因素，而非决定性因素；战后日本以经济发展为本的外交路线，并不是在"吉田路线"和日美安保体系形成之后才确立的，而是从战后初期开始就一以贯之的。

王盛吉的《从原水爆禁止世界大会到原子力日——战后日本"核敏感"变化探析》考察了战后日本社会对于遭受核武器袭击记忆的特有反应——"核敏感"的问题。文章指出，"核敏感"最初的内涵是为反对以核武器为主旨的所有核相关领域与拥核国家。但随着冷战的展开和美国在亚洲范围内核战略的部署，日本社会的"核敏感"成了日本政府与美国政府合作发展核能研究的社会舆论障碍。于是日本政府通过宣传和平发展并利用核能的成果，将日本"核敏感"的内涵转变成了对核能和平发展的认可及对核能利用安全性的担忧。在这一过程中，日本国内核议题的主导权也发生了变化。

史勤的《日本与缅甸关于战争赔偿的交涉》分析了日本首次创造性地适用《旧金山和约》赔偿条款与缅甸达成了战争赔偿交涉的过程。虽然缅甸并非《旧金山和约》缔约国，但日本利用《旧金山和约》的劳务赔偿原则作为双方的谈判基础。在正式谈判中，日本提出经济合作与赔偿一体化方案，并同意载入赔偿再协商条款，满足了缅甸的平等待遇要求，完成谈判。以此为范例，日本同东南亚建立起以赔偿与经济合作为纽带的政治经济关系。

刘夏妮的《三木武夫内阁的中日缔约政策》分析了继田中角荣之后就任首相的三木武夫政府对缔结中日和平友好条约的态度和政策，详细梳理了这期间中日双方进行的十二次预备性谈判和两次外长会谈，并分析了双方始终困于反霸权条款问题无法达成一致的过程和原因。最后指出，三木时期的缔约政策虽然是失败的，但以"宫泽四原则"为中心的提案实际上为之后福田内阁时期反霸权条款问题的解决提供了基础。

浦佳佳的《日本对中亚国家的政府开发援助》具体分析了自20世纪90年代开始的日本对中亚的政府开发援助的发展过程，指出日本利用政府开发援助这一外交手段在中亚地区取得了预期的成果，给日本与中亚双方带来了一定的积极影响，促进了双方关系的长足发展。

四、文集的下编

《大夏世界史研究 日本工作站文集》下编由六篇文章和附录构成，作者都是华东师范大学海外学术研究早稻田大学研究中心相关的日方重要成员，特别是毛里和子教授和波多野澄雄教授就是推动研究中心成立的关键性人物，他们与华东师范大学沈志华教授之间的信任和友谊,是研究中心成立的原动力。在此收录的六篇文章各有特色。

菅英辉的《冷战是什么——对冷战后世界的启示》试图回答"冷战是什么"这一问题,并讨论了冷战时期发生的事件对冷战后的世界产生了怎样的持续性影响。文章首先整理了冷战史研究中值得注意的观点,接着讨论了特别具有启发性的入江昭著述《将冷战历史化》。之后探讨了冷战的原因和性质,分析了美国所追求的"自由主义、资本主义的秩序"的实质,指出冷战结束后美国出现的"冷战胜利论"是对冷战后世界的误读。最后,文章从"日本合作政权"与"日美合作"的角度考察了战后日本的外交与冷战,从而论证了日本政府作为合作者对美国的冷战战略起到了补充作用。

毛里和子的《构建东亚共同体的可能性——如何研究东亚共同体?》是就日本亚洲政经学会的全国大会(年会)的共同论坛(相当于学会的主题发言环节)写的总结新闻稿。亚洲政经学会是日本最大的区域研究学会,以亚洲地区为研究对象,此次共同论坛以东亚共同体为主题。文章归纳出了六个关于东亚共同体形成的研究路径,指出了讨论共同体需要在逻辑上搞清楚的三个问题,并概括了四位报告人的发言主旨,总结了共同论坛所能得出的五点共识,最后提出了亚洲研究者之后应该思考的五大课题。

毛里和子的《区域研究的最前沿:回顾"创立现代亚洲学"的奋战历程》回顾了作者自己担任首席专家创建的研究基地"现代亚洲学的创生"的情况,明确了研究基地创建的目标,阐述了创立"现代亚洲学"的可能性,探讨了现代东亚所具有的"亚洲性"问题,并介绍了东亚共同体研究团队的情况及其主要研究成果,最后基于创建研究基地的经验提出了几个研究现代亚洲的新课题。

森川裕二的《探索实现东亚地区和谐的研究方法:从国际理论和跨学科对话的视角》从研究方法论上探讨了东亚地区如何实现和谐的国际关系的问题。文章认为,从地缘政治学和政治力学的角度来看,东亚地区迎来了动荡时期。美国开始衰退,中国开始崛起,二者形成了鲜明的对比,东亚正处于何去何从的重要十字路口。文章提出,东亚各国需要进行"下意识的自我形象"间的对话,为此需要展开三个课题的对话:东亚外部与东亚的对话,政治学、社会学和历史学之间的对话,感情记忆与历史事实的对话。文章最后指出了中国学派及日本国际政治学的研究人员进行跨境对话的重要性，以及在寻求构筑自我形象的对话机制中开创亚洲研究新局面的重要性。

波多野澄雄的《〈日本外交文书〉编纂刊行事业的80年》回顾了自1936年日本外务省刊发《日本外交文书》第一卷第一册开始至今的外交档案编纂刊行的历史，特别是对参与编纂刊行事业的具体人物及其思考和贡献进行了详细的解说，很有意思。最后提出了外交档案编纂刊行事业应对公开媒体多元化时代所面临的新课题，并指出把外交档案记录作为"国民共享的知识资源"来编纂刊行的重要性与可持续性。

松村史纪的《强制与自主之间：东方阵营围绕日共武装斗争方针的内部关系（1949—1955年）》是一篇史学论文，探讨了日共的"1950年问题"这一日共历史上最大的负面遗产的形成原因，指出日共的"斗争方针"不仅仅是因苏联和中国的强迫，或日共的独自行动这样单方面的因素造成的，而是在这三方之间的互动中形成的。文章非常详尽地分析了这一方针是怎样在三方之间互动中形成的，类似史学考据文章，篇幅很长。但不忍割舍，都收录进来了。

附录《日本外务省外交史料馆与亚洲历史资料中心合作的经过和现状》译自网上公开的《外交史料馆报》上的"活动报告"。这篇活动报告回顾了迄今为止外交史料馆与亚洲历史资料中心合作的经过和取得的成果，同时阐述了当时的工作状况，并对之后的合作前景进行了展望。2001年亚洲历史资料中心成立，自那时起外务省外交史料馆就一直为该中心提供收藏的史料图像及书刊信息。2017年8月，亚洲历史资料中心开始刊载外交史料馆收藏的"战后外交记录"的图像史料。亚洲历史资料中心在网上提供外务省外交史料馆的外交记录档案图像资料的自由检索及阅览功能。

致谢

至此，《大夏世界史研究　日本工作站文集》的相关基本情况介绍完毕。再次感谢上文中提到的所有对华东师范大学海外学术研究早稻田研究中心给予关照和帮助的师长和同学，感谢对研究中心的成立和发展给予大力支持的华东师范大学以及华师大历史学系的领导和同事。感谢东方出版中心张爱民编审、黄驰责任编辑的耐心宽容和细致工作。感谢华东师范大学历史学系世界历史博士后李臻与我一起主编此书。

　　书中定有不少疏漏乃至错误之处，敬请读者批评指正。

徐显芬

2022 年春

上

编

日美安全保障条约形成论
——兼述吉田茂的政治决策

朱成林*

【摘要】日美安全保障条约形成于美国对日占领后期，是两国围绕媾和与安全保障问题进行交涉的结果。对于处于弱势地位的战败国日本而言，日美安全保障条约可谓利弊参半。其弊端在于：一是没有写明美国有保卫日本的义务；二是对美军使用基地未加任何约束；三是存在严重损害日本作为一个独立主权国家的"内乱条款"；四是关于条约有效期如何终结的问题未给予具体规定。这些不利之处在双方谈判过程中就已充分论及，其间更是存在控制与反控制之争。日本政府之所以选择接受，是因为它是吉田茂将媾和独立、安全保障、经济复兴放在冷战语境中思考并作出的政治决策，既在法律层面争取到了恢复日本主权的和平条约，又在事实层面获得了美国对日本的安全保障，并能以此为战后日本经济复兴创造有利的外部条件。

【关键词】日美安全保障条约；单独媾和政策；重整军备；吉田茂

冷战时期，日美同盟关系以日美安全保障条约（以下简称"日美安保条约"）为依托，该条约塑造且规定了此后两国关系的总体特征，持续并深刻影响了东亚地区秩序和地缘政治格局的建构。日美安保条约与《旧金山对日和平条约》（以下简称"对日和约"）乃是一个不可分割的整体，共同构成了所谓"旧金山体系"的法

---

* 朱成林，华东师范大学历史学系博士研究生。

理框架和逻辑前提。日美安保条约的法理依据就在于对日和约第六条，其与对日和约同一天签订、同一天生效。安全保障问题不单是日美安保条约谈判的题中应有之义，更是左右对日媾和进程的关键变量。美苏冷战的开始，"改变了日本的媾和与安全保障的坐标轴"[1]，集中表现为：美国从惩罚到缓和的对日媾和政策转向以及单独媾和政策的确立过程。

一、美国对日媾和政策转向与日本的对策研究

最早公开提出对日媾和的是驻日盟军最高司令官（Supreme Commander for the Allied Powers, SCAP）麦克阿瑟（Douglas MacArthur）。此前的 1946 年秋，美国国务院远东司开始起草对日和约草案，由远东司东北亚处处长休·博顿（Hugh Borton）领导，至 1947 年 3 月初完成初稿，故称"博顿草案"。该草案的出发点仍是对日严厉惩罚，没有提及缔约后的日本安全保障条款，也没有提到向美国提供基地或其他军事上的特权。博顿草案在美国政府内部传阅后，遭到了国务院、陆军部、海军部的一致责难。麦克阿瑟更是批判其"从观点、目的乃至形式上都是帝国主义性质的"。[2] 到 1948 年底，几易其稿的博顿草案最终以"未定稿"不了了之。美国政府在 7 月 11 日还向远东委员会（Far Eastern Commission）中的 11 国代表提议召开对日媾和准备会议。会议表面上虽因苏联的反对和中国、英国的犹豫而被迫推迟，但更深层的原因则是华盛顿决策层已开始重新思考对日政策，将其与美苏冷战联系起来。

美苏关系的对立升级，美国对中国国民党的信心减弱，国际形势的种种变化为乔治·凯南（George Kennan）重新审视美国对日占领政策提供了现实基础。凯南认为，现行占领政策不仅已经达到了回报的最高点，而且无助于实现增强日本经济和稳定政治的基本目标，日本社会正变得容易受到共产主义政治压力的影响；拥有

1   五百旗頭真編『戦後日本外交史』東京：有斐閣、2010 年、61 頁。

2   *Foreign Relations of the United States*, 1947, Vol. 6, the Far East, p.454.

工业潜力的日本而非中国才是美国在东亚维持防御态势的关键。基于此,他指出华盛顿能够也应当重新评价美国对日政策,在战略上重新定位日本,恢复东亚的政治和经济稳定。[1]关于对日媾和问题,凯南的判断是,最终达成和约的时间取决于日本长期安全问题的解决。用他的话来说,"日本已经完全没有了国防能力,被苏联所控制的地区包围;它也没有为将来的国防做好准备;我们政府或者盟国政府没有人在和约规划中考虑过这个问题,即和约之后如何满足日本的国防需求?"[2]换言之,对日和约的签订必须同时满足日本的安全保障要求以及美国在东亚的安全关切。

在凯南领导的国务院政策规划室(Policy Planning Staff, PPS)的推动下,1947年10月14日,国务卿马歇尔(George Marshall)接受了PPS10备忘录及其建议,这从事实上暂停了和平会议的准备工作。次年3月25日,从远东考察回国的凯南又提交了PPS28备忘录,指出由于日本当前无法"以完全有利于美国利益的方式恢复独立",华盛顿需要拖延解决日本安全问题,最可行的选项只能是继续推迟和约,延长占领以解决许多有待在和约中解决的问题;如需缔约,要么是在和约达成后维持驻留美军,要么是接受日本"一定程度的重整军备",二者必居其一。[3]PPS28备忘录的上述思路最终为1948年10月9日的国家安全委员会第13/2号文件(NSC 13/2)所继承,成为美国对日媾和的基础政策。

由于日本在美国军事战略上的地位和作用重新得到定义,华盛顿希望将复兴的日本引入反苏遏制战略轨道,因此在缓和对日占领政策、扶持日本的同时,对日媾和计划却遭到搁浅。其症结在于,被解除武装并受宪法第九条约束的日本难以在美国占领军撤出后独力自保,而置这样一个生产力旺盛的国家于苏联的威胁下更不符合美国在远东的安全利益。华盛顿决策层已然认识到,日本在美国军事战略中将扮演重要角色,这正是日美安保条约的逻辑起点。

从日本方面看,虽为战败国却绝非消极地坐等在和约上签字,而是利用保留下来的外务省和新成立的终战联络事务局分析占领政策走向,并拟定有利于己的对策。1946年初,日本政府就启动了关于媾和与安全保障对策的秘密研究工作,先

---

1 保罗·希尔:《乔治·凯南与美国东亚政策》,小毛线译,北京:金城出版社,2020年,第55—58页。

2 George F. Kennan, *Memoirs 1925–1950*. New York: Pantheon Books, 1967, p.376.

3 保罗·希尔:《乔治·凯南与美国东亚政策》,第78—79页。

后拟定两份方案，分别是外务省政务局起草的应对盟国和约内容的评估及比较研究案，以及"和平条约问题研究干事会"提出的"第一次研究报告"。[1] 两个方案均将日本的安全寄托于远东委员会成员国建立的地区性集体安全保障体制，尚未洞悉国际政治形势的微妙变化。

　　1947 年以后，日本政府开始观察到美国对日政策的风向变化，并敏锐地认识到媾和问题的实质所在。3 月 1 日麦克阿瑟发表媾和倡议后，日本政府决定，由外务省拟定关于和约的一般意见书和特殊事项意见书阐明日本的媾和立场。在片山哲社会党内阁外相芦田均的指导下，两种意见书几经修改后合成一份简短的文件，史称"芦田备忘录"（第一次芦田意见书）。这份意见书在 7 月 26 日、28 日分别提交给国务院驻盟军总部政治顾问艾奇逊（George Atcheson）和盟军总部民政局长惠特尼（Courtney Whitney）。其九项内容可归纳为以下四点：（1）在有日本参加的情况下实现非强制性和平；（2）允许媾和后的日本尽快加入联合国并自行履约；（3）非军事化后的日本国内治安依靠警察力量，外部和平则寄希望于联合国（超越了此前的地区性集体安全保障构想）；（4）废除占领特权并减少对日索赔和经济限制。[2] 芦田备忘录带有和约草案的性质，既就缔结和约提出了比去年方案更具体、更有针对性的条件，又表达了日本要求摆脱战败国地位的愿望。[3] 然而，7 月 28 日下午，艾奇逊和惠特尼紧急约见芦田均，以当前形势对日不利且事属机密为由退回该意见书。[4]

　　尽管谋求美方充当其代言人的努力受挫，日本政府并未就此罢休。8 月 6 日，片山内阁决定增设由外相芦田均领导的"国际委员会"和"各省联络干事会"，负责和约的资料准备和研究事宜，又在外务省内新设审议室充当委员会的办事机构。[5] 这标志着原先秘密进行的媾和准备工作开始提上内阁的议事日程。此外，芦田均仍

1　大嶽秀夫编『戦後日本防衛問題資料集（第一巻）非軍備化から再軍備へ』東京：三一書房、1991年、286—289、290—298 頁。

2　芦田均—外務省「アチソンへの文書・アチソン大使に対する会議案」、大嶽秀夫编『戦後日本防衛問題資料集（第一巻）非軍備化から再軍備へ』、298—299 頁。

3　刘世龙：《美日关系（1791—2001）》，北京：世界知识出版社，2003 年，第 386 页。

4　芦田均「アチソン及びホイットネー少将との会見、覚書返却の件」、大嶽秀夫编『戦後日本防衛問題資料集（第一巻）非軍備化から再軍備へ』、299—301 頁。

5　西村熊雄『日本外交史（第 27 巻）サンフランシスコ講和条約』東京：鹿児島研究所出版会、1971年、25 頁。

寻机影响媾和进程，与横滨终战联络事务局长铃木九万、内阁官房长官西尾末广共同起草了第二份意见书，并于 9 月 13 日在铃木访问其密友、美第 8 军军长艾克尔伯格（Robert L. Eichelberger）中将之际，以个人名义作为绝密文件传递，故又称"铃木备忘录"。其提出的设想是：（1）在美苏合作的情况下，联合国完全可以保证日本的独立；在美苏对立的情况下，很难指望联合国的保护，或由美军驻留日本来监督实施和约，或缔结日美间专门协定。（2）保证日本安全的最佳措施是，日本与美国缔结专门协定，以反对第三国的侵略，同时加强日本的（陆上、水上）警察力量，直至联合国依宪章的规定发挥适当作用时为止。（3）美国应保持其驻扎在日本周边的兵力，一旦有事时，日本应将国内基地供美军使用。[1] 这份意见书被吉田茂喻为媾和与安保的指导方针，"虽非积极希望美军驻扎日本，但其方向和后来形成的日美安全保障体制的基础想法完全一致"。[2]

第二次芦田意见书的提出在日方媾和与安保对策研究上具有重要意义，此后日美安全保障体制构想的核心内容基本源于此。首先，该意见书从当时国际政治背景出发，虽然给出了根据美苏关系演变趋势的"友好合作"与"恶化对立"两类情形进行灵活应对的办法，但实际上更倾向于选择依靠美国，间接否定了芦田备忘录中由联合国保障日本安全的设想。该意见书拟订前后，以美苏关系紧张为特征的国际气氛已然明朗化，芦田等人多次提及对国际形势的"不安"，并在 9 月 24 日向天皇的内奏中陈述意见书形成的始末与不易。[3] 再者，其在倾向于由美国保障日本安全的基础上又提出了美军的两种驻留方式：一种是为了监督和约履行情况；另一种则是日美间缔结专门协定来规定"有事"时驻留。前者虽能通过以美军驻扎日本本土的形式阻遏对日侵略活动（对日本的攻击等于对驻扎在日本领土上的美军的攻击），却容易被视作占领的继续；而作为优先选项的后者虽排除了平时驻留本土对

---

[1] 芦田均「アイケルバーガー宛て書簡」、大嶽秀夫編『戦後日本防衛問題資料集（第一卷）非軍備化から再軍備へ』、305—306 頁。

[2] 吉田茂：《十年回忆》（第三卷），韩润棠等译，北京：世界知识出版社，1965 年，第 75 页。中国学者崔丕认为，该意见书乃是日美安全保障体制构想的原型的看法并无不妥，但吉田茂评价其设想的方向和后来的日美安全保障体制基础的想法完全一致，则属于言过其实。崔丕给出了三点解释，详见崔丕：《冷战时期美日关系史研究》，北京：中央编译出版社，2013 年，第 30—31 页。

[3] 芦田均「天皇への内奏」、大嶽秀夫編『戦後日本防衛問題資料集（第一卷）非軍備化から再軍備へ』、307 頁。

主权的消极影响，却难以保证日本周边的美军威慑力的可靠性。就此而言，日方的政治考量显然高于安全考量。日本政府已经认识到，在美苏对抗加深的国际政治前提下，与其仰赖不太可靠的联合国，倒不如直接依靠与美国的安全协定获取安全保障。1948 年 10 月吉田茂重新执掌政权后认为，只需大体上遵循片山内阁时期的路线，即使内阁发生更替，也没有变更方针的必要。[1]

二、日美单独媾和政策的确立

1948 年前后，日美两国都从国际政治的现实中找到了安全保障合作的逻辑起点，但仍须对日本的长期安全做一个明确规划，以确保和约的签订能兼顾日本的安全保障以及美国在东亚的安全利益。凯南开出的、并在 NSC 13/2 号文件中得以确定的"药方"：先修改对日占领政策以推动日本的经济复兴与政治稳定，即所谓"事实上的媾和"（de facto peace）或称"化整为零的媾和"（piecemeal peace）[2]，再根据国际形势及日本治安力量的改善情况，确定媾和后日本在美国全球军事战略中的安排。然而，"事实上的媾和"很快走到了尽头，国务院不得不考虑"单独媾和"。其时，欧洲两大集团势力范围已经明朗化，而包括中国在内的整个亚洲革命趋势对美国和西方国家不利，确定"日本作为自由主义阵营的一员"对恢复亚洲稳定和平衡国际力量至关重要。在日本国内，占领时期的延长和"道奇路线"的副作用结合在一起，"不期而然地形成一种反美情绪"[3]。另外，在国务院内部，倚重远东司的艾奇逊（Dean Acheson）接任国务卿后，凯南在制定对日和东亚政策上的影响力开始消退，直至被边缘化。1949 年 5 月，国务院建议五角大楼重新审查推迟对日媾和政策的合理性并作出评估。同年 9 月，美、英、法三国外长会议一致决定：如果苏联反对，西方就单独对日媾和。10 月 13 日，美国国家安全委员会拟就美英对日和约草案初稿。其中建议，签订一份由美国向媾和后的日本提供驻军的安全条

1　吉田茂：《十年回忆》（第三卷），第 75 页。

2　George F. Kennan, *Memoirs 1925−1950*, p.368, pp.375−376.

3　宫泽喜一：《东京—华盛顿会谈秘录》，谷耀清译，北京：世界知识出版社，1965 年，第 19 页。

约，但不允许日本重建正规军，五年后再行评估。[1]

国务院加快单独媾和进程的阻力主要来自五角大楼[2]。美国对日媾和政策具体化的过程，实际上是国务院和国防部之间就日本防务问题的立场由对立转变为统一的过程。[3]五角大楼高度重视日本作为军事基地的战略价值，在无法确认日本倒向西方阵营的姿态以及获取自由使用在日军事基地的权利以前，反对早日媾和、单独媾和，从1949年下半年到1950年夏，国防部同国务院争论不休。1950年4月6日，拥有共和党背景的杜勒斯（John F. Dulles）[4]被杜鲁门（Harry S. Truman）总统任命为国务卿顾问，全权负责对日媾和事宜。他的首要使命便是调解国务院和国防部围绕对日媾和问题的意见分歧。

1950年6月杜勒斯首次访日期间，国防部长约翰逊（Louis Johnson）、参谋长联席会议主席布雷德利（Omar Bradley）率领的军方代表团同在东京。在杜勒斯的斡旋以及麦克阿瑟的调解下，国务院和国防部之间的主要分歧点被消除——以五角大楼接受国务院的早期媾和方针，换取国务院认可国防部关于自由使用驻日美军基地的主张。麦克阿瑟6月23日的备忘录反映了他们达成的协议：和约签订后美军留驻日本并获得无限制使用基地的自由，军方同意早日媾和；承认日本宪法第九条放弃战争的规定，但不否认日本的自卫权；和约与日美安全协定同时分别缔结。[5]随后双方达成谅解，共同起草制订与对日和约同时生效的日美安保条约。以9月7日国务院远东司起草的联合备忘录为基础的NSC 60/1号文件，于次日获杜鲁门的

1　Michael Schaller, *The American Occupation of Japan: The Origins of The Cold War in Asia*. New York: Oxford University Press, 1985, pp.170-171.

2　五角大楼即美国国防部办公大楼，一般代指美国军方，广义上包括国防部和参谋长联席会议。以陆海空三军和参谋长联席会议的形式于1947年成立的美国国防部是主导军事政策的核心机构。1949年8月，美国国会通过了《国家安全法》修正案，原作为政府部级单位的陆海空三个军种部门降级为国防部的下属机构。

3　吉田真吾「日本再軍備の停滞：米国政府による不決断の過程と要因，1949年9月—1950年8月」『近畿大學法學』第67巻3，4号（2020年3月）、129—150頁。マイケル・シャラー著、五味俊樹監訳『アジアにおける冷戦の起源：アメリカの対日占領』東京：木鐸社、1996年、第9章。崔丕：《冷战时期美日关系史研究》，第43—51页。

4　民主党人杜鲁门总统任命长期担任共和党外交政策主要发言人的杜勒斯为艾奇逊国务卿的顾问，授予他全权处理对日和约的使命。这意味着美国政府将以超党派的形式推进对日媾和。

5　*FRUS*, 1950, Vol. 6, East Asia and the Pacific, pp.1227-1228.

批准成为美国政府正式决定事项。9 月 14 日，杜鲁门向新闻界宣布，他已授权国务院就对日和约同远东委员会成员国进行预备性磋商，正式开启和约缔结谈判进程。[1] 9 月 22 日，杜勒斯提出以 NSC 60/1 文件为蓝本的"对日媾和七原则"并于 11 月 24 日公布，其核心内容为：第一，小笠原群岛和琉球群岛应置于美国托管下；第二，和约签字国放弃对日本的赔偿要求权；第三，日本为自身的安全考虑，向美国提供驻军基地及设施。[2]

再看日本方面，从 1950 年 9 月到次年 1 月，日本政府的媾和准备工作也步入正轨，期间以外务省条约局长西村熊雄为首先后完成了四份文件：代号为"A"和"D"的两个文件为和约草案，"B"为安全保障协定的草案，"C"为地区性集体安全设想。吉田茂亲自指挥此次媾和准备工作，少数顾问亦参与其中，但重大问题均由他自己定夺。起初，外务省于 10 月 4 日拟定的"A 方案"仍主张全面媾和，依靠联合国这一世界性安全保障机构确保日本的安全，以联大通过决议的方式决定美军驻留日本。[3]"A 方案"自然遭到吉田的反对，于 10 月 11 日被退回。外务省转而采纳 1949 年冬"多数媾和研究作业"得出的单独媾和的结论，经两度修改后，拟定为《关于杜勒斯访日的文件》，即所谓的"D 方案"。"D 方案"强调，先仅与美国缔结和约并注意满足美国的军事需求。[4] 与此同时，吉田茂还在总理大臣官邸组织两个对策研究班子。一个专门研究媾和与安全保障问题，另一个专门研究纯粹的军事问题。以前者的意见为基础，外务省起草了两份安全保障协定方案。10 月 11 日完成的《日美安全保障条约》称作"B 方案"；12 月 28 日完成的《加强北太平洋地区和平与安全草案》是为"C 方案"。"B 方案"的基本设想是：媾和后美军继续驻留日本，但要缔结日美安全条约，其法律依据是，由联合国委托美国承担非军事化的日本的安全保障义务。"C 方案"则是设想在日本、朝鲜半岛的周边划定非

1　細谷千博など編『日米関係資料集 1945—97』東京：東京大学出版会、1999 年、78 頁。

2　大嶽秀夫編『戦後日本防衛問題資料集（第二巻）講和と再軍備の本格化』東京：三一書房、1992 年、22—23 頁。

3　冯昭奎等：《战后日本外交：1945—1995》，北京：中国社会科学出版社，1996 年，第 110 页。

4　关于日本外务省"D 作业"的前后内容及其两次修改经过，详见「ダレス訪日に関する件（D 作業）」、「D 作業訂正版」、「D 作業再訂版」、外務省編『日本外交文書：サンフランシスコ平和条約 対米交渉』東京：外務省、2007 年、112—113 頁、129—130 頁、137—138 頁。

武装地带，限制美、英、苏、中四国在远东的军备活动。[1]

吉田茂指导完成的上述四份媾和准备文件，尤其是"D 方案"和"B 方案"，集中体现了吉田茂关于媾和与安保的基本立场：最大限度地依靠美国取得最有利的媾和条件；单独媾和与日本安全保障问题密不可分。在他看来，对于战败的日本而言，"一个不次于和约本身的基本重要条件"，就是"在独立之后如何保障这个没有武装的国家的安全的问题"。[2] 换言之，和平条约与安保条约必须作为一个不可分割的整体来缔结。吉田茂的决策方向始终是要求外务省将媾和对策研究的重心转向单独媾和，着重研究安全保障问题，并且更积极主动地迎合美国的亚洲政策，在必要时绕过外务省官员，直接掌控对美交涉事务。[3]

吉田茂认为，媾和后"保障"美国在西太平洋的"安全"是争取早日媾和的必要前提，而美军驻留方式则是问题的关键所在。1950 年 4 月 8 日，他在一次晚宴后告诉美国驻日代表团参赞："只要美国认为有必要做出任何切实可行的安排以协助日本媾和后的防务，他本人非常乐意效劳。"[4] 作为实际行动，同年 4 月底，吉田委派藏相池田勇人以财政考察的名义前往美国。在池田启程之际，吉田透露了他的想法：最好由日本方面提请美军继续驻扎。5 月 3 日，在美国陆军部举行的秘密会谈时，根据在场的藏相秘书官宫泽喜一的记录，池田向道奇传达了吉田的口信。其中的关键内容是："日本政府希望早日缔结媾和条约。条约签订后，为了保障日本及亚洲的安全，有必要让美军继续留驻日本。如果美国方面不便提出这一要求，可采取由日本方面请求的方式来处理。"[5]

有日本学者认为，急于实现媾和的吉田在日美谈判正式开始前就亮出"底牌"，意味着主动放弃了本能确保日美安保体制下"相互性义务"的一张谈判的"王

1 「安全保障に関する日米条約案（B 作業）」、大嶽秀夫編『戦後日本防衛問題資料集（第二巻）講和と再軍備の本格化』、21—22 頁。「北太平洋地域における平和および安全の強化のための提案」、外務省編『日本外交文書：サンフランシスコ平和条約 対米交渉』、107—109 頁。

2 吉田茂：《十年回忆》（第三卷），韩润棠等译，北京：世界知识出版社，1965 年，第 5 页。

3 崔丕：《冷战时期美日关系史研究》，北京：中央编译出版社，2013 年，第 51—53 页。

4 *Foreign Relations of the United States*, 1950, Vol. 6, East Asia and the Pacific, pp.1166-1167.

5 宫泽喜一：《东京－华盛顿会谈秘录》，谷耀清译，北京：世界知识出版社，1965 年，第 24、29—30 页。

牌"。[1] 但问题的另一面在于，如果没有日方主动配合，向美军方明确保证美军的基地权利，很难说会打消美军方对日本安全"真空"的顾虑来接受单独媾和。这从池田代表团的访美行程上可见一斑。[2]

三、"集体防卫"条款之争

1951 年 1 月至 2 月杜勒斯以总统特使的身份第二次访日期间，日美两国开始了媾和与安保的正式缔约谈判。杜勒斯将日本重整军备和美军驻留日本本土两项作为对日媾和的必要条件。此前杜勒斯首次访日时，闭口不谈日美安保条约，一再提议媾和前由盟总监督日本重整军备；而吉田茂并不急于重整军备，希望在媾和后自主进行。吉田基于对日本国内外形势的分析认为：（1）重整军备势必触及宪法第九条的变更，但如果此时提出改宪，内阁就会崩溃；（2）虽然重整军备在将来是可取的，但至少在当前是困难的；（3）美苏全面战争和苏联入侵日本等威胁也并非是迫在眉睫的事态。[3] 在 1 月 29 日的吉田—杜勒斯会谈中，杜勒斯问道："日本只谈恢复独立，美国正为自由世界而战斗，声称自由世界的一员的日本，准备作出怎样的贡献呢？"吉田明确表示，日本不会通过重整军备作出贡献。[4]

次日，外务省条约局又以书面形式表明了"当前日本不能重整军备"的原因，归纳起来有：周边国家的担忧，反战、反军国主义的国民感情，国内外经济上的限制，诱发社会不安、政治动荡的可能性，再度军国主义化的风险等。[5] 列举完上述制约因素后，日方表示愿为"自由世界的共同防卫"作出"间接贡献"。在 1 月 30 日的外务省文件、31 日的吉田-杜勒斯会谈以及 2 月 1 日的事务级磋商中，日方提

1　室山義正『日米安保体制（上）平和憲法制定から沖縄返還まで』東京：有斐閣、1992 年、54—55 頁。

2　宫泽喜一：《东京-华盛顿会谈秘录》，第 26—28 页。

3　吉田真吾「安保条約の起源」、添谷芳秀編『秩序変動と日本外交』東京：慶應義塾大学出版会、2016 年、75 頁。

4　「吉田·ダレス会談（第 1 回）」、外務省編『日本外交文書：サンフランシスコ平和条約　対米交渉』東京：外務省，2007 年、175—176 頁。

5　「わが方見解」、外務省編『日本外交文書：サンフランシスコ平和条約　対米交渉』、184—185 頁。

出，将为美国提供驻军设施，辅之以工业生产和运输方面的合作。美方并不买账，认为日方给出的经济困难等不能成为不对自由世界防卫作贡献的借口，应"至少通过一些地面部队"进行合作。[1]

2月1日的事务级谈判时，日方拿出了安保条约草案，试图缓解因重整军备议题而陷入僵局的会议气氛。其中第四项"美国军队的派驻"的表述是："日本同意美国的军队……在日本国境内常驻。"[2] 允许美军本土驻扎的条款无疑让杜勒斯感到欣慰，他设定的媾和必要条件之一得到满足。至于美方的另一项要求——日本重整军备以对自由世界作出贡献，双方莫衷一是。在评估安保条约草案中关于危机时的协商以及成立"共同委员会"的规定时，美方指出，日方有必要设置类似国防部的中央机构以实施这些条款。2月2日，外务省经吉田同意，提议成立管理日美安全保障合作实际事务的机构，称作"国家安全省"而不是"国防部"。该机构不仅指挥国家警察预备队和海上保安厅这类准军事组织，还掌管国家地方警察、国家消防局和移民管制局等非军事组织。日方之所以采用"国家安全省"的名称，主要是出于"非武装国家"的身份定位以及打消各国对日本军事化的担忧。[3]

日方的局部让步仍未使美方满意。在2月2日的事务级磋商时，美方提出了第一次反提案——安保协定草案。杜鲁门政府选择的不是需要国会批准的"安保条约"，而是仅通过政府间协商即可达成的"安保协定"。其中最引人注目的是"集体防卫"条款。该条款明确规定日本重整军备以及"有事"时对美移交指挥权。所谓"有事"，就是指"日本地区出现敌对行动或敌对行动迫在眉睫的紧急情况"。此时，"驻扎在该地区的美国武装部队、日本国家警察预备队以及具有军事行动能力的所有其他组织，由美国政府与日本政府协商任命的最高指挥官统一指挥"。[4] 美方安保协定草案的底稿是国防部设计的。随着朝鲜战争局势的变化，1950年10月30日，

---

1 杜勒斯要求日本按美国陆军编制组建10个师约32.5万人的地面部队。参见宫泽喜一：《东京-华盛顿会谈秘录》，第120页。

2 「日米事務レベル折衝（第1回）」、外务省编『日本外交文書：サンフランシスコ平和条約　対米交涉』、193页。

3 「安全保障に関する日米協力のための中央機関設置について」、外务省编『日本外交文書：サンフランシスコ平和条約　対米交涉』、205—206页。

4 「相互の安全保障のための日米協力案（英文）」、外务省编『日本外交文書：サンフランシスコ平和条約　対米交涉』、207—216页。

以陆军部长特别助理马格鲁德（Carter B. Magruder）少将为中心的国防部工作小组起草了安保协定的初稿，详细列出了驻日美军的各种权利，堪称《日美行政协定》的原型。该稿在征求国务院远东司和盟军总部的修改意见的基础上，于 1951 年 1 月 18 日定稿。美方第一次作为反提案提出来的文本，其实是由杜勒斯临时对日方草案作部分修改、再添加到国防部草案中而形成的。"集体防卫"条款的用意是逼迫日本重整军备，使其具备和美军共同展开军事行动的能力。

面对"集体防卫"条款的攻势，吉田茂于 2 月 3 日指示外务省拟定如下方案：组建与警察预备队和海上保安厅不同的、有五万人规模的新型"治安部队"；设置统管警察预备队、海上保安厅和该部队的"治安企划本部"；以此为基础发展成"重建的日本民主军队"和"民主军队的参谋本部"。[1] 外务省于当天傍晚将这份重整军备方案提交给了美方。吉田茂为何要在重整军备问题上作出让步呢？可以推测有以下三点原因。其一，吉田研判，重整军备在短期内是困难的，推迟是明智的，但美方的要求难以拒绝。1950 年 10 月，他在政府内部会议上谈起同杜勒斯的第一次交锋："杜勒斯的言外之意是希望日本重新武装……但我的原则是缔结条约之前不重新武装。可是，实际上是会重新武装的。"[2] 其二，吉田提出 2 月 3 日的腹稿，意在推进因该题而有些胶着的日美谈判。他意识到，关于日本的防卫努力，"不向杜勒斯特使作任何表示，只是想要就日美达成协议的如意算盘，是决不可能实现的"。[3] 其三，吉田试图以退为进，拿重整军备议题上的让步换取美方对包括"集体防卫"条款在内的第一次反提案进行修改。[4] 换言之，吉田的妥协是日方谈判的筹码。

美方在 2 月 2 日提出的安保协定草案与日方的设想相去甚远：一是"集体防卫"条款不仅要求日本重整军备，还规定"有事"时对美移交指挥权；二是列出多项驻军特权，其权限形式与占领时期相同；三是关于日本"请求"美国驻扎军队，美国对此表示"同意"的这种有损平等原则的表述方式。外务省在 2 月 3 日早晨向

---

1 「再軍備の発足について」、外务省编『日本外交文書：サンフランシスコ平和条約　対米交渉』、223—224 頁。

2 猪木正道：《吉田茂的执政生涯》，北京：中国对外翻译出版公司，1986 年，第 340 页。

3 吉田茂：《十年回忆》（第三卷），第 78 页。

4 楠綾子『吉田茂と安全保障政策の形成』京都：ミネルヴァ書房、2009 年、218—224 頁。

吉田茂报告的文件中指出，接受美方草案很可能引发国内的强烈批判，其建议如下：删除"集体防卫"条款、不提驻军权利、和平条约中不涉及美军驻留内容、平等协商驻军协议等。[1] 这些建议得到了吉田的认可，但他强调应简化安保协定，指示可以利用"共同委员会"。日方2月1日的安保条约草案中就有关于共同委员会的相关规定，其被设定为一个关于美军驻扎各项事务的协商机构。外务省希望通过该机构限制美军权利，如驻地远离市区、缩短驻军时间、由美方承担驻军费用等，以此削弱国内"激进舆论"反对美军进驻的声音。[2] 外务省在2月3日提交给美方的文件中，除上述重整军备方案外，还增加了"授权共同委员会秘密讨论重整军备计划以及研究应对紧急事态或战争情况的措施"的内容。如此一来，共同委员会的职责就不仅限于讨论驻军地点、设施、费用和地位等具体事项，而且有权对日美安全合作的一切事项进行研究，这意味着其可以替换美方草案中有关驻军权利的规定，从而起到抑制国内批判的作用。外务省随后告诉美方，该做法"在政治上是明智的"。[3]

继日方在重新武装议题上进一步妥协后，美方的第二次反提案也顺势作了让步。首先，美方2月5日提交的和平条约草案没有写入与美国驻军有关的字眼，6日的安保协议第二稿（第二次反提案）也没有出现美军驻留是根据和平条约的语句。其次，第一次反提案中的"日本'请求'美军驻留，美国对此'同意'"的表述被替换为"日本'给予'美军驻留的权利，美国对此'接受'"此类带有平等性的措辞。第三，接受了日方关于共同委员会的修改意见，从安保协议第二稿中删除了驻日美军权利以及与重整军备有关的"集体防卫"条款的内容。正如美方递交第二次反提案时所说的那样，美国政府理解日本政府的国内考虑，"总体上满足了日本方面的要求"。[4]

然而，美方的让步不过是表面上的。2月6日上午举行事务级谈判时，美方提出

1 「相互の安全保障のための日米協力（案）に対する意見の要旨」、外務省編『日本外交文書：サンフランシスコ平和条約　対米交渉』、221—222頁。

2 吉田真吾「安保条約の起源」、79頁。

3 吉田茂指示活用共同委员会的意见记在外务省文件页面空白处。其建议内容参见吉田真吾「歪な制度化：安保条約・行政協定交渉における日米同盟，1951—52年」『近畿大學法學』第65巻2号（2017年11月）、134—135頁。

4 「日米安全保障協定案（英文）」、外務省編『日本外交文書：サンフランシスコ平和条約　対米交渉』、240—241頁。

三项意见：（1）应日方简化安保协议的要求，决定以专门的行政协定载明安保协定的执行细节。（2）在"集体防卫"条款中，有关重整军备的内容虽被删除，但"有事"时日本移交指挥权的规定却被塞进行政协定。（3）该条款又新增了所谓"自由裁量"的规定，即美国政府指定的最高司令官"有权使用其认为必要的任何日本区域、设备和设施以及进行军队战略性和战术性部署"。[1]"自由裁量"一项源于马格鲁德工作小组草拟的安保协定，在日美谈判期间又得以重新利用，即通过确保美军兵力配置和"有事"时的行动自由，扩大"集体防卫"条款的适用范围。更重要的是，美方将共同委员会的权限缩小为与美军驻扎有关的诸事项。原本根据日方的提议，共同委员会应被赋予调查和管理安保协定全体事项的权限并被写入安保协定。但美方，特别是国防部认为，此类事务性事项包含在安保协定中是不合适的，应移至行政协定；并且共同委员会的权限过大，很可能限制美军司令官的权能和美军的行动自由。其结果是，日方想删除的部分又被美方以行政协定的形式保留和强化了。

至于美方以行政协定的形式保留和强化"集体防卫"条款的原因，可从日美谈判的具体历史情境加以探析。一方面，国防部的意向自不待言。杜勒斯代表团成员之一的巴布科克（Stanton Babcock）陆军上校表示，日本政府对本国的防务义务必不可少，但正因为不确定具体是什么，才需要明确警察预备队和其他军事组织专司本国的防务。[2] 杜勒斯本人也认为，有必要以某种形式保留"集体防卫"条款。[3] 另一方面，国务院设想的"太平洋集体安全协定"（Pacific Collective Security Arrangement）在 2 月初由于英国的反对而遭搁置，从侧面凸显出（规定"有事"时日本移交指挥权的）"集体防卫"条款作为一种功能性替代方案的价值。[4] 根据美方第二次反提案的内容来看，有理由认为美方保留和强化该条款是为了补偿把"日本重整军备"从字面上删除的代价。

2 月 6 日事务级磋商的结果是，日方接受了美方第二次反提案的全部内容。按照条约局长西村熊雄的说法，美方"愉快地接受了我方的希望"，"彼此之间关于

1　*FRUS*, 1951, Vol. 6, Part 1, pp.861–863.

2　吉田真吾「歪な制度化：安保条約・行政協定交渉における日米同盟，1951—52 年」、137 頁。

3　*FRUS*, 1951, Vol. 6, Part 1, pp.857–859.

4　菅英輝『米ソ冷戦とアメリカのアジア政策』京都：ミネルヴァ書房，1992 年、263—267 頁。

安全保障问题的意见实际上是一致的"。[1] 这样，日美双方以美方第二次反提案为基础，在 2 月 9 日就日美安保协定和行政协定草案达成了协议。简而言之，第一次日美间围绕日本重整军备议题的交涉，以在行政协定中明确规定"集体防卫"条款和共同委员会的权限范围的形式暂且告一段落。

四、美国对日防卫义务之争

关于日美安全保障的合作构想，华盛顿欲使日本自主增强防卫能力并达到令其满意的程度，从而辅助美国；东京的核心诉求则是，驻日美军明确承担保卫日本的法律义务，从而依赖美国。美国对日防卫义务问题成为安保交涉过程中一道绕不过去的坎。日方诉求的背后有着强烈的对美平等意识。在吉田茂看来，通过"明确日方有义务接受军队，同时美方有保卫日本领土的义务"，就可以体现日美双方都想站出来作为平等的合作者。[2] 吉田对国内关于重整军备的批评极为敏感，却不在意美军驻扎日本，只要后者能体现出日美之间的对等性。因此，日方 2 月 1 日的安保草案就"美国的义务"表述如下："美国认识到，日本的和平与安全与太平洋地区的和平与安全是不可分割的，特别是与美国的和平与安全（第一段）。美国应与日本共同承担维护日本和平与安全的责任。如美国认定存在对日本的侵略行为，应立即采取一切必要措施排除这种侵略（第二段）。"[3]

美方 2 月 2 日的第一次反提案将上述第一段保留了下来。然而，2 月 5 日杜勒斯亲自修改的第二份反提案删除了"美国的义务"一项，相关措辞改为："美国为了和平与安全，当前有意在日本境内或其附近维持一定程度的美国军队（序言）。"[4]

---

1 「日米事務レベル折衝（第 4 回）」、外务省编『日本外交文書：サンフランシスコ平和条約　対米交渉』、240—241 页。

2 吉田茂：《十年回忆》（第三卷），第 77—78 页。

3 「相互の安全保障のための日米協力案（英文）」、外务省编『日本外交文書：サンフランシスコ平和条約　対米交渉』、198 页。

4 「日米安全保障協定案（英文）」、外务省编『日本外交文書：サンフランシスコ平和条約　対米交渉』、241 页。

这使得美国对日本的防务承诺从字面上变得模糊起来。事实上，美方代表团的指导方针被设定为，美国"准备"驻军来保证日本的安全，这是杜勒斯本人给出的结论。杜勒斯认为，美方有必要保证日本的安全，防止其中立化或倒向社会主义阵营一边，但同时又不能也不应该承担对日防卫的法律义务。他在2月5日上午的美方代表团内部会议上表示，美国不可能采用同《北大西洋条约》一样的明文形式去保证"一个完全手无寸铁的国家的安全"。其言外之意是，在日本拥有足够的防御能力之前，美国应该寻求"权利"而不是"义务"。[1]

杜勒斯的考虑主要在于：第一，担心国会对缔结包括日本在内的防卫条约的消极动向。早在1948年6月，美国参议院就通过了《范登堡决议》(*Vandenberg Resolution*)，规定美国签署的安全条约必须基于缔约国"可持续的、有效的自助"和缔约国之间"互助"的原则。次年秋，美国《共同防御援助法》经杜鲁门总统签署生效，规定美国对外军事援助的目的在于，使它们能有效地进行个别或集体的自卫安排。因此，只要日本的重整军备水平达不到美国要求的程度，即使签订了安保协定，也很难获得美国国会批准。第二，试图以不承担对日防卫义务的"灵活立场"，保持随时撤军的行动自由。第三，倡导多边安全的"太平洋伙伴关系"计划受挫，加重了杜勒斯原有的顾虑——美国将独自承受防卫日本的负担。[2]第四，考虑到美军驻留本身附带的威慑效果——对日本的攻击即对驻日美军的攻击，因而无须任何书面保证。[3]

美国军方的看法也产生了重要影响。与杜勒斯和国务院相比，五角大楼更不愿意将美国对日防卫义务明文化。参谋长联席会议（Joint Chiefs of Staff, JCS）认识到，包括日本在内的亚洲岛链的防御对美国的安全至关重要，必须确保西方阵营一侧的日本在应对苏联威胁时的安全；但美国对日本的防卫政策应有所保留，说到底只能是暂时的。参谋长联席会议在1950年9月指出：美国不应就"在亚洲防御岛链上的日本部分投入相当规模的军队"签订正式协议。其理由是，美国难以独撑西太平洋的岛屿链防务同苏联进行全球军事对抗；长期来看，日本增强防卫力量，承

1 *FRUS*, 1951, Vol. 6, Part 1, pp.857-859.

2 細谷雄一「イギリス外交と日米同盟の起源，1948—50年」『国際政治』（1998年3月）、201頁。

3 *FRUS*, 1951, Vol. 6, Part 1, p.859.

担本国防卫的责任是作为主权国家的必然之路，一俟这种前景出现，美国就可以一边审视形势，一边阶段性地撤军；如果达成美国单方面防卫日本的协议，日本将失去承担本国防务的动机。一言以蔽之，"美国不可能永远保证日本的安全"。[1]之后杜鲁门批准的对日媾和的基本文件 NSC 60/1 吸收了上述观点，强调同日本的防卫协定必须明确这样一条：将来"只要能签署令人满意的替代性安全保障协定，美国就可以随时撤出本国军队"。[2]1951 年 1 月初，参谋长联席会议同意将美军参与岛屿链防御作为对日交涉的前提，并向岛屿链各国征询"太平洋集体安全协定"，以向国务院让步的方式换取了杜勒斯对其方针的支持。[3]因此，美方 2 月 6 日提交的安保协议第二稿同样回避了对日防卫的明文承诺。

出人意料的是，日方对此并无多大异议。外务省认为，除缺失集体自卫权的理念外，[4]就美方第二次反提案而言，彼此之间关于安全保障的意见实际上是一致的。其原因可作以下解释：第一，按照外务省的理解，规定美军的驻扎"以日本对外部武力攻击的防卫为目的"的第一条，可以被视作美国对日防卫的条款。第二，外务省没有拘泥集体自卫理念缺失的问题，很大程度上是受时间上的制约。正如条约局长西村指出的那样，即使在谈判的间隙，"我们各事务部门之间也没有充分讨论的余地"。[5]

五、"远东条款"之争

1951 年 2 月围绕媾和与安保的第一次交涉结束后，由于草签的安保协定和行政协定遗留了诸多问题，日美两国的谈判时断时续。3 月 14 日，外务省向美方提

1　*FRUS*, 1950, Vol. 6, East Asia and the Pacific, pp.1293−1296.

2　Ibid.

3　*FRUS*, 1951, Vol. 6, Part 1, pp.778−779.

4　「安全保障協定に関する米国提案への外務省当局者意見書」、外務省編『日本外交文書：サンフランシスコ平和条約　対米交渉』、261—262 頁。

5　「仮覚書に関する米側修正提案へのわが方回答」、外務省編『日本外交文書：サンフランシスコ平和条約　対米交渉』、312 頁。

交了一份意见书，建议集体自卫权的逻辑应在安保协定中阐明。例如，将序言第五项"美国目前愿意在日本及其附近维持其部分军队，以实现和平与安全"的字句修改为："美国承认对日本的武力攻击将影响太平洋地区以及美国的和平与安全"。[1] 日方希望以联合国宪章第五十一条表明的集体自卫权的逻辑，作为美军驻扎日本的"大义名分"，从而削弱国内的反对声音。美方4月4日拒绝了外务省建议，其理由是，美国国会不能接受与没有自卫能力的日本缔结基于集团自卫权的安全协定。外务省表示理解，但仍希望将安保协定的名称定为"按照联合国宪章第五十一条之规定为实现集体自卫的日美协定"[2]，或者以"不成为条约义务的形式"写明集体自卫权的逻辑，[3] 并且反复重申，如果安保协定无法同联合国联系起来的话，势必在国会遭到在野党的抵制。

与此同时，美国政府内部出现了要求扩大驻日美军行动范围的动向。1951年4月杜勒斯第三次访日之际，提出了2月草签的安保协定的"补充文件"。其主旨是，在朝鲜战争结束前且媾和条约生效的情况下，日本政府对联合国军队（实际上是美军）在对外（朝鲜半岛）作战过程中提供设施和劳务上的便利。[4]18日吉田-杜勒斯会谈时，美方强调，删除"朝鲜半岛"的字眼的用意是，保留使朝鲜半岛以外的远东地区将来成为作战区域的可能。[5]此后，美方又要求修改安保协定草案的第一条，即美军的驻扎"旨在为日本抵御外部武力攻击的安全保障作出贡献"。[6]但五角大楼仍不满足于此，于7月17日向国务院建议进一步更改为：美军的驻扎是"为维护远东地区的国际和平与安全以及日本应对外部武力攻击的安全保障作出贡

---

1 「イニシアされた文書に対する意見及び要請」、外務省編『日本外交文書：サンフランシスコ平和条約　対米交渉』、323頁。

2 日文名「国連憲法第五十一条の規定に従い作成された集団的自衛のための協定」。

3 「日米協定案の性質について」、外務省編『日本外交文書：サンフランシスコ平和条約　対米交渉』、395頁。

4 此文件最终以"吉田-艾奇逊交换公文"的形式，与日美安保条约一起正式达成协议。

5 「吉田・ダレス会談（第1回）」、外務省編『日本外交文書：サンフランシスコ平和条約　対米交渉』、386—387頁。

6 美方4月21号备忘录的文本内容详见『日本外交文書：平和条約の締結に関する調書』（第2冊）、459頁。「日米安全保障協定案第1条の修正に関する米国覚書」、外務省編『日本外交文書：サンフランシスコ平和条約　対米交渉』、407頁。

献"。[1] 这就是后来所谓的"远东条款"。

　　之所以提出"远东条款",五角大楼的逻辑是:美国的战略利益远远超出日本一国的地域,朝鲜战争揭示出地处两极对抗前沿的日本之战略重要性,美军需要以日本为基地,在朝鲜半岛、中国大陆、苏联的远东地区,包括公海开展军事行动,因而不能接受以有限的防卫日本为目标的驻军,必须明确其范围不限于日本领土。国防部向国务院表明了其强硬立场——绝不承认任何未写入"远东条款"的安全保障协定。[2] 根据国务院的说法,五角大楼态度的真相是,1951 年春夏之交,随着多边的"太平洋集体安全协定"构想的破灭,《美菲共同防御条约》和《澳新美安全条约》相继达成,美国在远东的防务不断扩大化和正式化。[3]1951 年 4 月,参谋长联席会议制定了全球作战计划,其前提便是美军以驻日基地为依托,在朝鲜半岛、中国大陆和苏联的远东地区开展军事行动。换句话来说,驻日美军是为了保障包括日本在内的整个远东地区安全这一广泛目的而配置的,日本的安全保障需要从更大的地域视角加以审视。

　　对于五角大楼 7 月 17 日的修改意见,国务院内部讨论后决定采用以下表述:"日本给予美国在日本国内及其周边部署陆海空军的权力,美国予以接受。美国军队将为维护远东地区的国际和平与安全作出贡献,并且……可以用于抵御对日本的外部武力攻击。"[4] 值得注意的是,在杜勒斯于 7 月 19 日将相关意见书的电文发给盟军总部外交局后,同月 27 日,美方又对"远东条款"做了一处修改:"可以用来作出贡献"替代了原来的"作出贡献"。这处看似不起眼的微调实质上反映出,驻日美军防卫日本的确定性几乎从条文中消失了。由此观之,"远东条款"的加入和修改,在明确授权美军维持东亚和平的同时,进一步淡化了本来就不明确的对日防卫的正式性。

　　尽管目前缺少相应的史料来阐明 7 月 19 日至 27 日措辞变更的过程和原因,但有理由相信,其背后很可能是国务院和国防部之间进行某种交易的结果。国务

1　*FRUS*, 1951, Vol. 6, Part 1, pp.1256－1261.

2　*FRUS*, 1951, Vol. 6, Part 1, pp.989－993.

3　*FRUS*, 1951, Vol. 6, Part 1, pp.1226－1227.

4　Ibid.

院在谈判中虽极力避免对日防卫作出明确承诺，却不能不考虑日方提出的国内制约因素。7月10日，杜勒斯致信国防部长马歇尔，希望五角大楼同意将"安保协定"升格为"安保条约"，以满足日方追求符合国会审批程序所体现的正式性。[1]另一方面，参谋长联席会议一贯主张尽可能地降低美国海外防务的正式性，担心因"过度承诺"（overcommitment）而加重美国的军事负担并限制其行动自由。[2]作为两全之策，一份含糊其辞但又有理有据的安保条约成为可能。7月30日，美方递交了安保条约"临时协议案"。外务省没有就"远东条款"可能引发的问题做充分研究——特别是美国从它位于日本的基地发动军事进攻而将日本卷入一场与其利益无关的武力冲突的风险，只是在次日简单地告知美方，吉田首相同意接受。

如前所述，外务省向来要求美方就对日防卫承诺在条文中予以肯定。与此不同的是，吉田茂判断，美军驻扎在日本从事实层面构成了美国对日防卫的担保，足以抑制第三国的攻击行为。也就是说，即便安保条约没有明文规定，但"实际上如果有人向驻扎着美军的日本进行侵略，美国是绝不能坐视不管的"，日本"有事"之际驻日美军可能"袖手旁观的想法简直就是违背常识"。[3]外务省事务当局对"远东条款"抱有的危机感，与其说是安全关切，不如说是担心国内的批评意见。吉田清楚美国政府不可能与没有自卫能力的国家达成相互安全保障的防卫条约，所以当国内掀起对安保条约的批判浪潮之时，他争辩说，所谓"安保条约缺乏日本防卫的确定性，不过是过分拘泥于条约文字的讼棍式解释罢了"。[4]

美方7月30日的安保条约新文本通过后，除个别字句的矫正外，在双方谈判中已不存在较大争议。8月25日，安保条约的定稿完成，其内容仅有序言和五项简短的条款。9月8日，在旧金山歌剧院的对日和平条约签字仪式结束后，当日傍晚，日美两国代表又在附近的美国陆军第六军司令部签署了《日美安全保障条约》。

1　*FRUS*, 1951, Vol. 6, Part 1, pp.1186–1188.

2　石井修编『アメリカ統合参謀本部資料 1948—1953』東京：柏書房，2000年、5卷、28—29、74—81頁。

3　吉田茂：《十年回忆》（第三卷），第78页。

4　"讼棍"意为钻文字空子而诡辩的人，原文作「三百代言」。吉田茂『大磯随想・世界と日本』東京：中公文庫、2015年、196頁。

日美安保条约与对日和约同时订立并于次年 4 月 28 日同时生效。

结语

纵观日美双方媾和与安保条约的互动过程，可以做以下总结：其一，日本重整军备问题是贯穿整个谈判进程的主线，"集体防卫"条款、对日防卫义务、"远东条款"等争论点均是围绕这条主线展开的。就美方而言，"集体防卫"条款的用意是逼迫日本重整军备，使其具备和美军共同展开军事行动的能力；回避对日防卫的承诺更多考虑的是，消除日本搭美国"防务便车"的合法性；强化"远东条款"在很大程度上既是削弱对日防卫（这一有限目标）的正式性，也是从更广的地域视角提示日本重整军备的必要性。面对美方的外交攻势，日方最终没有接受杜勒斯设定的重整军备水平，并使有关重整军备的内容从安保条约中消失。

其二，双方于日本结束占领、恢复独立以前进行了相对平等的外交谈判，其间更是存在控制与反控制之争。美国从对苏遏制战略出发，在远东构筑起新月形（东亚大陆沿海岛屿链）防卫圈，需要以安全保障合作的形式控制日本重整军备的节奏和特征，[1] 如扩大"集体防卫"条款的内涵；同时最大程度确保本国的行动自由，不仅包括扩大美军作战行动的地理范围，还包括保留不承担对日防卫的条约义务以及撤出驻日美军的选项。日本为了尽快缔结恢复主权的和平条约并使美国提供的安全保障更加可靠，在重整军备问题上以退为进，赢得谈判筹码；坚持明文规定美国的防卫责任以及澄清作为其前提的集体自卫权的逻辑；力图将安全保障合作限制在日本防卫（"日本有事"）层面，而不是对美国在远东反苏遏制战略的全面配合。

其三，日美安保条约的交涉与缔结，绝非美国单边决策、单向意志施加的线性轨迹，而是双方权衡利弊、相互妥协的结果。首先，美方没有强行要求日本

---

1 日本学者白石隆（Shiraishi Takashi）对此有个形象的比喻："把手轻轻地放在日本的颈部脉上，如果需要，可以加大压力使日本昏迷。"转引自理查德·塞缪尔斯：《日本大战略与东亚的未来》，刘铁娃译，上海：上海人民出版社，2010 年，第 51 页。

重整军备，日方也选择了放弃对美国保卫日本义务的明文化的追求。其次，条约文本以兼述日美立场的方法弥缝分歧。就改动最多的第一条而言，日本"授予"、美国"接受"驻军权利，照顾了日方的平等性愿望；驻日美军"可以用于维持远东的国际和平与安全"，满足了五角大楼的战略需要；以及确保"日本免受外来武装进攻之安全"，又符合东京对安全保障的执念。再者，尽管美方处于强势地位，只要施加足够的压力，虽说日方也会接受美方的最初草案，但如此一来的后果便是，1948 年以来执政的日本最大的亲美稳定势力——吉田茂领导的自由党会有失去国会议席之虞。一贯强硬的参谋长联席会议也知晓这层利害。[1]

其四，吉田茂的政治决断发挥了不容忽视的作用。由首相本人兼任外务大臣直到日本获得独立为止，始终是吉田内阁的一条铁的规则。外交官出身的吉田茂具备与美国进行对等谈判的素养，[2]秉持"日本虽败于战争但要胜于外交"的信念[3]，以灵活、务实的姿态统筹着媾和与安保的对美交涉全局，具体表现在：首先，1948 年秋美国对日政策转向之际，重新上台的吉田确立起依靠美国取得最有利的媾和条件这一基本路线，指导外务省将媾和对策研究的重心转向单独媾和，不失时机地密授池田传达美军驻留的解决之策，成功开启了媾和谈判大门。接着，在媾和谈判的关键问题上，着眼于早日媾和的大局，没有拘泥于安保条约的语言表达形式，以字面的妥协换取到美国对日防卫的实利，没有因研究和讨论驻军权利等细枝末节而"错过了可以一气呵成签署和约的机会"。[4]换言之，视媾和为迫切任务的吉田茂，追求安保条约越简洁越好、越快越好。更为重要的是，吉田茂深知媾和独立、安全保障、经济复兴三者之间的内在关联与区别。一方面，他以单独媾和争取早日媾和，以提供基地换取美军保护，以对美合作获取美国对日本经济复兴的支持；另一方面，将媾和独立与安全保障作为实现经济复兴的必要前提，避免在媾和与安保交涉

1　石井修编『アメリカ統合参謀本部資料 1948—1953』、8 卷、24—25 頁。

2　五百旗頭真编『戦後日本外交史』、54 頁。

3　郑毅：《铁腕首相吉田茂》，北京：世界知识出版社，2000 年，第 44 页。

4　吉田茂：《十年回忆》（第三卷），第 83 页。

中作出妨碍日本经济发展的妥协。[1] 正如美国学者约翰·道尔（John W. Dower）评论所说，吉田的一大外交遗产就是，在 20 世纪 50 年代初顶住了美国要求他进行大规模重整军备计划的巨大压力。[2]

1　吉田茂：《激荡的百年史——我们的果断措施和奇迹般的转变》，孔凡、张文译，北京：世界知识出版社，1980 年，第 69—70 页。

2　John W. Dower, "A Rejoinder", *Pacific Historical Review*, Vol. 57, No. 2 (May 1988), p.208.

冷战转折下美日对冲绳归属问题的政策演变

刘　凯[*]

【摘要】第二次世界大战后初期，冲绳社会处于美军的军事占领统治下，承接近代日本对琉球的侵吞、殖民历史而来的战后冲绳归属问题浮上台面。战时的盟国和战后初期的美国军方，都有将琉球群岛从日本领土中剥离的见解，美军亦有在冲绳建立永久性军事基地的政策主张。战后初期的日本政府，则力图继承其近代扩张的成果，持续在对美交涉的准备策略和交涉过程中提出保留其琉球群岛主权的主张。随着冷战的开始，美日走向同盟关系，在日方的不断索求和实现自身战略利益的前提下，美国逐渐改变了其对琉球群岛的战后处理态度，倾向于满足日本针对琉球群岛"潜在主权"的主张。1951年《旧金山对日和约》签署，使日本对琉球群岛的所谓"潜在主权"获得美国默认，冲绳的归属问题在冲绳的缺位和美日的私相授受中被确定下来。

【关键词】冲绳归属；冷战；美国；日本

　　战后初期冲绳的归属问题，既属于对日领土处理问题，也属于整个战后初期的冲绳问题。学界关于这两个问题，以外交史的研究方法从美日关系视角和美、日各自的视角进行的研究很多，无论是对该问题的过程和全貌，还是史料的探查和分析，都取得了丰硕的成果。[1]但是，通常对该问题的研究中，冲绳本身所具有的历

---

*　刘凯，华东师范大学历史系博士研究生。

1　海外学者的研究成果有如：宫里政玄『日米関係と沖縄 1945-1972』岩波書店、2000年；宫里政玄『アメリカの沖縄政策』ニライ社、1986年；ロバート・エルドリッヂ『沖縄問題の起源-戦（转下页）

史地位常常被忽视，缺少本应不可或缺的冲绳视角。因此，本文以冷战转折为关注重点，从美日双方的视角同时展开对照研究，一方面梳理战后初期冲绳归属问题的流变过程，另一方面亦尝试以美日与冲绳近代史的关系为起点，立足于冲绳在战后归属问题上的被动性来考察和评述美日的相关政策。

一、战后冲绳归属问题的起点

1. 美国与琉球王国

19 世纪中期以后，刚刚完成大陆扩张的美国便开始希望在美洲大陆以外的远东和太平洋地区扩大自身的影响，其扩张方式不再完全相同于欧洲列强的殖民掠夺，而是以扩大商业利益为首要目标。1852 年 11 月，为开拓美国在远东和太平洋的利益，美国东印度舰队司令官马修·佩里率领舰队向远东进发。在舰队出发前，佩里向美国政府强调了琉球作为重要港口需要当作开港的目标。[1]1853 年 5 月 26 日佩里舰队第一次抵达琉球，至次年在西太平洋活动的佩里舰队先后五次造访琉球。1854年，佩里建议美国政府在太平洋上及东南亚地区获取若干据点作为海军及贸易基地，其中提到的重要据点就包括台湾岛、琉球群岛和包林群岛（Bonin Islands，即小笠原群岛），他认为这些岛屿与夏威夷群岛乃是美国西海岸到东亚航线最重要的站口。[2]

1854 年 7 月 11 日，美国与琉球国缔结《美琉修好条约》，正式文本分中英文两式。条约内容协定船舰靠港、商贸、海难救助、司法等事项，中文条约末署名及纪年为"钦差大臣兼水师提督被理以洋书汉书立字／琉球国中山府总理大臣尚宏勋政大夫马良才应遵执处／纪年一千八百五十四年七月十一日／咸丰四年六月十七日

（接上页）後日米関係における沖縄 1945—1952』名古屋大学出版会、2003 年；等等。国内学者的研究成果有如：崔丕著《冷战时期美日关系史研究》，北京：中央编译出版社，2013 年；胡德坤、沈亚楠《对盟国的抵制与索取：战后初期日本的领土政策》，《世界历史》2015 年第 1 期；胡德坤《"旧金山和约"与东亚领土争端》，《边界与海洋研究》2017 年第 1 期；安成日、李金波《试论二战后日本在领土处理问题上的态度与美国托管冲绳》，《南开日本研究》2013 年；等等。

1　神田精輝訳著『ペルリ提督琉球訪問記』国書刊行会、1997 年、6 頁。

2　李定一：《中美早期外交史》，北京：北京大学出版社，1997 年，第 220、221 页。

在那霸公馆立"。[1] 随后，1855 年、1859 年琉球分别同法国、荷兰签订了《琉法修好条约》和《琉兰修好条约》，条约同分为中法文、中荷文两式，皆以琉球国的名义立约、以中国清咸丰年号纪年。[2]《美琉修好条约》的签订是近代美国与琉球之间的标志性事件，正式开启了琉美关系史的时代。

但是，好景不长。1871 年 12 月发生了琉球国漂流船民在台湾牡丹社地界被杀害的"牡丹社事件"。事后，日本方面出现了要求政府借此征台的议论，同时吞并琉球的阴谋也正在进行当中。1872 年 10 月 15 日，明治天皇下达册封琉球国王尚泰为"琉球藩王"的诏书[3]，采取胁迫措施将其所谓的"外属国"琉球国降格为"内属藩"，为达到逐渐吞并之目的布局。从此开始的吞琉行动以 1879 年 3 月 27 日明治政府遣兵强制设置冲绳县为终结[4]，整个过程中日本政府都十分清楚，欲达成对琉球国的吞并，一是要否定并割断琉球与清朝的宗藩关系，二是要获得曾与琉球国签订修好条约的美欧诸国的承认。期间，美国都深刻地牵涉其中。

1872 年 10 月 30 日，日本政府命令琉球将"先年来其藩与各国缔结的条约，并今后（国际）交际事务移交外务省管辖"[5]，剥夺了琉球国的外交权力。美国方面更是在稍早前的 20 日便照会日本政府询问《美琉修好条约》中美方利益的维持问题[6]，日本政府于 11 月 5 日复函称"可维持遵行"[7]。作为最早与琉球国签订修好条约的签约国，美国在自身利益获得保障的前提下，对日本侵吞琉球的行动采取了漠视的态度。

对于分离中琉宗藩关系，此前发生的琉球漂流民被杀的"牡丹社事件"正好成了绝佳机会。当日本外务卿副岛种臣得知美国海军曾因"罗发号"事件与台湾"生番"交战过一事后，于 1872 年 10 月 24 日向美国驻日公使德朗咨询该事。由于美

1　琉球政府编集『沖縄県史』（第 14 巻・資料編・雑纂 1）ひかり印刷所、1965 年、161 頁。

2　外務省条約局『旧条約彙纂』第 3 巻（朝鮮・琉球）川口印刷所、1934 年、651—661 頁。

3　喜舍場朝賢（向延蕃）『琉球見聞録』三秀舍、1914 年、7 頁。诏书如下："朕膺上天之景命，绍万世一系之帝祚，奄有四海，君临八荒。今琉球近在南服，气类相同，言文无殊。为萨摩附庸之藩，而尔尚泰能致勤诚，宜予显爵，升为琉球藩王，叙列华族。咨尔尚泰，其重藩屏之任，立众庶之上，切体朕意，永辅皇室。钦哉。明治五年壬申九月十四日。"

4　东亚同文会编：《对华回忆录》，胡锡年译，北京：商务印书馆，1959 年，第 103 页。

5　外務省調査部編纂『日本外交文書』第 5 巻第 182 号文書、日本国際協会、1939 年、393 頁。

6　外務省調査部編纂『日本外交文書』第 5 巻第 179 号文書、日本国際協会、1939 年、385—390 頁。

7　外務省調査部編纂『日本外交文書』第 5 巻第 184 号文書、日本国際協会、1939 年、393、394 頁。

国不乐见中日结成同盟，又欲拉近与日本的关系，德朗遂暗中劝诱日本侵占台湾，教唆称"美国无意占有他国的土地，但是我们乐意见到我友邦拥有并拓殖他国的土地。……若贵国派船到台湾，我方军舰有该处之海岸地图等，愿为提供"，同时将对台湾番地甚为了解的美国人李仙得[1]引荐给了副岛。[2]10月25、28两日，李仙得两度向副岛介绍了清政府治下台湾的详细情况及台湾防卫力量薄弱的状况，同时鼓动副岛说，美国并不想取得该处土地，但也不反对由日本政府来统辖该地；可以此次琉球船难事件为由，遣兵攻取。[3]李仙得带来的台湾番地情报和建议，使日本政府大为振奋，形成了以外务卿副岛种臣为首的"征台派"。

1874年10月31日，为了结日本侵台一事，中日签署了《北京专条》。有关琉球的内容是，"兹以台湾'生番'曾将日本国属民等妄为加害，日本国本意为该番是问，遂遣兵往彼，向该生番等诘问。日本国此次所办，原为保民义举起见，中国不指以为不是"。[4]如此内容，清政府稀里糊涂中承认日本侵台为"保民义举"，使日本获得清政府间接承认其领有琉球的说辞，为日本政府紧接着迫使琉球断绝中琉宗藩关系、侵吞琉球的行动提供了理由。在此期间，德朗和李仙得代表的美国从自身在远东的利益出发，对日本政府入侵台湾、侵吞琉球的行为不仅听之任之，甚至还怂恿协助。

如上所示，美国与琉球国晚期的历史联系密切，且佩里舰队到访琉球被形容为琉球历史"近代"的开端[5]。无论是《美琉修好条约》的签订，还是明治日本侵吞琉球过程中以德朗、李仙得为代表的美国角色，都体现了三层历史含义：（1）琉球与美、法、荷三国签订的条约的文本形式和纪年表明，琉球一方面秉持着中琉宗藩关

1　1867年3月12日，美国商船"罗妹号"载14人从汕头至牛庄，在台湾海面受风暴影响沉没。船长夫妇等14人乘舢板在琅桥尾龟仔角鼻山登陆，被当地"生番"杀害，仅一名水手逃脱。美国驻厦门领事李仙得为此曾赴台与清政府地方官员交涉，试图解决此事，但无果而终。李仙得便谋求独自去"生番"地区解决该问题，此后5年间其常随美舰赴台探查。1872年2月，李仙得听闻琉球人在台湾番地被杀的消息后，亲自乘船去台湾番地责问原由。同年，美国总统提名李仙得为驻阿根廷公使的任命案为参议院所搁置，李仙得为谋对策于10月12日乘轮船离开厦门回国。一星期后，李仙得为转船途经日本。

2　外务省调查部编纂『日本外交文书』第7卷第4号文书、日本国际协会、1939年、4—8页。

3　外务省调查部编纂『日本外交文书』第7卷第4号文书、日本国际协会、1939年、8—16页。

4　外务省调查部编纂『日本外交文书』第7卷第186号文书、日本国际协会、1939年、316页。

5　冲绳县教育委员会编集『冲绳县史』（第1卷・通史）セントラル印刷所、1976年、33页。

系，展现了中国的政治、文化在琉球的正朔意义和琉日关系的相对性，另一方面又以琉球国号在近代国际关系中登场，展现了琉球在宗藩关系下的自主和独立属性。（2）美国对琉球国所具有的独立自主属性，以及琉球国的历史、政治、社会文化等都有着一定的了解。（3）美国了解日本吞并琉球国的过程，对于琉球在近代日本对外扩张过程中被侵略、被殖民的历史有着相当的认知。

2. 盟国有关战后冲绳归属的协议

"二战"结束前，针对战后日本领土处置中涉及琉球群岛的安排，有着一系列基础性国际协议。

1943 年 12 月 1 日，中、美、英三国通过《开罗宣言》规定了日本领土处置的问题，"三国之宗旨在剥夺日本自 1914 年第一次世界大战以后在太平洋所夺得的或占领之一切岛屿、在使日本所窃取于中国之领土，例如满洲、台湾、澎湖群岛等，归还中华民国。日本亦将被驱逐于其以暴力或贪欲所攫取之所有土地，我三大盟国轸念朝鲜人民所受之奴役待遇，决定在相当期间，使朝鲜自由独立"。[1]该宣言对于战后冲绳的处置而言，间接相关的是"日本亦将被驱逐于其以暴力或贪欲所攫取之所有土地"一项。1945 年 7 月 26 日，中、美、英三国在《中美英三国促令日本投降之波茨坦公告》中敦促日本无条件投降，对于战后日本领土的处置协定为"开罗会议之条件必将实施，而日本之主权必将限于本州、北海道、九州、四国及吾人所决定其他小岛之内"。[2]此公告对于战后冲绳的处置也只有间接关联的"吾人所决定其他小岛"一项。而在战后美国主导的对日媾和交涉中，这两项内容并未得到充分的落实。

如上，盟国内部在战争结束前对冲绳的战后处理并无明确规定，成为战后的遗留问题。此外，由于美军的登陆与临时占领统治，以及战后美国对日本的单独占领政策，冲绳的战后处置丧失了国际性，落到了仅由美国主导的境地。因此，远东委员会盟国于 1947 年 6 月 19 日发布的《远东委员会对投降后日本之基本政策的决议》中，也只是重申了日本领土"限于本州、北海道、九州、四国及可能决定之附

1　世界知识出版社编辑：《国际条约集 1934—1944》，北京：世界知识出版社，1961 年，第 407 页。

2　世界知识出版社编辑：《国际条约集 1945—1947》，北京：世界知识出版社，1959 年，第 77—78 页。

近岛屿"[1]，在战后冲绳的处置上并没有什么实质规定。除了这些间接关涉冲绳战后处置的协定之外，还有两个战前的国际协议对美国政府处理冲绳问题影响深远。

其一，是 1941 年 8 月 14 日美英发布的《大西洋宪章》，其中涉及领土与民族自由权力的声明是"一、两国并不追求领土或其他方面的扩张。二、凡未经有关民族自由意志所同意的领土改变，两国不愿其实现。三、尊重各民族自由选择所赖以生存的政府形式的权利。各民族中的主权和自治权有横遭剥夺者，两国俱欲设法予以恢复"[2]。该宪章是美英共同签署的一份联合文件，其所宣布的原则，被美英两国标榜为重建战后世界和平秩序的政策依据。关于民族自由权利的主张，是对战后美国政府处置冲绳归属问题最重要的制约。

其二，是 1945 年 6 月 26 日订立的《联合国宪章》，其中关于"国际托管制度"亦有约定，"增进托管领土居民之政治、经济、社会及教育之进展；并以适合各领土及其人民之特殊情形及关系人民自由表示之愿望为原则，且按照各托管协定之条款，增进其趋向自治或独立之逐渐发展"[3]。这一关于托管地主权的决定，作为反对再次侵蚀冲绳属权的重要依据，多次由日本政府向美方提出，是为对美国政府在处理战后冲绳归属问题时的另一个制约。

综上所述，尽管大战期间关于战后日本领土处理的一系列国际协议中并没有直接关涉冲绳战后归属的条款，但结合美国在近代与琉球国晚期历史的密切关联及其从侧面体现的琉球国的独立自主属性，两者共同构成了战后冲绳归属问题的历史根源和法理依据，即战后冲绳归属问题的起点。

二、战后初期美日对冲绳归属问题的各自主张

1. 战后初期摇摆中的美国冲绳归属政策

早在战争结束以前，美国军方与国务院之间就在对冲绳的认知和战后处理政

---

1 田桓主编：《战后中日关系文献集（1945—1970）》，北京：中国社会科学出版社，1996 年，第 43 页。
2 世界知识出版社编辑：《国际条约集 1934—1944》，北京：世界知识出版社，1961 年，第 337 页。
3 世界知识出版社编辑：《国际条约集 1945—1947》，北京：世界知识出版社，1959 年，第 53 页。

策上有明显的分歧。美国军方认为，冲绳不应归属于日本。早在 1944 年 11 月 15
日，为了给美海军在冲绳的登陆作战提供战略参考，美海军省作战本部军政课受
命制作并发布了《琉球列岛民政手册》。手册的主要内容有：（1）简要介绍了冲绳
群岛的历史背景、民俗、习惯、祭礼、政治、教育、社会、经济和产业的实际状
况；（2）毫无遗漏地记录了冲绳社会各领域的领导者的住址和姓名等；（3）对农村
地方的生活样态，福利、财政和金融状态，新闻媒体的实际状态，粮食、矿产等资
源的利用，以及林业、建筑、劳动人口的变化和雇佣关系等，都逐一进行了分析；
（4）除了对相关历史问题略有触及以外，还依据长期的统计资料对冲绳的实际状况
与鹿儿岛和本土其他的相似县域进行了比较考察。[1]

　　此外，美海军作战部还预备了一份未公刊的文件《琉球列岛的冲绳——日本的
少数集团》。这份文件的作者们以对夏威夷和拉丁美洲等地的调查为基础，对冲绳
人的意识和行为模式进行了解析，主要包括三部分内容：（1）介绍冲绳对于日本而
言的历史地位；（2）从社会心理学的角度分析夏威夷的冲绳裔群体的过去与现状；
（3）在解释冲绳人和冲绳社会的特质的基础上，还具体地分析了冲绳和日本关系中
内在的负面因素，并提出了从心理作战的角度可资当前作战利用的战术，即要充分
地利用冲绳和日本之间的嫌隙。这个嫌隙具体而言，一方面是自古以来日本政府对
于冲绳社会在政治、经济等方面的压迫，以及这种压迫不仅存在于日本社会内部，
还存在于夏威夷、南美和南洋等地的日本人社会中"内地人"与"冲绳人不是日本
人"的差别认知，并列举了针对轻蔑对象的具体事例；另一方面，是冲绳人内心对
于日本政府和日本社会中"内地人"的这种不平等对待的极度反感。对于日本人和
冲绳人之间的对立和敌意，文件中直言"这样的分裂，从语言和文化的区别来说是
根植于民族差异的自然现象"。[2]

　　这些美国军方为作战而调查的内容中对于冲绳和日本关系的描述，凸显了冲绳
的独立性及其与日本的不睦。这些描述成了美国军方对冲绳社会最初且最根本的认

1　大田昌秀「占領下の沖縄」、朝尾直弘など編『岩波講座 日本歴史 23　現代 2』岩波書店、1977 年、
297 頁。
2　大田昌秀「占領下の沖縄」、朝尾直弘など編『岩波講座 日本歴史 23　現代 2』岩波書店、1977 年、
298—299 頁。

识，对战后初期美军在冲绳的施政和归属态度上产生了极其重要的影响。

1946 年 1 月 29 日，《联合国最高司令部（盟总）训令第 667 号》即《某些外围地区的政府和管理与日本分离的备忘录》发布，具体规定了日本领土的范围："日本被限制于包括日本四个主要岛屿（北海道、本州、九州和四国）和大约一千个较小的邻近岛屿，包括对马岛、北纬 30° 以北的琉球群岛（不含口之岛）；不包括北纬 30° 以南的琉球。"[1] 可见，从美国军方的角度来说，琉球群岛不归属于日本的主张在最初是很明确的。

1947 年 6 月 27 日，盟军总司令麦克阿瑟与美国记者团会见时，发表了如下谈话："冲绳诸岛是我们天然的国境。对美国保有冲绳，我不觉得日本人会反对。为什么这么说呢？冲绳人不是日本人，而且日本人已经放弃了战争。在冲绳部署美国的空军，对日本有重大意义，因为这非常明显会成为日本安全的保障。"[2] 麦克阿瑟的态度，再度明确了美国军方对冲绳处置的看法，即一方面认为冲绳有别于日本，另一方面也透露出从军事战略的角度由美军占领冲绳并建立军事基地的意图。

而在战后初期，美国国务院倾向于冲绳的主权归属于日本。国务院在与军方争议、协调的基础上，也出台了一系列文件表明对冲绳战后处置的主张。1945 年 12 月，远东调查部国际关系问题专家埃默逊起草了《关于琉球群岛的处理报告》（PR 35 文件），并于 1946 年 3 月 4 日形成了 PR 35 最终报告（修正版 b），其内容大略为：（1）美国国务院认为在冲绳及冲绳之外建设永久基地会对国际社会带来严重影响，政治上也会引起反对。但是，不管出现何种政治问题，基于美国政府安全保障上的考量，一旦决定建设基地，就应该以战略托管统治的形式展开。（2）在建设这些基地之际，位于琉球群岛中部以及南部的岛屿，应该指定美国或是联合国机构作为普通托管统治的实施者。而琉球群岛北部（主要以北纬 28° 为界限），应该返还日本。（3）在没有美军基地的地方，琉球群岛应视为日本拥有的岛屿。但是，日本对琉球群岛所拥有的主权，必须将整个日本置于非武装化的前提下。（4）在盟国占领期间，居住在琉球中部以及南部的冲绳居民，在明确拒绝归于日本统治的情

1　胡德坤、沈亚楠：《对盟国的抵制与索取：战后初期日本的领土政策》，《世界历史》2015 年第 1 期。
2　新崎盛晖：《冲绳现代史》，胡冬竹译，北京：生活·读书·新知三联书店，2010 年，第 21—22 页。

况下，要组成负责琉球群岛处置的国际调查委员会，在确认岛民意愿的同时，寻求维持太平洋和平与安定的解决对策。（5）在中国政府强烈要求占有琉球群岛的一部分或者是整个群岛，或主张将中国作为联合国托管统治的委托者的情况下，美国应努力使中国放弃这种请求。[1]从这份文件的内容可以看出，国务院在吸纳了军方见解之后提出了上述以军事基地建设为核心的主张，此时国务院对于冲绳归属问题的考虑倾向于主权归属日本，但尚无定论。

1946 年秋，美国国务院设立非正式委员会研究"对日媾和条约"，委员会被命名为"博顿小组"。及至 1948 年 1 月 8 日，为战后对日媾和提供参考的《对日和约草案》，即"博顿草案"第三稿完成。该草案几经修改，第一稿完成于 1947 年 3 月，第二稿完成于 1947 年 8 月 5 日。在领土事项上，关于琉球群岛与日本的关系，在第二稿中体现为"日本领土除了本土四岛以外，还包括国后、择捉[2]、琉球诸岛屿；但不包括小笠原群岛、南鸟岛"，但在第三稿中最终被修改为"南千岛、琉球归属未定；小笠原群岛、南鸟岛由美国托管"。[3]其中关于琉球群岛归属的修改，亦体现了美国政府此时在冲绳归属问题上的摇摆不定。

2. 战后初期日本政府对冲绳归属的预策

1945 年 7 月，为了应对可能到来的战败交涉，日本政府准备了一份名为《和平交涉纲要》的文件，作为和平交涉的条件提出"针对领土问题，尽可能地为了将来的东山再起，在难以阻止的情况下要努力争取保留日本的固有领土。……所谓固有领土，最低限是可以割弃冲绳、小笠原和库页岛，但千岛群岛的南部应该得到保留"。[4]这份文件关于冲绳并非日本"固有领土"的定位以及"可以割弃"的态度，在事实上符合前文所提及的近代历史现实，对于理解日本政府在战后冲绳归属问题上的实质意图有着重要意义。

---

1 ロバート・D・エルドリッヂ『沖縄問題の起源－戦後日米関係における沖縄 1945—1952』名古屋大学出版会、2003 年、57 頁。

2 国后岛，俄罗斯称库纳施尔岛；择捉岛，俄罗斯称伊图鲁普岛。

3 崔丕：《冷战时期美日关系史研究》，北京：中央编译出版社，2013 年，第 25 页。在《美国对外关系文件集》中没有"博顿草案"的全文，只收录了博顿的解释性备忘录，关于琉球群岛内容是："参谋长联席会议建议美国对北纬 29° 以南的所有岛屿进行战略托管，但国务院尚未同意这一提议。"*Analysis of the Japanese Peace Treaty Draft of January 8, 1948*. FRUS, 1948, Vol. VI. pp.656–660.

4 大田昌秀『醜い日本人：日本の沖縄意識』岩波書店、2000 年、319—320 頁。

　　投降后的日本政府为了在战后对日媾和时尽量地争取利益，积极从事和约相关问题的研究。1945 年 11 月 21 日，日本政府外务省设立了和平条约问题研究干事会，其中由两名事务官专门负责领土条款的研究。[1]1946 年 5 月，和平条约问题研究干事会提交了《日本和平条约问题研究干事会第一次研究报告》，在第六部分"领土及在外权益的剥夺"中预计联合国方面将实施《开罗宣言》和《波茨坦公告》规定的日本领土处置原则。日方的对策中关于琉球群岛的内容是：（1）"关于盟国尚未决定的邻近日本的诸小岛，根据民族、地理、历史、经济等方面因素，极力争取允许我国保有范围的扩大。"（2）"对于琉球群岛的处置，交予盟国共同托管或者美国单独托管的可能性最大，而成为中华民国领土的可能性较小。如果是前者则不必反对，但如果是后者则应强烈主张其缺乏依据，即使作最坏的打算也应该力争以当地居民投票的方式最终决定其归属。对于冲绳岛，预计是由美国依据'联合国宪章'第八十二条所规定的托管制度认定为战略地区进行托管，对此不必反对。"[2]

　　另外，还有外务省起草的其他一系列研究文件构成了上述报告的前期文件。1946 年 1 月 26 日，外务省政务局起草了《盟国和平条约方案与我方所期望方案之比较》，预测了盟国和平条约中可能涉及的领土、军事、经济等内容。关于领土一项，日本提出希望能够充分利用在《大西洋宪章》以及《波茨坦公告》中的"领土不扩大原则"等进行领土处置。[3]关于琉球群岛，该件认为，"对琉球成为日方领土的经过有种种议论，关于要求无条件确认中国对琉球的主权一事，须退一步要求'能自由表达相关民众的希望'，如用当地居民投票等手段决定"。[4]另外，日本外务省条约局在 1 月 31 日起草了《关于缔结和平条约问题的基本方针》，在领土条项中，针对盟国《开罗宣言》和《波茨坦公告》对日本领土处置的规定，认为"问题在于第一次世界大战以前属于日本的诸小岛的归属问题"，琉球群岛即包括于其

1　外務省編『日本外交文書：サンフランシスコ平和条約 準備対策』外務省、2006 年、12—13 頁。

2　外務省編『日本外交文書：サンフランシスコ平和条約 準備対策』外務省、2006 年、95—96 頁。

3　外務省編『日本外交文書：サンフランシスコ平和条約 準備対策』外務省、2006 年、18 頁。

4　外務省編『日本外交文書：サンフランシスコ平和条約 準備対策』外務省、2006 年、19 頁。

中。[1] 2 月 1 日，日本外务省条约局又起草了《关于和平条约内容的原则方针研究及联合国方案与我方所期望方案之比较》。该件在"领土问题"上预计，联合国的方案将实施《开罗宣言》和《波茨坦公告》对日本领土的规定，即对除本土以外的其他岛屿实行割让或托管，对此希望"确保重要的各小岛，特别是确保在地理、历史、民族、经济等方面与日本有关系的小岛"。[2]

这些文件的出台，表明日本政府敏感地抓住了战时盟国诸协议给日本领土问题的战后处理政策留有一定空间的可操作性，并提出了在寻求冲绳归属时能够采用的方式，即将当地居民的意愿和地理、历史、民族、经济等联系作为关键着眼点。

1947 年 7 月 24 日，外务省制订了就"对日和平条约"与美国国务院驻盟军总司令部政治顾问艾奇逊会谈的《日方希望案》，其中关于领土问题提出，"根据《波茨坦公告》，日本周边小岛归属由盟国决定，但在决定这些小岛之际，希望能充分考虑这些小岛同日本本土之间的历史、人种、经济和文化方面的紧密关系"。[3] 此文件又称《芦田备忘录》。随后，日本政府先后将《芦田备忘录》交给了艾奇逊和盟总民政局长惠特尼，但都被退了回来。7 月 28 日，惠特尼答复日本政府："我将这个文件递交给麦克阿瑟元帅了，在元帅看来，日本的立场是企图在和平会议上将自己的观点强加于对日和约。然而，元帅的方针是公正地缔结和平条约。现在，如果私下接受了日本政府或者日本外务大臣提交的文件，很有可能刺激到其他国家，特别是反对日本的国家，这反而对日本不利。"[4] 尽管该提案中并没有直接提出冲绳的归属问题，但结合此前众多的备案和提案，其亦间接透露出了对冲绳归属的意图。而美军方面对这种日本意图施加影响的行动则表现出了排斥。对此倍感危机的日本政府，进而采取了更为积极的行动。

1947 年 9 月 19 日，日本宫内厅官员寺崎英成拜访盟军总司令部顾问西博尔德，以"天皇口信"的形式转达了裕仁对媾和问题中日本领土处理问题的看法，称"天皇希望美国对包括冲绳在内的琉球群岛及其他诸岛继续进行军事占领。根据天

---

1 外務省編『日本外交文書：サンフランシスコ平和条約 準備対策』外務省、2006 年、47—48 頁。

2 外務省編『日本外交文書：サンフランシスコ平和条約 準備対策』外務省、2006 年、74—75 頁。

3 外務省編『日本外交文書：サンフランシスコ平和条約 準備対策』外務省、2006 年、245—247 頁。

4 外務省編『日本外交文書：サンフランシスコ平和条約 準備対策』外務省、2006 年、262—264 頁。

皇的意见，这样的占领既符合美国的利益又能保卫日本。对于具体的军事占领形态，天皇的考虑是，在不得已同意美国对冲绳军事占领的情况下，最好能采取保留日本潜在主权的形式。这样的占领方式能够让日本国民相信，美国并没有永久占领琉球群岛的意图"。[1]9 月 22 日，西博尔德将"天皇口信"的内容转交给美国国务院，并备注"值得注意的是，日本天皇希望美国继续对琉球群岛实施军事占领，这无疑是以日本的国家利益为出发点考虑的"。[2]可以看到，日本政府在冲绳归属的问题上主张"潜在主权"的处理方式，并通过天皇之口明确地提了出来。

　　总的来说，此阶段关于冲绳归属问题的处理，美日双方的态度有所不同。美国方面由于军方和国务院的目标不一致，还没有形成明确的目标。尽管军方对近代日本侵占琉球表现出了否定态度，但对冲绳战后处理的核心主张也仅仅是从美国的远东战略出发，诉求是将冲绳置于美国的控制之下并建立军事基地；而美国国务院亦仅仅在顾虑战时盟国诸协议和军方主张的情况下，从美国利益出发认可了在冲绳建立美军基地的主张，在冲绳的主权归属问题上并未从尊重历史的角度提出合理的建议，表现得犹豫不决。

　　相对地，日本方面展现出了一以贯之的对冲绳归属权的赤裸裸的企图。对冲绳的觊觎，以及对冲绳归属问题中中国因素的警戒，显示出战后日本政府仍然继承着近代日本的侵略扩张意识，并未在战败投降的情况下对此作出彻底的反省。可以说，日本政府制定的一系列关于战后领土处理问题的文件和就此对美交涉的积极态度成效显著。战后初期两度担任日本首相的吉田茂在回忆中提到，编写这些资料的目的是"让美国做日本的代言人申诉日本的主张"，其中"关于领土问题的资料也是我们花费精力最大的资料之一。关于冲绳岛、小笠原群岛、库页岛、千岛群岛、齿舞岛和色丹等岛，我们从历史、地理、民族和经济等诸多观点，详细叙述了这些岛屿与日本不可分割的关系"。其结果是"我们最初还有些担心美国方面究竟能否接受这种资料，但是从 1948 年起，在盟军总部外交局的谅解下，由外务省以极不

1　寺崎英成、マリコ・テラサキ・ミラー編著『昭和天皇独白録　寺崎英成・御用掛日記』文藝春秋、1991 年、332 頁。

2　ロバート・D・エルドリッヂ『沖縄問題の起源－戦後日米関係における沖縄 1945—1952』名古屋大学出版会、2003 年、108 頁。

正规的方式送交该局，并由该局转递华盛顿。据说华盛顿方面对此颇有好评，认为这些资料很有参考价值"。[1]

三、冷战转折下美日对冲绳归属问题的勾连

冷战作为横亘在战后世界史上的最大命题，众所周知，以 1946 年 3 月丘吉尔的"铁幕演说"为前奏，以 1947 年 3 月美国政府"杜鲁门主义"的出台为标志而开始。冷战掀起的滔天巨浪迅速席卷了世界的各个角落。作为亚太冷战的最前沿，冷战的影响随即波及日本，渐次搅动着冲绳归属问题的去向。

1. 美国对冲绳归属问题的态度及政策的转变

以冷战的转折为背景，作为美国"遏制战略"思想始作俑者的乔治·凯南于 1947 年 5 月 7 日被任命为国务院政策规划委员会主任。1948 年 3 月，凯南访问日本，同麦克阿瑟举行了会谈，交换了新形势下的美国对日政策和有关冲绳基地问题的认识。期间，麦克阿瑟认为"美国的战略防线已经不再是美洲的西海岸，而是位于亚洲大陆的东海岸……这是一个 U 形区域……其中琉球的战略地位最为重要……我们必须保持对北纬 29° 以南琉球群岛的单方面完全控制……那里的人不是日本人，来到日本主岛时从未被同化，日本人看不起他们"[2]，并向凯南强调美军在冲绳设置基地的合理性与重要性。凯南结束日本的访问后，根据其与麦克阿瑟会谈的情况，于 3 月 25 日向国务卿马歇尔提交了政策设计委员会第 28 号文件《关于美国对日政策的建议》（PPS 28 号文件），主张对日和约"应该是简单的、一般性的，而不应该是惩罚性的"，其中关于冲绳问题指出，"美国政府此时应该下定决心，永久保留冲绳的设施，并相应地发展那里的基地"。[3] 该文件表明，受冷战的影响，美国在对日媾和与冲绳问题的处理上，在思想、政策方面都产生了决定性的重大

1　吉田茂：《十年回忆》第 3 卷，韩润棠等译，北京：世界知识出版社，1965 年，第 6—7 页。

2　*Conversation Between General of the Army MacArthur and Mr. George F. Kennan,* March 5, 1948. FRUS, 1948, Vol. VI. pp.699−701.

3　*Recommendations With Respect to U.S. Policy Toward Japan,* March 25, 1948. FRUS, 1948, Vol. VI. pp.691−696.

转折。

　　1948 年 10 月 7 日，美国国家安全委员会在修正 PPS 28 号文件的基础上通过了 NSC 13/2 号文件。[1] 该文件的出台表明美国国务院和军方在关于冲绳的战后政策上基本达成了统一。文件第五条关于冲绳问题的规定作为特别条项，于 10 月 26 日在美国国家安全委员会上通过，11 月 5 日得到了杜鲁门总统的批准。其中主张"应该在适当的时机，以最有利的方式使国际社会承认美国在北纬 29° 以南的琉球群岛、南鸟岛、孀妇岩以南的南方诸岛的长期战略控制权"。[2] 该文件在继续进行修正和补充后，于 1949 年 5 月 6 日形成 NSC 13/3 号文件，有关处置冲绳的内容可总结为三点：（1）在长久拥有军事基地的基础上，推进基地的开发；（2）为了政治上和经济上的安定，减轻冲绳住民的负担，实施经济和社会福利方面的计划；（3）为实现长久的战略控制，要寻求国际上的承认。[3] 换言之，美国基本确定下来的冲绳政策的核心，即美国长期控制下的基地化的冲绳，回避了冲绳的主权归属问题。

　　以朝鲜战争爆发为背景，1950 年 9 月 8 日美国国务院和国防部在对日媾和问题上达成了谅解备忘录，即 NSC 60/1 号文件，并得到了杜鲁门总统的批准。[4] 美国政府以该文件为蓝本，形成了公开发表的所谓"对日媾和七原则"[5]。关于冲绳的处理，NSC 60/1 号文件提出"确保美国对北纬 29° 以南的琉球群岛、南鸟岛、孀妇岩以南的南方诸岛的独家战略控制权"，明确要求日本"同意联合国对琉球群岛和小笠原群岛的托管权，美国作为管理机构"。至此，美国国务院和军方在冲绳问题的处理上由分歧最终走向了统一，体现在了对日媾和的原则之中。"对日媾和七原则"的出台和发布，标志着美国在冷战与东亚热战化的背景下，从自身战略布局的利益出发，抛弃了联合国安理会常任理事国美、英、苏、中、法五国外长在对原轴

1　*Recommendations With Respect to U.S. Policy Toward Japan,* October 7, 1948. FRUS, 1948, Vol. VI. pp.858-862.

2　*NSC13/1 "Recommendations With Respect to U.S. Policy Toward Japan", Revised Paragraph 5,* October 26, 1948. FRUS, 1948, Vol. VI. pp.877-878.

3　*Recommendations With Respect to U.S. Policy Toward Japan,* May 6, 1949. FRUS, 1949, Vol. VII. Part 2. pp.730-736.

4　*Memorandum for the President,* September 7, 1950. FRUS, 1950, Vol. VI. pp.1293-1296.

5　*Unsigned Memorandum Prepared in the Department of State,* September 11, 1950. FRUS, 1950, Vol. VI. pp.1296-1297.

心国媾和时的大国一致原则，尤其是撇开中、苏两方，确定了对日单独媾和政策。

此后，美国的对日单独媾和政策逐渐具体化，杜勒斯作为特使开始与日本进行媾和的谈判。1951 年 1 月 26 日，抵达日本的杜勒斯向日方提出了关于此次出访日本的议题提案，对于领土问题表示，此次访问的目的是"履行盟国规定的'日本的主权在于本州、北海道、九州、四国以及吾人决定之小岛'的日本投降条款"。[1] 以此为标志，日美进入了正式媾和的谈判阶段。

2. 日本政府对冲绳领有权的坚持

1950 年 10 月 4 日，为应对"对日媾和七原则"，日本外务省草拟了《关于对美国对日和平条约案构想的对策方针》。其中，关于琉球群岛的内容是，"希望不将琉球群岛、小笠原诸岛以及硫磺群岛从日本领土中割离，因为这是长期关乎国民情感的问题，应强烈要求美国在政治上对此作重要考虑。如果美国打算在日本本土驻军，那么就没有必要将这些小岛也作为基地使用。当然，如果美方认为一定有必要使用这些小岛，日方则明确表示会充分考虑美方的意见"。文件还强调，"如果美方坚持在本土和其他地方建立军事基地，日本则期望其将地域缩减到最小范围。无论美国用什么样的方式，都希望能以潜在主权的形式保留日本的领土主权"。该文件在注释中还写道："日本虽同意美国托管一些地域，但必须限定在最小范围内。日本与美国一起作为托管的共同施政者，托管结束后由日本国民投票决定其归属，托管期满后美国将托管施政权转让给日本。"[2] 这份文件是日本政府确认单独媾和方针后，完整地提出对美媾和预案的第一份正式文件，充分领会了美国在时局之下选择单独媾和的图谋。关于领土问题的处置，要价充分；对琉球群岛"潜在主权"的坚持，所图长远。

1951 年 1 月 19 日，日本政府制作《关于杜勒斯访日的应对文件》（D 作业再订正版）指出，根据美国在冷战局势下对日本的需求，日本应主动与美国进行战略捆绑，并向美国表示"日本愿意为对抗共产主义势力、维护民主国家和世界的和平及安全而努力"，力图以此获得美国在领土问题上照顾日本的需求，即"在冲绳、

1　外務省編『日本外交文書：サンフランシスコ平和条約 対米交渉』外務省、2007 年、174 頁。

2　外務省編『日本外交文書：サンフランシスコ平和条約 対米交渉』外務省、2007 年、18—20 頁。

小笠原群岛不得已被托管的情况下，军事上所需的地域应限制在最小范围，且日本要成为共同施政方，进而在解除托管时，这些岛屿应再次归属于日本"。[1]

为继续应对美方的媾和提案，1951 年 4 月 4 日，日本外务省次官井口向美国驻日大使口头提出，将"北纬 29° 以南的琉球群岛"改为"北纬 29° 以南的南西诸岛"，其理由是："北纬 29° 以南的奄美大岛属于萨南群岛，不属于琉球，而南西诸岛是位于九州和台湾之间包括萨南诸岛和琉球群岛的总称。"[2] 为了强化这一要求，1951 年 6 月 28 日，日本外务省向美国递交《关于托管下的各岛情况》，其中不再提琉球群岛，而代之以"南西诸岛"。该件指出："南西诸岛以及小笠原诸岛，本来就是日本领土中不可分割的一部分，岛上居民与日本本土居民相同。从这一点上来说，这些岛屿与第二次世界大战后的其他托管地区有本质区别"，因此要求美国托管时考虑其"特殊性"。[3]

后续的事实证明，日本的诉求取得了实际的成效。同年 8 月 10 日，杜勒斯在给日本首相吉田茂的关于"和平条约草案第三条"（琉球群岛等岛屿相关条款），即以"6 月草案"（后述）为基础形成的《对日和平条约》"第三条"的解释信中指出，"在对日和约第二条与第三条的规定中，第二条要求日本放弃（朝鲜、台湾以及澎湖列岛的）所有权利以及请求权，而在第三条中则完全没有类似的规定。也就是说，第三条对南西诸岛及其他南方诸岛的处置没有特别的规定，我不认为第三条的措辞在日本拥有剩余主权这一点上没有意义"。换言之，杜勒斯强调，具有灵活性的第三条对日本"是有余地的"。[4]

综上所述，从 PPS 28 号文件到 NSC 13 系列文件，再到 NSC 60/1 号文件的出台与转变，体现出了美国在冷战的大背景下弥合了军方与国务院在冲绳处理问题上的分歧。从各文件中有关冲绳的主张可以看出，在事实上促使军方放弃了对冲绳主权的干预，双方在建设冲绳军事基地的主张上取得了一致。但从各文件对冲绳处理的表述中亦可看出，美国在回避对冲绳主权的明确表态，而日本则继续坚持"潜在

1　外务省编『日本外交文書：サンフランシスコ平和条約 対米交渉』外務省、2007 年、139—140 頁。

2　外务省编『日本外交文書：サンフランシスコ平和条約 対米交渉』外務省、2007 年、352 頁。

3　外务省编『日本外交文書：サンフランシスコ平和条約 対米交渉』外務省、2007 年、508 頁。

4　外务省编『日本外交文書：サンフランシスコ平和条約 対米交渉』外務省、2007 年、611 頁。

主权"的主张，并准确地抓住了美国在冷战背景下对日本的协助有所企图的心理，在媾和交涉过程中迎合美国的立场和主张，换取了美国对日本诉求的认可。从凯南提出对日媾和"不是惩罚性的"建议开始，就注定了对近代日本侵略扩张历史的清算不会彻底，也注定了美日将在冲绳归属问题的处理上走向勾连姿态。

四、钉死楔子的《旧金山和约》

1951 年 3 月 26 日，日本政府收到了美国起草的《和平条约草案》（3 月草案），其中关于领土问题的表述是："美国向联合国提议将北纬 29° 以南的琉球群岛，包括西之岛在内的小笠原群岛、硫磺列岛、冲之鸟岛及南鸟岛置于以美国为施政方的托管制度之下。日本同意此提案。美国对于这些地区以及区域内的住民享有行政立法以及司法上的一切权力。在提出此种建议并对此种建议确认期间，美国将有权对这些包括领海在内的诸岛之领土及居民，行使行政、立法及司法方面的一切权力及其他权力。"[1]

1951 年 6 月 14 日，美英完成了《美英对日和平条约修订草案》（6 月草案），有关琉球群岛托管的是其"第三条"，与"3 月草案"中的内容基本一致，只是将"美国向联合国提议"更改为"日本将同意美国向联合国提议"。[2]为了该案的通过，杜勒斯准备了一份《关于琉球的备忘录》，于 6 月 27 日与美国国防部长乔治·C.马歇尔将军进行了会谈。在该备忘录中，杜勒斯试图说服军方不应该迫使日本放弃琉球群岛主权，理由大略如下：（1）美国本身不谋求获得（琉球）主权，原因是美国恪守其 1942 年 1 月 1 日的声明，即"不寻求领土扩张"。（2）如果日本向非特定国家放弃主权，将造成混乱的国际局势，如此一来，联合国可能不批准我们提出的托管协议，这可能导致出现的情况是，主权属于住民，他们也许在未来可以在联合国的支持下主张其有权驱逐美国；或者联合国会主张其有权以自己的方式处理岛屿

1　外務省編『日本外交文書：サンフランシスコ平和条約 対米交渉』外務省、2007 年、342 頁。

2　*Revised United States—United Kingdom Draft of a Japanese Peace Treaty,* June 14, 1951. FRUS, 1951, Vol. VI. pp.1119−1133.

及其居民；等等。（3）如果日本拥有对（琉球）的主权，那美国通过对日和约获得的（琉球）托管全权就是有效的，否则主权授受的真空可能使美国对这些岛屿的托管权利受损。[1] 然而，此时的军方实际上对此已没有异议，在 6 月 28 日马歇尔致杜勒斯的信函中，附有起草日期为当月 26 日的美军参谋长联席会议对该案的审议结果，从"确保没有其他国家会分享或合法干涉美国对这些岛屿的战略控制"的角度，只是将琉球群岛等的托管一条中"美国为施政方"修改为"美国为唯一施政方"。[2] 7 月 3 日，"6 月草案"获得杜鲁门总统批准，并于 7 月 7 日送交日方手中。[3]

可以看到，无论是"3 月草案"还是"6 月草案"及其修订案，台面上的含义只是主张美国对冲绳的托管，但是由于条约中规定的美国对冲绳的托管权力经由日本的同意而成立，其中所暗含的权力的让渡关系，结合杜勒斯在《关于琉球的备忘录》中所条陈的理由表明，日本一直以来对战后冲绳的归属所主张的"潜在主权"，在日美双方各取所需的背景下，在事实上得到了美国的默认。

1951 年 9 月 7 日，提前知悉条约内容的吉田茂喜不自禁地发表了《对日和平条约受诺演说》，"这不是复仇的条约，而是'和解与信赖'的文件，我作为日本全权代表对这一公正宽大的条约表示欣然受诺"，并针对领土条款讲道，"美国和英国全权代表在前面讲到，根据和平条约第三条，日本对置于联合国托管下的北纬 29° 以南诸岛，即奄美大岛、琉球群岛、小笠原群岛及其他岛屿拥有剩余主权，对此，我以日本国民的名义，以极其高兴的心情表示接受。我期望世界尤其是亚洲的和平与安定迅速确立，使这些托管的诸岛能早日回到日本"。[4] 9 月 8 日，片面的《旧金山对日和约》获得签署，其"第二章 领土 第三条"规定："日本对于美国向联合国提出将北纬二十九度以南至南西诸岛（包括琉球群岛与大东群岛）、孀妇岩以南至南方诸岛（包括小笠原群岛、西之岛与硫磺列岛）及冲之鸟岛与南鸟岛置于联合国托管制度之下，而以美国为唯一管理当局之任何提议，将予同意。在提出此种建议，并对此种建议采取肯定措施以前，美国将有权对此等岛屿之领土及其

1　*Memorandum re Ryukyus,* June 27, 1951. FRUS, 1951, Vol. VI. pp.1152–1153.

2　*Memorandum for the Secretary of Defense,* June 26, 1951. FRUS, 1951, Vol. VI. p.1157.

3　外务省编『日本外交文书：サンフランシスコ平和条约 対米交涉』外务省、2007 年、529 页。

4　外务省编『日本外交文书：サンフランシスコ平和条约 調印・発効』外务省、2007 年、136 页。

居民，包括其领海，行使一切及任何行政、立法与司法权力。"且在该和约第二条罗列剥夺日本领土权力的地域时，并未将琉球群岛包含其中。[1] 至此，日本对琉球群岛的所谓"潜在主权"，在美国主导的旧金山对日和会上获得正式确认；美国的琉球托管政策和在冲绳的长期性军事基地建设计划，也在美日的私相授受下得到确认。

美国之所以能与日本之间达成对日本"潜在主权"的协调，其动因基本如杜勒斯在《关于琉球的备忘录》中的论述所示：（1）剥离冲绳自身的主权性，避免将来冲绳可能的独立为美军的远东战略布局带来影响（即使美国对琉球、冲绳的历史都有相当的了解，也只能选择无视）；（2）在片面的单独媾和的基础上，将潜在主权赋予日本，使冲绳的地位问题仅限于美日盟国之间，这既在一定程度上解决了美国托管琉球群岛的合法性，也杜绝了给他国留有置喙的空间；（3）使美国避免了面临来自联合国和国际法对领土扩张问题和对冲绳托管的合法性的质疑。而日本对"潜在主权"诉求的原因则在于：（1）尽可能地继承近代对外扩张的成果，扩大战后日本的国家利益；（2）在认识到美日事实上在走向同盟关系的情况下，若使冲绳未来归属的问题限定于美日之间，将使日本有充足的时间与空间去寻求再次对冲绳的实际控制。可以说，《旧金山对日和约》的签订如同一枚楔子钉下，钉死了这一历史时期冲绳社会自立自主的余地。

结语

回顾历史，曾拥有相当自主性，在历史、政治、文化等方面拥有足够独特性，在最初的对美关系中以国家的姿态进入近代国际关系时代的琉球国，在近代因日本侵吞而遭遇主权丧失。

"二战"的结束本来为冲绳人主权的恢复留下了一丝缝隙。但冷战的爆发使美国对日占领政策发生了转变，正如吉田茂所说："一个转变是谁都看得到的，即在

---

1 世界知识出版社编辑：《国际条约集 1950—1952》，北京：世界知识出版社，1959 年，第 335—336 页。

占领初期曾采取严厉苛刻的方针，但随着时间的进展则逐渐趋于缓和，后来走向援助和扶植的道路。"[1] 因此，美国应其冷战战略所需，与日本由敌国走向同盟，促使其在对战后冲绳归属问题的处理态度上发生了原则性的转向，逐渐倾向于满足日本的主张，即由实际占领冲绳的美国军方一度坚持的由托管导向自治、独立或直接导向独立的主张，转向了由美国国务院和军方合议的以基地建设为核心的、默认日本主张的"潜在主权"的单独托管政策。

可以说，正是冷战的转折因素在冲绳的战后归属问题上产生了决定性的影响。新的国际形势如一张巨网紧紧地笼罩着冲绳社会，冲绳人没有了选择的余地。

1　吉田茂：《十年回忆》第 1 卷，韩润棠等译，北京：世界知识出版社，1963 年，第 37 页。

战后初期日本芦田外交的经济因素再探讨

李　臻[*]

【摘要】中外学者对于芦田外交的研究，一般集中于"芦田备忘录"和"铃木备忘录"的形成过程及其在构筑日美安保体系原型方面的作用，但对于芦田外交中的经济因素却关注甚少。梳理并分析芦田开展外交的背景及其过程中起到推动作用的经济因素，能够说明芦田外交将其经济自立政策与媾和准备工作相结合的策略本质，表明芦田外交构筑日美安保体系的原型是手段而非目的，是想要通过解决安保问题，尽快达成日本经济自立的目标。这也能够进一步证明，冷战的发展在这一阶段只是外交政策形成的促成因素，而非决定性因素，且战后日本以经济发展为本的外交路线，并不是在"吉田路线"和日美安保体系形成之后才确立的，而是从战后初期开始就一以贯之的。因此，关注芦田外交中的经济因素，对于更加深刻地理解日本战后的外交和经济，都有着至关重要的作用。

【关键词】日本战后；冷战因素；芦田外交；芦田备忘录；日美安保

中外学者对于芦田外交的研究，一般集中于"芦田备忘录"和"铃木备忘录"[1]的形成过程及其在构筑日美安保体系原型方面的重要意义，但对于芦田均

---

* 李臻，华东师范大学历史系博士后，助理研究员。

1 学界内有将 1947 年 7 月 26 日提交的文件与 9 月 13 日形成的文件统称为"芦田备忘录"的说法，也有将前者称作"芦田备忘录"，而将后者称作"铃木备忘录"的说法，因为后者是以终战联络事务局局长铃木九万为发起人，并转交给盟军总司令部第八军司令官艾克尔伯格的。笔者在此采用第二种说法。

外务大臣在其开展的外交工作中强调的经济因素却关注甚少。例如，渡边昭夫和三浦阳一等，均在著作中详细讨论了芦田通过联合国驻日盟军总司令部（General Headquaters，以下简称 GHQ）向美国政府提出媾和期望的内容及其过程。国内学者也对此进行过详细的梳理和分析。崔丕、杨仁火等学者将"芦田备忘录"的形成作为日本媾和对策的一部分，深入讨论了其在日本媾和问题、日美安保体系的形成以及日本联合国政策的演变中所起到的重要作用[1]。但是，在这些研究中，对于"芦田备忘录"和"铃木备忘录"的解读注重其在吉田路线、日美安保条约、媾和对策等方面产生的影响，而对其内容中与日本国内经济复兴政策相结合的一面，则没有过多的关注。另有研究芦田外交的学者，注重分析从芦田担任外务大臣时期所做的其他外交努力着手。徐思伟从芦田均与时任中华民国外长的王世杰、张群的会谈着眼，提出"芦田外交对于美国对日、对华及远东政策的转折过程起到了关键性、促成性作用"。他还在另一篇文章中将芦田外交与吉田外交相联系，认为芦田外交在两次吉田内阁之间起到了承上启下的作用，促使战后日本外交回归了战前亲英美派的外交传统[2]，这是从中美日三边关系来观察芦田外交的作用。

笔者基于对《日本外交文书》、细谷千博等人编纂的《日美关系资料集》、日本大藏省主编的《昭和财政史》、日本国立公文书馆保存的相关公文，以及进藤荣一等人编纂的《芦田均日记》等资料的解读，认为芦田积极开展的外交工作中，经济方面的考虑处于重要地位，其动机并不仅在于构筑旧金山体系和日美安保体系，为打开日本经济困窘的局面和解决民生问题而决心推行的经济自立政策也是重要考虑因素之一。也就是说，芦田外交除了构筑旧金山体系和日美安保体系的原型以外，还是为配合早期媾和论的实现，将经济自立政策与媾和准备工作相协调后的一种应对方式。在承认芦田外交凝聚了芦田的媾和与安保构想，为旧金山体系和日美安保同盟提供了参考原型的同时，也应重视芦田利用美国提供的外交机会实现自身经济政策目标的一面。

1　参见崔丕《日本的媾和对策研究》，《东北师大学报》1995 年第 4 期；杨仁火《被占领时期日本联合国政策的形成》，《中国社会科学院研究生院学报》2006 年第 1 期。

2　参见徐思伟《美国远东重心之争：芦田均—王世杰、张群会谈旨趣考》，《世界近现代史研究》，第十三辑；徐思伟《占领政策的转变与日本外交传统的复归——吉田·芦田外交再认识》，《外国问题研究》1996 年第 2 期。

本文拟通过五个部分对芦田外交中的经济因素进行论述。第一部分阐述芦田外交的国内外背景。国际方面，美国在经济因素为主的考虑下提出了早期媾和，为芦田提供了开展外交工作的契机；国内方面，即日本经济濒临崩溃的状况，以此说明芦田开展外交的经济动机；第二部分阐述"芦田备忘录"的提出及其经济动机，并分析该备忘录被美国拒绝后，经济因素在芦田的媾和战略思考转变中所起到的重要作用；第三部分阐述在国际形势的变化及经济因素的推动下"铃木备忘录"的提出；第四部分阐述芦田从外交工作向经济工作的"回归"，以证明芦田外交与其经济政策相结合的策略本质；第五部分为结语。通过这五部分的论述，能够重新认识并强调芦田外交中的经济因素，以表明芦田外交不仅在日本战后外交路线的形成中起到了重要作用，在经济复兴的过程中也产生了深刻的影响。这对于更加深刻地理解日本战后的外交和经济，有着至关重要的作用。

一、芦田外交的国内外背景

1946 年 12 月，联合国各国与原轴心国的意大利、匈牙利、保加利亚、罗马尼亚、芬兰五国签订了和平条约。1947 年 1 月，杜鲁门（Harry S. Truman）总统表明了将在近期与日本和德国两国缔结和平条约的方针，并为了将此作为 3 月在莫斯科召开的四国外相会议的议题而展开了准备工作。驻日政治顾问 G. 艾奇逊（George Acheson）在 1 月 5 日给杜鲁门总统的报告中，在强调新宪法制定等政治改革成功的同时，也提醒美国应对日本的经济危机予以足够的关注："……日本正面临着令人绝望的经济状况，这对我们达成占领目标造成了极大的阻碍。无论我们是否乐意，日本经济的破产将成为美国的经济负担。除美国以外，没有其他国家能够为日本提供短缺的粮食。如果日本无法实现自立的话，这个重担就会落在我们的肩上。因此，落实赔偿问题并发展国际贸易是至关重要的。"[1] 在这样的形势下，东京的联合国军最高司令官麦克阿瑟（Douglas MacArthur），于 3 月 17 日为公布日本新宪

---

1 *"The Political Adviser in Japan (Atcheson) to President Truman"*, Foreign Relations of the Unites States, 1947, The Far East, Volume VI, Document 168.

法的诞生而召开了自占领开始以来的第一次记者招待会，提出要在一年内尽快与日本媾和。麦克阿瑟认为，对日占领目标中第一阶段的非军事化已经完成，第二阶段的政治改革也已接近尾声，只剩下第三阶段的经济复兴，而这一目标唯有通过缔结和平条约，使日本恢复正常的国际贸易，才能达成。可见，美国在此时提出早期媾和，主要是在日本经济持续恶化的情况下，为防止日本进一步成为美国的经济负担，妨碍占领目标的顺利达成而采取的应对手段，从"减轻美国纳税者负担"的逻辑显示出了对日本经济的极大关心。

接下来，美国政府于 1947 年 7 月 11 日，以美苏协作为前提，提出召集远东委员会的 11 国代表，于 8 月 19 日召开对日媾和预备会议的提案，以三分之二的多数表决形式决议。这个决议方式是"考虑到自认为在太平洋战争中是第二贡献国的澳大利亚的主张，否定了美英中苏四国的否决权"[1]。与此同时，以国务院远东局的博顿（Hugh Borton）东北亚课长为中心，开始了对日和平条约草案的制定工作，该草案于 8 月 5 日完成，由十章五十六条八十一页构成，即"博顿草案"。该草案中规定，"必须遵守日本国宪法人权的基本保障""政府机关禁止宣传超国家主义意识形态""设置媾和后由远东委员会成员十一国的大使组成的大使理事会作为监视机关""禁止军需生产等二十五年间非武装非军事化条约构想"，以及"尊重远东委员会既有方针的日本赔偿义务"等多项内容。可以说，这个草案具有明显的惩罚性质，是对第二次世界大战的清算[2]。从这一角度也可进一步证明，美国在这一阶段提出的早期媾和，的确是从美国的经济利益和占领目标角度出发来进行考虑的，还没有引入冷战思维，在媾和形式上要坚持盟国合作，对于是否通过媾和将日本纳入自身的战略体系还没有定论。

在美国提倡早期对日媾和并进行准备的同一时期，日本于 1947 年 4 月举行了日本国新宪法制定后的首次选举，社会党成为第一大党。6 月 1 日，社会、民主、国民协同党三党组成的片山联合内阁成立。战前即为外交官出身的芦田均就任外务大臣。在片山内阁成立之初，政府亟待解决的是国民粮食不足以及公平配给的问

1　渡边昭夫编. 戦後日本の対外政策：国際関係の変容と日本の役割. 东京：有斐閣，1985 年、34 頁。
2　大藏省主编. 昭和財政史：終戦から講和まで——第 1 巻. 东京：東洋経済新報社，1984 年、330 頁。

题。在第一次吉田内阁时期，在大藏大臣石桥湛山的"积极"财政下实行的超通胀政策致使物价激涨，生产力急速下跌，全体国民都在饥饿线的边缘挣扎。1947年6月5日，芦田与麦克阿瑟的会谈中，麦克阿瑟认为"日本的危险在于黑市和通胀，取缔黑市是紧急事务"，芦田则答道："只要粮食能够送到，一大半的黑市都会消失"，并提出"能够让日本自立谋生的近路就是恢复贸易"[1]。在与各国要人为数不多的几次正式会谈中，芦田屡次使用同一段话以强调日本经济自立问题的重要性。例如在与加拿大代表会谈时说道："……一个国家为了在和平和满意的状态下生存，必须确保其经济存在。日本在为补偿过去的错误而做好准备的同时，也希望能够在不给他国造成负担的情况下维持她自身的经济。而保障经济自立和一定的生活水准，正是防止一个国家走向极端的最好方式。"[2]也就是说，在美国占领日本后，日本外务省仅剩的作用就是为媾和做准备的特殊时期里，芦田最为关心的课题是如何通过媾和的准备工作重建日本经济，其外交政策的出发点在于为恢复贸易和经济自立的实现创造良好的条件。适逢美国也以日本的经济复兴为目标而提倡早期对日媾和，芦田则抓住机会，期待通过向盟国表达日本政府对于和平条约的渴望，在尽可能宽大的媾和条件下实现日本的独立，从而为实现其经济自立的目标铺平道路。

二、"芦田备忘录"的提出与芦田媾和思想的转变

芦田于1947年7月26日与兼任GHQ总司令部外交局长的艾奇逊会见，紧接着在28日与民政局长惠特尼（Courtney Whitney）会见，表明了日本政府对于实现媾和的期待，并提交了对于和平条约的要望书，即"芦田备忘录"。该备忘录简洁地总结了九个条目，重要内容包括"允许日本尽早加入联合国""给予日本适当的警备力量以管理并维持境内和平""在处置邻近岛屿的领土问题时，对历史、民族、

1　芦田均著，进藤荣一编纂.芦田均日记：第7卷.东京：岩波书店，1986年、343页。
2　芦田均著，进藤荣一编纂.芦田均日记：第7卷.东京：岩波书店，1986年、349页。

经济、文化以及在这些岛屿与日本之间的既存关系上给予充分、合理的考虑",以及"希望不给日本的贸易、运输、渔业和其他日本人民合法的经济活动强加繁重的限制"等[1]。该备忘录是根据外务省条约局在 5 至 6 月份作成的一系列"和平条约准备资料"基础上总结形成的。值得注意的是,在这些资料中,芦田特意在关于经济限制的条项上加了注释,着重强调了"在和平条约中加入允许日本经济自立的条件对于世界和平的确立是不可或缺的事实",而没有对其他条项做出相应的更改或注释[2]。由此可见,尽管备忘录中的各项都是相辅相成缺一不可的,但对于芦田来说,其最关心的是关于经济活动的限制,这是芦田无论如何都希望能够被接受的一项。但是,艾奇逊和惠特尼于 28 日下午再次与芦田会面,以接受要望书会给日本在联合国带来不好的印象为由,返还了要望书。

到了 8 月,苏联对于"美国单方面提案对日媾和预备会议"表示不满,并对"会议的决议方式"表示反对,提出"应该由美英苏中四国外相会议起草和平条约草案"[3]。同时,美国内部围绕着"博顿草案"也出现了不同的意见。以乔治·凯南(George Kennan)为首的国务院政策规划室认为,"'博顿草案'仍以美苏协作为前提是不现实的,并且没有考虑到解除了武装的日本被共产主义势力渗透的危险"[4],对其予以了否定。这样,在苏联的反对和美国内部意见分裂的情况下,原计划在 8 月 19 日以"博顿草案"为基础讨论对日和平条约的媾和预备会议提案宣告破产。这意味着,芦田以美国此次提案为契机,在近期媾和后尽快实现经济自立的希望破灭。在认识到美苏关系的恶化已成为不可逆转的局势,以及美国对日政策出现转变的趋势之后,芦田确定,只有将以美苏合作为前提的媾和后安保策略转换为争取美国一方支持的方针才有可能实现早期媾和,也才有可能再考虑经济自立的问题。事实上,早在 6 月 1 日外务省条约局记录的"关于对日和平条

1 细谷千博、有贺贞、石井修、佐佐木卓也编.日米関係資料集:1945—97.东京:東京大学出版会,1999 年、43 頁。

2 芦田均著,进藤荣一编纂.芦田均日记:第 7 卷.东京:岩波书店,1986 年、372 頁。

3 西川吉光.日本政治外交史論(上)——敗戦から吉田ドクトリンまで神話の形成.东京:晃洋书房,2001 年、66 頁。

4 渡边昭夫编.戦後日本の対外政策:国際関係の変容と日本の役割.东京:有斐閣,1985 年、38 頁。

约的时间、起草手续等"文件中，就探讨了日本对于和平条约陈述己方意见的时机和条件等问题。其中，芦田认为，对比意大利、罗马尼亚和保加利亚等国能够在签订和平条约前向同盟国表达己方意见的条件在于，他们都有美苏其中一方在背后的支持。因此日本想要盟国接受自己的意见，就必须获得美英中苏其中一方的支持[1]。因此，在 1947 年 8 月这个节点，芦田果断放弃了以美苏合作为前提的联合国安保方案，转而研究依靠美国单独或由美国主导的美英中同盟安全保障的方案。

　　更重要的是，此时日本刚在美国的推动下恢复了民间贸易。占领初期时，日本的对外贸易处于联合国的严格监视和 GHQ 的全面统制之下，但在这一贸易模式持续的两年间，日本始终都在国际收支不均衡的状况之中，贸易赤字需要依靠美国名为"占领区的治理和救济"（Government and Relief in Occupied Areas，简称 GARIOA）的援助项目进行补贴。这于日本的经济重建无益，也无法减轻美国纳税者的负担。因此 GHQ 和华盛顿于 8 月促成了日本民间贸易的恢复。这一改善日本经济状况的举措进一步推动了日本转向寻求美国单方面支持的决心。因为芦田对于重建日本经济必须依赖于美国市场的现实状况有着非常清晰的认识，且对盟军其他国家以及联合国成员向日本提供帮助不抱有任何幻想。芦田在 8 月 11 日回答参议院议员小川友三所提的外交问题——"除美国外，是否有其他可以对日本长期贷款的国家"，以及"贸易恢复后，占我国输出金额第一位的是哪个国家"时答道："当今世界各国都不得不在解决粮食问题和恢复经济时依赖于美国提供粮食制品或机械、原料、材料等，在这种情况下，我国为了解决粮食问题及重建经济所必需的长期贷款，除了依赖于美国以外，没有其他可能性"；对于第二个问题，芦田则答道："……这次来我国的海外贸易代表中，美国的贸易从业者占了最多数，他们对于对日贸易的兴趣也最为浓厚，因而很好地刺激了我国向美国出口杂货、纤维制品。在当下可以预见的是，美国仍然占我国出口国的首位。"[2] 可以看到，无论从当时冷战

1　芦田均著，进藤荣一编纂.芦田均日记：第 7 卷.东京：岩波书店，1986 年、373 页。

2　参議院議員小川友三提出外交問題に関する質問に対する答弁書.JACAR（アジア歴史資料センター）Ref.A13110834000，公文類聚，第七十二編，昭和二十二年 5 月 3 日以降，第十卷，国会十，質問に対する答弁書一（国立公文書館）。

发展的国际形势，还是芦田自身的经济自立政策角度出发，将日本媾和后的安全保障交予美国，为美国的东亚战略提供便利，才是能够换取美国进一步支持日本经济重建的唯一道路。换句话说，冷战发展与经济形势共同促使芦田的媾和及安保构想发生了重大转变。

三、"铃木备忘录"的提出

在上述情况下，当预定暂时回国的 GHQ 第八军司令官艾克尔伯格（Robert L. Eichelberger），向个人关系上也非常亲近的终战联络事务局长铃木九万询问日本方面对于安全保障的见解时，芦田立刻抓住了这次向美国争取支持的机会。9 月 10 日，铃木在芦田的授意下先将被艾奇逊和惠特尼退回的"芦田备忘录"交予艾克尔伯格，随即于 9 月 13 日将芦田与外务省首脑进行协商后形成的"铃木备忘录"经片山首相确认后，以非正式的形式转交给了艾克尔伯格。"铃木备忘录"将世界形势分为好转和恶化两种情况探讨了日本的安全保障问题，但重点讨论了在"美苏关系遗憾的没有改善而导致世界范围的不安定时"，"签订一个日美间的特殊协议，作为日本将防御交托于美国的依据"，且该"特殊协议将含有该规定：如果日本的独立和安全受到了威胁（也就是威胁到了太平洋地区的和平），美国可以在征询日本政府的意见之后，派出它的军队进入日本并使用那里的军事基地"[1]；另外对于日本国内的治安，提出强化陆上和海上的警察力量以维持治安。这个备忘录首次将芦田"有事驻留"的日美安全保障构想传达给了美国，可以说是美国在日本保有军事基地，而日本将安全保障委托于美军的日美安保协定构想的原型[2]。

但是，"有事驻留"即意味着美军只有在非常事态发生的时候才可以使用在日本的基地，平时不在日本国内驻留。这在 1947 年 9 月的时候，并不符合美国对日

---

1 细谷千博、有贺贞、石井修、佐佐木卓也编 . 日米関係资料集：1945—97. 东京：東京大学出版会，1999 年、45 頁。

2 细谷千博、有贺贞、石井修、佐佐木卓也编 . 日米関係资料集：1945—97. 东京：東京大学出版会，1999 年、45 頁。

本军事基地的要求。特别是在凯南批判"博顿草案"时就已提出，"日本的地理位置、潜在的工业及军事力量，都是美国在对抗苏联势力圈扩大时必须注意的战略价值"[1]，并且承认了军方所主张的保有冲绳的必要性。美国军方认为，比起占领日本，应该从军事的角度自由地利用日本，因此应该尽量拖延媾和。即使在媾和以后，也要使美国保有"在期望的场所以其期望的时间驻留其所期望的军队的权利"。[2] 这样，尽管"铃木备忘录"极尽可能地表明了日本政府"对美追随"的意愿，明言将日本的安全保障寄托于美国，但是其所提供的军事便利却没有达到美国的要求。因此，美国在当时仍没有立刻接受日方的提议，而是选择了军方和凯南所提倡的"拖延媾和"的方针。在认清了该形势之后，芦田只得进一步妥协，放弃了"有事驻留"的想法，从 10 月初开始指示外务省探讨允许英美两国在对日媾和后在日本驻留一定军队的方针。

四、 从"外交"到"经济"的回归

1947 年 9 月将"铃木备忘录"转交给美方之后，芦田在其任外务大臣的时期内就没有再对美提交过日本政府关于媾和条件的文件。11 月末，在伦敦举行的美英中苏四国外相会议决裂，进一步推动马歇尔国务卿将精力由对德媾和转为对日媾和。会议决裂的结果，使美国政府认为也有必要与苏联在军事上进行对抗。1948 年 2 月，参谋长联席会议在白宫召开的会议上作了美国兵力不足的报告，国防部长福莱斯特（James V. Forrestal）随即要求陆军司令罗亚尔（Kenneth C. Royall）探讨让日本与德国一样在一定限度内恢复军备进行有限再军备的计划。凯南随即于 2 月末访日，与麦克阿瑟讨论日本对内及对外的安全保障问题。美国这样的一连串动作预示着对日政策的正式转变，将由惩罚性的盟军占领政策转向将日本作为盟友纳入美国东亚战略政策的一环。尽管这意味着日本早日独立、恢复主权的希望破灭，但

1　渡边昭夫编．战后日本の对外政策：国际关系の变容と日本の役割．东京：有斐阁，1985 年、38 页。

2　孙崎享．战后史の正体：1945—2012．东京：创元社，2012 年。

是美国扶植日本经济的政策有益于芦田经济自立政策目标的实现，因此芦田没有再试图与美方交涉，而是将注意力转移到了为经济自立铺平道路的国内经济重建之上。

1948 年 3 月底，针对参议院议员关于"重要外交问题"——"一、恢复贸易后，政府是否应向来日的外国人提供更加积极的服务？二、针对外国人的娱乐场所不足，应该提供怎样的娱乐场所以及何时实行？三、为促进外国报纸、通信社、杂志社，以及各位记者与政府进行更加亲密的外交活动，应积极有效投入的国费预算是多少，或希望的额度是多少？以及"请指示亲美外交、亲中外交、亲苏外交、亲英外交等针对大国的外交费用"的提问，芦田的答辩书答道：

> 一、鉴于最近一部分民间贸易重新开始，访日外国人不断增加这一情况，政府在改善运输机关、宾馆以及整改接待外客的体制等方面都在尽最大的努力。
>
> 毋庸置疑，政府正努力全面恢复和增强作为交通设施根本的国有铁路运输力，同时也采取了尽力增加并完善为接待外客而准备的优等车的方针。另外也在研究改善汽车道路、旅游指南等观光设施的多种对策。
>
> 整顿扩充宾馆是目前的急务，但由于资金材料不足，正以"重点主义"努力实现，特别是在由国家建设全国十一处观光宾馆，但由民间人士来经营的方针之下，经由运输省的建设院向经济安定本部申请，在昭和二十三年度的一般会计预算中提高经营所需经费的金额。
>
> 二、在接待外客方面，充实娱乐设施是极为重要的。但在如今接待外客第一必要的住宿设施极为不足的情况下，想要将重点先置于住宿设施的完善，一旦在资金材料上有余裕后就扩充娱乐设施。
>
> 另外，作为接待外客的娱乐设施，想要逐渐在主要观光地设置在欧洲各观光国都能看到的包含所有项目的综合娱乐设施，目前正以此为基础进行调查研究。
>
> 三、外务省预算中的交际报偿费就是以此为目的使用的经费，正考虑将昭和二十三年度的预算定为约七百万円。这个金额必定是不充分的，但是参考我

国目前的财政状况，这是不得已的。

　　四、由于目前在联合国军的占领之下，没有直接外交交涉的途径，因此没有专门为亲美、亲中、亲苏、亲英外交设定的经费。但是，为了与这些国家恢复外交时没有任何障碍，一直在为此做准备。为此而做的基础调查的必要经费预算在昭和二十三年中定为九百余万円。[1]

　　这一段材料充分证明，在 1948 年 3 月这一时期，掌握了政权的芦田开始集中精力推进引进外资和恢复贸易的政策。在执政党内部及与在野党之间均为了 1948 年度补充预算问题产生分裂、僵持不下的情况之下，芦田仍然强调要改善国内交通和住宿条件，并增加针对外国人的娱乐设施等措施，可以看出芦田欲通过"外交"手段改善国内经济的决心。可以说，芦田的这些行动，不仅与华盛顿正在推进的扶植日本经济的政策步调相一致，也为日本扩大国际贸易和缓和赔偿起到了积极的作用。

结语

　　综上所述，笔者认为，芦田外交的核心——"芦田备忘录"和"铃木备忘录"的提出，是在芦田决心贯彻经济自立政策以解决国内民生问题的大背景下，为促进早期媾和的实现，将媾和与经济自立政策相协调而进行的积极配合。也就是说，芦田外交自始至终都是围绕着其经济自立的政策进行的，构筑旧金山媾和体系与日美安保体系的原型，对于芦田来说是手段而非目的，是想要通过解决安保问题以后，争取到宽大的媾和条件而尽快恢复独立，扩大国家间贸易，以便达成实现经济自立的目的。在第一次对日媾和的机会渐行渐远，同时美国的对日政策发生转变，从而使形势顺应了芦田的经济自立政策之后，芦田关注的主要问题就不再是媾和与安

1　参議院議員小川友三提出重要外交に関する答弁書 . JACAR（アジア歴史資料センター）Ref. A13110961800，公文類聚，第七十三編，昭和二十三年，第十八巻，国会六，質問に対する答弁書二（国立公文書館）。

保，而是回归到了恢复贸易、引进外资的经济政策上来。这一方面当然是因为受到了美国政策和国际形势的限制，但另一方面则取决于芦田自身对想要贯彻的政策的选择。

另外，在以往的研究中都关注到了芦田外交在日美安保体系的形成中所起到的构筑原型的作用，这一评价事实上就是在冷战的框架内，从美国和日本各自对于其自身的国家安全以及战后世界格局构想的角度对芦田外交作出了定位。这个角度体现的重点是冷战因素在美日政策决策中起到的决定性作用，并且反映出了美国提出政策"指出方向"，日本沿该方向"做出反应"这种由美国主导的日本"反应"机制。也就是说，将芦田外交作为日美安保体系形成中的一环来进行讨论，是以冷战为背景，以美国对日政策的形成与变化为轴心的，忽略了日本政府的政策意图与动机。但笔者认为，尽管日本处于美国的占领之下，无法对美国的政策产生有效的影响，但是日本政府并不是一味地接受美国的安排，而是试图在有限的选择中将形势引向对日本有利的一方。因此，关注芦田外交中体现的经济因素，是以日本政府为自身制定的政策为轴心，能够看到芦田将经济自立政策与媾和准备工作相结合的策略本质，而这事实上是在发挥日本的能动性，在应对美国早期媾和提议的同时，也积极地追求自身经济自立政策的目标。更进一步说，芦田外交的经济动机能够证明，"冷战"在占领初期并不是影响美日相互政策的决定性因素，且战后日本以经济发展为本的外交路线，并不是在"吉田路线"和日美安保体系形成之后才确立的，而是从战后初期开始就一以贯之的，是日本政府的"初心"，同时也是美国减轻本国纳税者负担并达成占领目标所喜闻乐见的，所以冷战的发展在这一阶段只是促成因素。这也为我们提出一系列问题，例如"冷战因素"在战后日本的历史中究竟发挥了多大作用？日本的"冷战意识"是否如其他美苏以外的第三方国家（如德国）那样明确？冷战史的分析框架在多大程度上适用于日本战后历史？这些在研究战后日本史的过程中值得思考。

1948年6月发生了昭和电工事件，芦田内阁的大藏大臣栗栖赳夫和官房长官西尾末广相继被捕，迫使芦田内阁在10月7日辞职。芦田本人也因"昭电事件"的进一步扩大于12月7日被捕。尽管昭电事件审判的最终结果，除栗栖的受贿罪成立以外，所有政治家全部无罪释放，但该事件仍然葬送了芦田的政治生涯，其经济自立的政策在他任外务大臣的两届短命内阁中未能实现[1]。但必须承认的是，芦田这一时期以其经济自立政策奠定了国家间贸易和经济复兴的基础，为"吉田路线"的顺利实施和国家经济的腾飞铺平了道路。

（本文原刊于《兰州大学学报（社会科学版）》2021 年第 2 期）

1　田中二郎、佐藤功、野村二郎编著 . 戦後政治裁判史録① . 1980。

从原水爆禁止世界大会到原子力日
——战后日本"核敏感"变化探析
（1954—1969）

王盛吉[*]

【摘要】"核敏感"[1]是战后日本社会对于遭受核武器打击记忆的特有的反应。在战后和平主义思潮的引领下，"核敏感"最初的内涵是"反对以核武器为主旨的所有与核相关的领域与拥核国家"。在这一阶段，在野的日本社会党与日本共产党举办原水爆禁止世界大会[2]，旨在利用日本社会的"核敏感"，推动起反核、反美运动。随着冷战的展开与美国在亚洲范围内的核战略部署，日本的"核敏感"成为了日本政府与美国政府合作发展核能研究的社会舆论障碍。因此，日本政府通过宣传自身以及各国和平发展、利用核能的成果，将日本的"核敏感"内涵进行了转换，使其变成了对核能和平发展的认可以及对核能利用安全性的担忧。而承载着"核敏感"内涵的群众活动也从原水爆禁止世界大会变成了对原子力日的纪念。这一过程体现的不仅是"核敏感"内涵的转变，同时也是日本国内核议题主导权的变更。

---

* 王盛吉，宁波工程学院马克思主义学院讲师。
1 日语原文为"核アレルギー"，"アレルギー"为英语"Allergie"的日文音译，英语中常见表达有"Atomic Hysteria""Nuclear Allergy"等。因此翻译为"核过敏""核敏感"均可。本文参照英国学者Glenn D. Hook 所作的 *The Nuclearization of Language: Nuclear Allergy as Political Metaphor* 一文的日语译文中所采"核敏感"的用法，翻译为"核敏感"。
2 "原水爆禁止"为日语原文，中文应表述为"禁止试验、使用原子弹、氢弹"，本文为行文简洁，因此保留日语表达。

【关键词】"核敏感"；原水爆禁止世界大会；原子力日；核能和平利用

　　"核敏感"是战后日本特有的一种社会状态，产生于日本战时遭受核打击的记忆。尽管"敏感"一词本意指个人心理、生理上对外界的快速反应，但法国社会学家莫里斯·哈布瓦赫在《论集体记忆》中已经说明记忆并非个人的、生理的行为，而是群体的、社会的现象，因此日本的"核敏感"是指战后日本整体社会对于一切与核相关的话题都会产生激烈反应的独特社会状态。

　　"核敏感"是战后日本社会的常态，但如何明确其内涵，以往的研究解释中不尽翔实。加藤哲郎认为，"核敏感"起初是美国政府所观察归纳的日本社会现象。1946 年美国就有作家用"原子弹歇斯底里症"（Atomic Bomb Hysteria）来抵消记者约翰·赫西（John Hersey）所著《广岛》一书中描述核武器带来的关于末日景象的舆论影响。1954 年第五福龙丸号事件发生以后，日本掀起了一场巨大的反核、反美思潮。对此，美国的外交官们观察认为，这一思潮所表现出的是一种对于原子能的恐慌，一种全体国民性的精神病症。[1] 具体到明确的"核アレルギー"一词的出现，加藤认为这个词最早出现于居住在华盛顿的日本裔社群当中，而将其公之于众的则是佐藤荣作在回应美国核舰艇停靠日本港口时所表述的，"希望美国能给日本更多的信任，日本社会的核敏感再过些时间就会平息的"。[2]

　　仅从词源上探寻"核敏感"只能将其当作日本在寻求美国核保护伞时谈判的筹码之一，这对于解释"核敏感"的内涵是远远不够的。英国学者格伦·霍克认为"核敏感"是美国创造的一种政治隐喻，出现在人们视野中的"核敏感"的隐藏目的是为了消灭确实存在的"核武器敏感"（核兵器アレルギー）。[3] 如果战后日本的反核情绪直接被命名为"核武器敏感"，那么美国将日本置于自身的全球核战略之下，以及日本寻求美国的核保护伞这两项举动在日本的国民情感上将永远不存在正当性。而使用"核敏感"这一暧昧的修辞则能使得对核议题的有效反对变得不充

1　FRUS, 1952–1954, China and Japan, Volume XIV, Part 2, No.762.

2　加藤哲郎「日本の核開発――米国の神話、日本の神話、科学技術のユートピア」講演記録、2019 年 2 月、见 http://netizen.html.xdomain.jp/120526atom.pdf。

3　グレン・D・フック「言語の核化（ニュークリアライゼーション）：政治的陰喩としての核アレルギー」『広島平和科学』、1984 年第 7 号、77—106 頁。

分，进而达成削弱反核运动的目的。

上述两位学者对于"核敏感"的解释都将"核敏感"产生的前提置于美国以类似心理干扰的方式（加藤哲郎认为这是美国对日本心理战的一部分），来达成将日本置于其全球核战略部署之下这一目的，因此"核敏感"是美国创造并使用的词汇。但事实上，本文一开始就提出，"核敏感"是战后日本社会确实存在的一种社会状态，并且其内涵也随着时间的推移以及社会状况的改变而变化。这种变化简单来看，可以看作是霍克所关注的是否划清与核武器的界限，但是如果像霍克一样仅仅从语言以及语言的隐喻上去感知这种改变是很难将"核敏感"内涵的转变具象化的。因此本文以在野的社会党与共产党合作举办的原水爆禁止世界大会，以及其代表日本政府举办的原子力日纪念活动为载体，来说明日本政府如何从日本社会的"核敏感"中将自己无法掌控的核武器叙述剥离，转而变成针对和平利用核能话题以及核能利用中可能存在的风险的讨论。

一、战后日本"核敏感"的爆发与原水爆禁止世界大会的召开

由于占领时期美国在文化宣传上的管控，核话题成为了日本社会的禁语[1]，因此日本的"核敏感"起初并没有显现。占领结束后，日本社会关于核的讨论逐渐开放，直至 1954 年发生了第五福龙丸号事件，日本社会的"核敏感"才彻底爆发了出来。

1954 年 3 月美军在西太平洋比基尼环礁试验氢弹，试验所产生的放射性尘埃落到了在该海域附近作业的日本渔船第五福龙丸号上，造成了船体的损伤和对船员的伤害。月底伤重的船上电报员久保山不治身亡更是将日本民众的反核情绪推向了高潮。4 月禁止氢弹试验的签名活动在东京杉并区展开，很快蔓延至全国，到 8 月 8 日已成立了禁止原水爆签名运动全国协议会。会长、国际法学者安井郁提出了"无论特定的党、特定的国家乃至特定的对象，必须要发展起全人类对决原子弹的

1　江藤淳『閉された言語空間　占領軍の検閲と戦後日本』『文藝春秋〈文春文庫〉』、1994 年第 1 号、171—195 頁。

纯粹的运动"的口号。[1]

除了普通的民众群体外，知识分子群体同样对第五福龙丸号事件反应巨大。首先是代表医生群体的日本国民救援会、日本民主医疗机构联合会、新日本医师协会三个团体，在 3 月 19 日派出了联合调查团到烧津港访问住院治疗的船员。[2] 由于美国最初派去援助的莫顿（Morton）医生在日本的工作缺乏对病患的同理心，引起了日本病患与医生的不满。[3] 社会党议员佐藤观次郎针对这次事件提出，一定要坚持日本医生的自主性，并由此建立起日本的核病医学。[4]

其次是日本的科学家群体。物理学家伏见康治在《朝日新闻》发表《为什么推动原子力开发》以提倡受害国有资格进行核研究，这标志着发展核能的权利作为日本民族主义的一环重新登上了日本的战后历史舞台。[5] 而美国在第五福龙丸号事件中的蛮横介入同样引起了科学界的强烈不满。美国想通过将第五福龙丸号转交给横须贺港的美国海军的方式阻止日本对船体进行辐射能的研究，从而保护自己的核试验数据。但当地政府并没有遵从美国的意志，除了好奇的当地人参观外，每天还有超过 100 名学者登上船体进行采样研究。当地人甚至因怕船舱中的海水带有放射性会污染港口，连舱内的废水都没有排出就提供给了日本学者作为研究样本。[6]

这些举动很快就引起了美国的注意与不安。美国认为美日双方在第五福龙丸号事件上的沟通存在着巨大问题，尤其是美国在情感上对日本造成了极大压力，这将成为美日关系之中的一个断点。这个断裂是由一小群科学家和医生引起的，他们中的大部分来自思想模糊的左翼、和平主义者和中立主义者。在最初的几天，医生和科学家都牢牢把持着自身的领域，但随着不加控制地报道，一切相关事件都变得更加危言耸听。随后共产党、和平主义者和中立主义者就利用宣传手段达到了有利于他们的局

1　丸浜江里子「ビキニ事件・原水禁署名運動から 60 年：過去（1953〜54 年），そして現在（特集論文　ビキニ水爆被災の諸相）」『広島平和研究』、2015 年第 2 号、47—75 頁。

2　《日本全国抗议美国试验氢弹的运动》，《人民日报》1954 年 4 月 12 日，第 4 版。

3　FRUS, 1952–1954, China and Japan, Volume XIV, Part 2, No.759.

4　「第 19 回国会　衆議院予算委員会　第 26 号 1954 年 3 月 19 日。

5　山本昭宏「「原子力の夢」と新聞 1945〜1965 年における『朝日新聞』読売新聞』の原子力報道に関する一考察」『マス・コミュニケーション研究』、第 84 期、2014 年、9—27 頁。

6　「第 19 回国会　衆議院厚生委員会　第 18 号」1954 年 3 月 22 日。

面。[1] 可以看到，此时因"核敏感"而提出反核诉求的日本与正在进行核试验的美国形成了针锋相对的形势，这为在野的左派政党创造出了有利的社会环境。

与此同时，执政党自身的错误行为推动日本社会党与日本共产党在核议题上走向了合作。1954 年 9 月 15 日，吉田茂的内阁府宣布在内阁中成立反民主主义对策协议会，毫不掩饰其监控日本国内共产主义的目的。[2] 而且，他将共产主义与反核运动联系在一起，认为日本的一切活动都进入了共产主义活动的领域。对此，日本社会党反击吉田茂表示，事实上也有很多人抱着纯粹的禁止原子弹或反对再军备的立场在推进和平运动。如果现在的政府支持再军备，支持美国的核试验，那么即便这样的群众运动是站在反政府的立场上，其存在也是合理的。[3] 可见，由于日本共产党在议会中缺乏力量，日本社会党不得不将其和反核运动视作一个整体进行辩护，这促成了两党在核议题上的合作。在这样外部环境和自身条件均已齐备的情况下，由日本社会党和日本共产党所领导的原水爆禁止世界大会应运而生。

1955 年 8 月 6—15 日，在广岛、长崎遭受原子弹袭击的 10 周年纪念之际，在广岛市公会堂内召开了第一届原水爆禁止世界大会（以下简称"原水禁世界大会"），共有来自 15 个国家的 5 000 多人参加。此次大会最主要的诉求是成立受害者团体协会，通过受害者讲述自己的经历唤起人们对核爆的惨痛记忆，为幸存者争取更好的补偿。这是日本"核敏感"最初的内涵，即重塑日本被核攻击的记忆，强化日本战后的和平主义思潮。但是战后日本形成和平主义思潮的因素有两种，一种是在美国对日本政治民主化和非军事化改革的要求下形成的日本国内的和平思潮；另一种是左派政党所宣传的带有民族主义、反美意象的国际性的和平思潮。这使得与和平思潮密切相关的"核敏感"的内涵至少也存在着这两个侧面，为以后"核敏感"内涵的转变埋下了种子。

之后的几届原水禁世界大会提出了"反对军事基地中放置核武器"以及"所有的外国军队应该退出别国领土"这一明显针对美国的口号，1958 年的第四届大会上又提出了"欢迎苏联停止核试验，而美英两方应即刻停止核试验""尊重民族独

1　FRUS, 1952–1954, China and Japan, Volume XIV, Part 2, No.762.
2　「第 19 回国会　参議院内閣委員会　閉会後第 7 号」1954 年 11 月 11 日。
3　「第 19 回国会　衆議院内閣委員会　第 46 号」1954 年 10 月 7 日。

立，承认中华人民共和国""反对各种形式的外国驻军"等诉求。这些都体现出了原本作为日本社会"核敏感"载体的原水禁世界大会在反对核武器这一诉求上越来越国际化的倾向，反而失去了反核诉求在日本国内政治中可以发挥的作用。在这一层面上，日本共产党的核议题国际化倾向远高于日本社会党，这导致了日后两者的分歧，从而导致了原水禁世界大会走向破裂。而在这一过程中，日本政府通过核能的和平开发利用，慢慢地改变了日本社会"核敏感"的内涵，增强了其对核议题的话语权。

二、战后日本"核敏感"内涵的转变与日本对核能的和平利用

1956 年 1 月，不甘于核议题主导权被在野党拿走的自民党政府，火速成立了日本原子能委员会以负责日本核能的开发利用。

1955 年，在反核联署运动正进行得如火如荼时，日本议会通过了《原子力基本法》《原子力委员会设置法》《原子力局设置法》三部法律。值得注意的是，这些法案并不是自民党利用自己在议会中的人数优势强行通过的，而是成功地拉拢了日本社会党，由两党共同提案获得了通过。在第五福龙丸号事件时，日本科学界就已经展现出了对研究和开发核能的极大兴趣。而社会党由于其战后较之自民党与共产党相对中道的属性，吸引了许多知识分子的支持。因此，面对自民党以科学为名对核能的开发利用，社会党是说不出否定的话语的。

1956 年 12 月，社会党又配合自民党通过了日本政府与美国原子能机构合作向美国租赁特殊核物质的协议。在国会的社会党议员代表穗积七郎在解释社会党的立场时说，社会党与政府之间已经取得了谅解，赞成该份决议，但仍坚持下列主张：首先，原子能发展的国际形势正在从一个国家的垄断和保密状态走向国际公开和自由处理的阶段发展，所以今后日本核能的发展应坚持"自主、民主、公开"的原则。[1] 其次，合作对象不限于美国，在外交恢复正常以后，英国与苏联同样也是日

---

1 "自主、民主、公开"为 1954 年日本学术会议上物理学家茅诚司所提出的处理核能问题的原则，并于 1955 年写入《原子力基本法》。

本在国际核能上合作的对象。再次，由于本协议涉及特殊物质，政府应进行秘密处理，但通过立法进行监督的形式是可取的。[1]

此时，核能的和平利用与发展理念已经慢慢渗入了日本的"核敏感"中，逐渐取代了反核反美的诉求成为"核敏感"内涵的主轴。日本社会党无法像日本共产党一样坚定地把反核同反美联系在一起，这导致建立起原水禁世界大会的"核敏感"的内涵与此时日本政府推动核能和平利用与发展的"核敏感"的内涵出现了撕裂。有了之前操作失败的经验，日本政府明白，现在需要做的就是扩大其裂痕，催化"核敏感"内涵的转变。

为此，日本政府创造了一个所谓的"原子力梦"。在占领时期，尽管关于核的话题受到了许多管制，但是仍然可以看到一些日本科学家对未来利用核能方式的憧憬，如利用核爆炸改变台风走向，将放射线作用于医疗、农业等领域等等。[2]其中比较有代表性的领域是建造原子力船。1954年1月21日，被命名为鹦鹉螺号（Nautilus）的第一艘核动力潜艇在美国下水，日本的科学家们看到了由核能引发动力革命的可能性，因此对核动力商船充满幻想。1956年日本原子能委员会的成立推动这种幻想进入了讨论与规划的阶段。东京大学的山县昌夫教授带领的原子能船调查会注意到，美苏的核能发电已经进入了实用领域，苏联开始了原子能破冰船建造计划，而美国的原子能商船建造法案也获得通过。考虑到造船、海运业在日本经济中的比重，在制定原子能长期规划时，原子能商船的开发是绝对不能等闲视之的。[3]1957年运输省与原子能委员会之间建立了原子能联络会议，同时自身也下设了原子能船调查会与原子能船研究室，以五年内试制或进口实验用反应堆，在1966年前至少建造2艘2 000—3 000马力级的原子力船为目标。[4]

日本在核能发展伊始就对原子力船展现出了巨大的热情，其原因有两个。首先是对战时能源问题的反思，以及对战后经济发展能源需求的预警。日本"二战"期

---

1 「第 25 回国会　衆議院外務委員会　第 5 号」1956 年 12 月 3 日。

2 　山本宏昭「「原子力の夢」と新聞—1945～1965 年における『朝日新聞』『読売新聞』の原子力報道に関する一考察」『マス・コミュニケーション研究』2014 年第 84 号，第 9—27 頁。

3 「原子力商船の開発」『原子力委員会月報』，総理府原子力局，第 1 巻第 4 号，1956 年。

4 「運輸省における原子力関係業務の実施状況」『原子力委員会月報』、総理府原子力局、第 2 巻第 1号、1957 年。

间的军工生产与社会生活遭受能源危机的掣肘，是战时一代日本人的共同回忆。而经济发展与工业生产对能源的需求，又唤醒了日本人对能源紧张的记忆。尤其是当化石燃料成为日本火力发电最重要的依赖之一，这使得日本人不得不思考，一旦火力发电、水力发电这些基载电力的供应追赶不上经济发展的需求，是否能通过原子能进行补充。而且，日本 1957 年的船只总吨位已经从战争结束时的 100 余万吨增长到了 400 万吨，[1] 但船只航行所需柴油却高度依赖海外的进口。因此，以原子力船为突破口，将核能作为日本后备能源的常规备用选择，是日本快速投入原子力船开发的最直接的原因。

其次，相较于反应堆和燃料等日本需要完全依赖于美国帮助的核心技术，原子力船这种仅依靠设计就可以自己解决的核能开发利用项目，对于日本政府塑造"原子力梦"是最好的选择。并且，同一时期的英国、德国等欧洲国家也后发地进入了原子力商船开发的竞争当中，但其研发方式是以民间公司参与为主。[2] 日本采用同样的方式参加竞争，既能避免核研究被政府垄断及造成的不透明性对日本社会"核敏感"的刺激，同时又能营造出一种日本正在参与世界新兴科学产业和平竞赛的氛围，将日本社会对核的"敏感"转化成对战后社会发展变迁的自豪感。

除了开发原子力能，日本政府还通过大量的媒体宣传来强化"原子力梦"的形象。首先，由于第五福龙丸号事件使美国政府和日本政府都意识到，日本的反核反美情绪不利于双方在核能议题上的合作，因此都尝试通过影响舆论的方式来改善这一状况。

1955 年在美方的授意下，《读卖新闻》在东京日比谷主办了为期 6 周的原子力和平利用博览会。期间，根据《读卖新闻》的统计，有超过 36 万人次的观众进入了会场参观，其中超过 7 万人次是学生。[3]《读卖新闻》也毫不掩饰地在社论里写道，博览会就是美国总统艾森豪威尔和平利用核能计划的一部分，是美国政府为告诉人们如何快速理解核能的作用而设计的。[4]

1956 年 8 月，在东京东北方向仅 40 公里的茨城县东海村建立了日本第一个原

1　「原子力商船のねらい　燃料の角度から見た必要性」『原子力産業新聞』、1956 年 1 月 25 日。

2　「海外における原子力関係情報」『原子力委員会月報』、総理府原子力局、第 2 巻第 3 号、1957 年。

3　有馬哲夫『原発・正力・CIA 機密文書で読む昭和裏面史』東京：新潮社、2011 年、116—124 頁。

4　加納実紀代「原子力の平和利用と近代家族」『ジェンダー史学』2015 年第 11 号、6—18 頁。

子力研究所，媒体对此的宣传方式从展览会式的科普变成了史诗般的神话叙事。原子力如同英雄一样将一个平凡、贫穷的小渔村置于原子时代之光的沐浴之下。动土仪式当天，相关的科技官僚在当地神宫祭司的簇拥下，在古老的祭坛上进行传统的祭祀仪式。在祭司们的指引下，官僚们向祭坛进献用树枝做成的玉串，用最古老的仪式传递着还在幻想萌芽当中的"原子力梦"的场景。[1]

　　之后的几年，原子力和平利用博览会在日本的 10 个城市巡回，合计有 260 万人次参观，在日本掀起了一股认识核能的热潮。1956 年大阪设立了日本第一个原子力展览馆，美国文化中心直接提供了说明用的科技电影。次年 5 月日美原子力产业合同会议在东京召开后又移师到大阪、名古屋等中部重要城市，并为了配合会议已于稍早的 4 月在大阪举行了日美原子力产业展览会。[2] 日美政府所规划的展览会路线是从关东转向关西再向全日本发散，在这一过程中，日本人与原子力之间的隔阂快速地消逝，"核敏感"的症状也因此减轻。

　　与此同时，日本政府还利用电视电影等新兴传播手段，在日本快速散播和平利用核能的思想。1957 年迪斯尼制作了系列动画剧《我们的朋友原子能》(*Our Friend The Atom*)，介绍利用核能的积极意义，受到了欢迎。日本政府也制作了《原子能与农业》《利用同位素》《日本的原子能》以及《推进核反应堆的开发》等科普类电影来进行宣传。[3] 日本原子能委员会还制定了《原子能电影等推荐要领》，对有关核能的电影进行审查，进一步推广核能知识。[4]

　　然而，这种宣传并没有消灭日本的"核敏感"，而是使日本的"核敏感"产生了变化。1969 年日本第一艘核动力商船青鱼号（むつ）下水，皇太子夫妇与首相佐藤荣作出席观礼，并发行了原子力船入水的纪念邮票。但是很快在 1972 年的一次试航中发生了核泄漏的问题，此后关于原子力船的报道开始逐渐减少。[5] 此时人

1　「东海村に时代の光　日本原子力研究所起工式」『原子力产业新闻』、1956 年 8 月 20 日。

2　「日米原子力产业会议　关西と中部へ」『原子力产业新闻』、1957 年 5 月 15 日。

3　「原子力知识普及映画について」『原子力委员会月报』、总理府原子力局、第 7 卷第 4 号、1962 年。

4　「原子力映画等推せん要领について」『原子力委员会月报』、总理府原子力局、第 11 卷第 9 号、1966 年。

5　森一久「原子力船「むつ」の数奇な一生」、见 https://www2.yukawa.kyoto-u.ac.jp/～yhal.oj/Mori/Mori1Q/Reports05/IMG_0025.pdf。

们的"核敏感"不再是对核武器带来的战争的恐惧，而是转向了对核辐射、核泄漏造成的环境污染的担忧。

1957 年英国的一座钚反应炉发生了核泄漏，造成了附近 200 英里范围内的牛奶都不能被食用。这引起了人们对核电应用的担心。[1] 把这种担心升华为一种新的"核敏感"的诱因，是 20 世纪 60 年代美国核动力船舰停靠日本港口所引发的风波。1961 年 3 月 17 日，社会党左派议员飞鸟田一雄提出，（允许美国核动力船停靠）在横滨沿岸可能导致该地区被核能污染，对此东京大学的桧山教授正在进行调查。而且在未来横滨、神户等地，也会像佐世保、横须贺一样，成为美国核潜艇潜在进入的目标，其所造成的污染不可设想。[2] 日本首位诺贝尔奖获得者、核物理学家汤川秀树也表达了对核动力船舰可能造成的泄漏污染的担忧。他引用美国氢弹之父爱德华·特勒（Edward Teller）写给美国原子能委员会的信，信中说道，核潜艇的核反应堆与通常的核反应堆相比，本来就更危险。因为除了一般事故之外，还可能发生船只冲撞的事故，因此让原子力船出入人口稠密的港口是错误的。[3]

但是汤川等学者的努力并没能阻止美国核动力船舰停靠日本港口，于是日本在野党又将最初的"核敏感"内涵，即对核武器的厌恶和恐惧搬了出来。在野党试图以此来阻止日本政府通过转变"核敏感"内涵从而掌握日本国内核议题的主导权。但此时日本"核敏感"的内涵已经发生了变化，在野党的做法从结果来看是加速了这种转变。

三、核敏感话语权的转移与原子力日

战后，当日本社会由于核问题出现风波时，在野党很容易通过利用"核敏感"操作议题为自己争取到更多的政治利益与活动空间。因此在面对美国核动力船

---

1 「英国ウインドスケール原子炉の事故について」『原子力委員会月報』、総理府原子力局、第 2 卷第 12 号、1957 年。

2 「第 38 回国会　衆議院内閣委員会　第 14 号」1961 年 3 月 17 日。

3 「第 43 回国会　参議院外務委員会　第 26 号」1963 年 6 月 19 日。

舰停靠日本所带来的社会风波时，在野党重施故技，又扛起了原水禁世界大会的旗帜。

在此之前，日本社会党与日本共产党在核议题上已经有了分歧。日本社会党为了体现自身与日本知识分子群体的联系，想通过国会内的交锋与执政党在核问题的专业性领域博弈。而日本共产党则出于其受国际主义的影响以及和中共、苏共等的密切联系，意图将核议题国际化。另外，20世纪60年代初关于中国可能进行核试验的传言不断，日本社会党有意在核议题上同中国划清界限，而日本共产党却支持中国的核试验。双方的分歧使得1962年的原水禁世界大会流会，但很快新的风波又使双方结合在了一起。

1963年初，日本社会党、总评与日本共产党三方达成了统一行动的意愿。社会党希望三方在3月1日对第五福龙丸号事件的纪念活动上重新开始在核议题上的合作，日本共产党统一战线部长内野，以及总评政治局长安恒均表示认可，并表示将为了团结而努力。[1]但在8月正式大会上，由于日本共产党利用议事规则的漏洞霸占了会场，导致日本社会党与总评代表愤而离会。[2]这标志着原水禁世界大会以日本在野势力的分裂而告终。

原水禁世界大会创立的基础是第五福龙丸号事件发生后日本社会的"核敏感"大爆发的反映。当时的"核敏感"带有强烈的反核武器和反美诉求，这与原水禁世界大会的诉求完美契合，因此大会成为之后几年承载日本社会"核敏感"内涵的最好载体。但进入20世纪60年代以后，日本核议题的国内外背景都发生了变化。在日本国内，政府推进核能的和平利用，并且通过多种媒体的宣传手段让日本人逐渐接受了核能的和平利用，将核武器在核议题中对民众造成的恐慌心理进行了稀释。人们对于核的不信任从对核武器、核战争的恐惧转变成了对核泄漏、核污染的抗议，而这些都是可以通过国会立法、政府行政以及社会团体监督进行管控的，反核的力度与诉求都与过去不再相同。而在国际背景上，国际核战略的架构从对美苏核竞争的不安与不满转向了美苏及其他拥核国家对核武器扩散的管控。如此一来，反

1 　月刊社会党编辑部編著『日本社会党の三十年』、日本社会党中央本部機関紙局、1976年1月、460頁。
2 　月刊社会党编辑部編著『日本社会党の三十年』、日本社会党中央本部機関紙局、1976年1月、464—485頁。

美这一初期"核敏感"中的诉求也就不存在了。

原水禁世界大会的破裂，不仅是日本社会"核敏感"内涵发生根本转变的表现，同时也是日本政治中核话语权从在野党手中释放出来，进入不确定状态的一个时期。核议题作为日本政治与社会中最重要的议题之一，不会随大会的破裂而消失，但主导权正在易主。

当中国核试验成为日本在野党无法绕过的障碍时，日本政府却在美国的配合下将之利用了起来，顺理成章地接手了日本的核议题的主导权。早在1962年，即中国进行第一次原子弹试验之前两年，美国政府就在评估如何降低中国核试验造成的政治影响，其中一项最重要的手段就是协助日本发射科学卫星。由于美国评估中国在试验核武器之前无法研究出高层空间技术，因此中国核武器所造成的宣传影响将会被日本取得更先进的科学成就所抵消。另外一项选择就是帮助日本建造一个核电站。尽管在美国的监控下，日本的反应堆中剩余的燃料并不足以支持核电站的所需，但从政治的考量来看，通过建设核电站让亚洲国家都清楚日本所具备的核能力（核电站所需的核原料浓度与核武器的需要相差无几），能起到更好的宣传效果。[1]

对于这种宣传将会取得的效果，美国政府是有预见性的。1956年6月，美国文化情报局（United States Information Agency, USIA）[2]委托一个日本民调机构，隐藏美国赞助的证据进行了民意调查，其结果显示，首先日本人对于反对核武器的态度是明确的，55%的一般大众在认识到禁止核武器将削弱反共产主义的武装力量时仍然反对核武器。这种反应并不能用一般民众不知道该后果的严重性来解释，因为相同条件下，商业精英正面的表态超过了60%，在高校这个比例甚至高于70%。其次，有70%的日本人听说过核能的和平利用，超过欧洲主要国家的64%，并且其中多数都期待在自己有生之年可以享受核能带来的便利。[3]

日本政府早在1956年8月就向英国派出了原子力发电调查团与英国商议有关

---

1 Confidential U.S. State Department Central File 1960–1967 Asia (ProQuest): Folder 002744–014–0738, Communist China defense affairs nuclear weapons capability, pp.1–3.

2 USIA，United State Information Agency，美国文化情报局，美国政府的独立机构，目的是促进美国和其他国家教育、文化等交流。——笔者注

3 Possible Implications of Fanfani's Resignation (Fanfani's resignation Cover Memorandum, John Foster Dulles, Secy of State, to the President. Department of State, 11 May 1956. U.S. Declassified Documents Online.

设备进口的事务。但由于 50 年代末，作为日本最主要能源的化石燃料价格低廉，日本政府经过在英国的调研比对认为，单位价格的核电成本即使不计算研发的投入也要比火力发电多出 10%，在经济上并没有优势，[1] 因此发展核电并没有立刻被提上日程。但尽管如此，日本政府预估未来 10 年随着日本经济的发展，能源的需求会直线上升，到了 70 年代日本的化石燃料需求会达到 1957 年的 5 倍，其中需进口的燃料将超过 1957 年的 20 倍，因此从长期来看发展核电是必要的。[2]

为此，日本政府针对核能发电制定了长期计划。1956 年日本核能委员会首次制定"核能开发利用长期计划"，设定了核燃料供给、反应炉建设、同位素以及高能放射线利用、日本核能研究所业务计划、核能燃料公社业务计划、关联技术育成计划、防止放射线障碍、科技者养成计划八大目标内容。[3]1961 年，该计划迎来了第一次修改，这次修改的目标是制定一个从 1961 年到 1980 年长达 20 年的发展计划。其中将日本核能发电分为了前 10 年与后 10 年两个阶段。第一阶段的目标是，完成日本国产化核能反应炉的建设，达到发电 100 万千瓦的目标。第二阶段，开始尝试给核能发电配备电力运营系统。但考虑到核电成本依旧较高，这一时期仍需要核电与火力发电同步发展。[4]1966 年，该长期计划又迎来了一次修改，这次修改主要是受到了 60 年代公害问题的影响，以日本的环境为出发点进行了修改，加入了针对核能设施的安全和对周边环境产生的影响有必要制定万全的对策，谋求核能开发利用的健康发展的内容。[5]按照计划到了 1963 年 8 月日本原子能研究所的试验反应炉达到临界状态，10 月成功完成了发电试验。

1964 年，日本政府为了迎接核能和平发展 10 周年，决定将已有的科学技术周

1 「訪英原子力発電調査団の帰国と調査中間報告」『原子力委員会月報』、総理府原子力局、第 1 巻第 8 号、1956 年 12 月。

2 「発電用原子炉開発のための長期計画（案）について」『原子力委員会月報』、総理府原子力局、第 2 巻第 8 号、1957 年 8 月。

3 「原子力開発利用長期基本計画」『原子力委員会月報』第 1 巻第 5 号、総理府原子力局、1956 年 5 月。

4 「原子力開発利用長期基本計画」『原子力委員会月報』第 6 巻第 2 号、総理府原子力局、1961 年 2 月。

5 「原子力開発利用長期計画改訂の基本方針」『原子力委員会月報』第 11 巻第 9 号、総理府原子力局、1966 年。

中的一天，设定为原子力日。后又因为科学技术周已有活动过多，所以同年 7 月 31 日阁议决定将日本加入国际原子能机构的日期同时也是国产试验反应炉发电成功的日期，即 10 月 26 日，定为原子力日，以对外开放各研究设施为主要方式，开展演讲会、电视座谈会、研究发表会等活动，供日本人民参加。[1]

　　1964 年 10 月 26 日第一次原子力日纪念活动拉开序幕，时任科学技术厅长官兼原子能委员会会长爱知揆一讲述了日本核能和平利用 10 年的成果。爱知揆一的演讲和之后各地的各种纪念活动都通过电视转播传向了全日本。日本原子力产业会议邀请专家进行讲座；日本核能研究所所在的茨城县举办了群众电影会活动；东海村发电所也举办了纪念电影展。[2]1967 年第四次原子力日纪念开始了全日本范围内的电视新闻报道，由首相府和相关企业、机构制作内容，交予电视台播放，[3]起到了更好的宣传和舆论引导效果。新的媒体方式带动了人们对核能开发的热情，较之原水禁世界大会传统的集会形式更有宣传效果。

　　同时，日本政府将宣传核能开发的目标群体定位为青少年。从 1968 年第五个原子力日开始，日本政府主办以和平利用核能为主题的面向高中生的有奖征文活动，向获奖的学生与学校提供奖励，[4]并给予高中生前往东海村与福岛两处核研究所参观学习的机会。活动举办第一年就有来自日本各地的 16 名高中生获奖。[5]可见，从下定决心开始发展核能开始，日本政府就开始为战后出生的新生代日本人灌输核能美好的景象，将他们是"原子时代"出生的新人类的观念灌输给少年们，因为核能的出现使他感受到科技与知识给人所带来的喜悦与尊严。[6]科学与少年的联结如此紧密，这预告着未来对于核能发展的集体记忆将会覆盖原子弹的遭遇，成为日本社会主流的共识。

1　「「原子力の日」設定」『原子力委員会月報』、総理府原子力局、第 9 巻第 8 号、1964 年 8 月。
2　「第 1 回「原子力の日」実施」『原子力委員会月報』、総理府原子力局、第 9 巻第 11 号、1964 年。
3　「第 4 回原子力の日記念行事について」『原子力委員会月報』、総理府原子力局、第 12 巻第 11 号、1967 年 11 月。
4　「第 5 回「原子力の日」記念行事について」『原子力委員会月報』、総理府原子力局、第 13 巻第 11 号、1968 年。
5　「第 5 回「原子力の日」記念「高校生作文募集」の実施結果」『原子力委員会月報』、総理府原子力局、第 14 巻第 4 号、1969 年。
6　「万人が原子力時代に生きる喜び」『原子力産業新聞』、1958 年 9 月 15 日、4 面。

为了更好地把握人民对核话题的意见倾向，日本政府自 1968 年起每年都进行核议题的全国民调。第一次民调中提问关于"核"这个词的印象，民调中只有17% 的人联想到核能的和平利用，与此相对，想到原子弹爆炸和氢弹的人占 24%；提到广岛长崎的人占 13%，有恐惧和不安感的人占 10%，提及核潜艇和核动力航空母舰的人占 8%。然后问及对核电站的安全性能是否信任，结果显示信任的人只占 19%，不信任的人占 34%。这些民调数字说明日本社会的"核敏感"依旧存在，但是也有另一些数字说明，和平发展核能也已经成为日本核议题话语中重要的组成部分。当被问及对推进核能的和平利用的态度时，58% 的人赞成积极推进核能的和平利用，3% 的人反对。关于日本利用核能是否是根据法律限定的以和平为目的的问题，过半数的 54% 回答曾听说过相关法律。这些都表明日本政府的宣传收到了效果。[1]

1969 年的民调中提问关于"核"这个词的印象，已经有 35% 的人的第一反应是和平利用核能，较之前一年有明显提升。赞成积极推进核能利用的人数比例也从 58% 增长到了 65%。而对核电站安全性担忧的数字并没有明显变化。[2] 在 1968 年底，日本与核能相关的企业数量达到了 321 家，其中与矿业相关的有 289 家、电气事业 11 家、商社 21 家，说明核能产业已经成为日本国内的重要经济产业，并融入了日本社会[3]。因此，"核敏感"已经如同公害问题一般，成为日本社会现代化中的一环，可被辩论、可以通过政策法规解决，是日本政治社会生活的一部分。

结语

战后日本社会"核敏感"内涵的载体从在野党举办原水禁世界大会转移到了政府运作的原子力日的纪念上，这不仅是"核敏感"内涵的转换，同时也是核议题话

1 「原子力平和利用に関する世論調査」『原子力委員会月報』、総理府原子力局、第 13 巻第 8 号、1968 年 9 月。

2 「原子力平和利用に関する世論調査」『原子力委員会月報』、総理府原子力局、第 14 巻第 8 号、1969 年 8 月。

3 「上昇気運の原子力産業」『原子力産業新聞』、1968 年 12 月 12 日。

语主导权的转移。

战后伊始，由于第五福龙丸号事件的影响，日本的"核敏感"以反核反美的形式爆发出来，与之意识形态相近的在野党利用日本社会的"核敏感"举办原水禁世界大会抢夺了核议题的话语权。但随着日本政府发动宣传攻势大力推动核能的和平利用以及中国核试验所造成的国际环境的变化，日本社会的"核敏感"内涵发生了改变。对和平利用核能的认可以及对核泄漏、核辐射的担心取代了对核武器的恐慌和对美国的反感，形成了新的"核敏感"。随之建立在旧的"核敏感"之上的原水禁世界大会被原子力日纪念活动所替代，核议题的主导权也从在野党转移到了日本政府手中。

事实上在 20 世纪 60 年代，日本和平利用原子能的进程并没有像日本政府宣传的那样硕果累累。原子力船的尝试几乎以失败告终，一直坚持在日本境内勘探核燃料矿藏的计划收获不大，核能发电的规划也才刚刚完成起步阶段。但通过新兴媒体的宣传，日本政府几乎实现了舆论与社会思潮的反转。尽管不能忽略国际核战略环境的变化，但是日本政府通过宣传的方式对社会思潮进行掌控的手段，既达成了推动其核政策的舆论准备工作，同时也隐藏起美日之间关于潜在的核武器议题的联系。这种政府政策与舆论宣传之间的关系值得我们继续思考研究。

（本文原刊于《历史教学问题》2022 年第 3 期）

日本与缅甸关于战争赔偿的交涉

史　勤[*]

【摘要】在"二战"后的战争赔偿问题之解决上，日本与缅甸成为首批创造性地适用《旧金山和约》赔偿条款的国家。在缅甸并非《旧金山和约》缔约国的情况下，日本在前期接触中作出让步，令广义的《旧金山和约》劳务赔偿原则成为双方的谈判基础。随后的正式谈判中，日本提出经济合作与赔偿一体化方案，并同意载入赔偿再协商条款，满足了缅甸的平等待遇要求，遂完成谈判。以此为范例，日本同东南亚建立起以赔偿与经济合作为纽带的政治经济关系。这一纽带，因为其补偿性质而改善了日本与东南亚国家的关系，也因为其逐利的目标而为此后东南亚反对日本经济入侵埋下了伏笔。同时，日本沿着美国分离中日经济关系之路，加强同东南亚的关系，令亚太地区的两极格局走向固化。

【关键词】旧金山和约；缅甸；战争赔偿；经济合作

20世纪50年代初，日本的东南亚[1]政策陷入困境，主要障碍之一便是战争赔偿问题[2]。在同东南亚国家交涉过程中，为了振兴出口和发展经济，吉田茂政府一

---

* 史勤，厦门大学马克思主义学院助理教授。

1 战后初期，日本语境中的"东南亚"所辖地域，不仅包含现在地理意义上的东南亚，还包括南亚地区。本文中的"东南亚"的内涵是狭义的，不包括南亚。

2 战争赔偿，是指由于战争行为，战败国向战胜国提供金钱、劳务、生产品等作为补偿。在日本所履行的赔偿中，只有日本对缅甸、菲律宾、印尼和南越的补偿行为被认定为正式赔偿。除正式赔偿外，还有两种赔偿形式，一种为临时赔偿。最初形式是拆迁赔偿，即盟军占领日本初期所实施的对（转下页）

再表示要解决赔偿问题，但同时固执地援引《旧金山和约》（以下或简称《和约》）的劳务赔偿原则，引起菲律宾、印度尼西亚、缅甸等国的不满。经过多番交涉，日本同《和约》非缔约国的缅甸最先解决了赔偿问题。这不仅反映了日本在维持自身经济发展和对东南亚赔偿困境间的政策抉择，也体现出日缅关系在《和约》效力有限之情况下的适应性调整。

在日本对东南亚赔偿问题[1]上，相较于菲律宾与印尼，缅甸具有两大特殊性：其一，缅甸是第一个同日本解决赔偿问题的国家；其二，缅甸是"三无"国家，即没有出席旧金山和会，没有签署、批准《和约》。第一个特殊性已经得到学者的关注，如缅甸学者马敏季（Ma Myint Kyi）在《1948—1954 年间的缅日关系：战争赔偿问题》一文中立足缅甸立场，从经济角度诠释了缅甸率先同日本解决赔偿问题的原因。[2]至于第二个特殊性，在 2000 年日本外务省外交史料馆解密有关日本对缅赔偿问题的相关档案前，受限于可资利用的史料文献[3]，既往的研究者对此重视不足，往往只是将缅甸的"三无"特性作为论述 1954 年日缅两国有关战争

（接上页）中国、菲律宾等国的赔偿形式。日本独立以后，临时赔偿在形式上和目的上均发生了变化。日本主要以打捞沉船等劳务形式来补偿菲律宾、印尼等国，以此推动同这些国家的赔偿谈判进程。另一种是准赔偿，即在非直接依据《旧金山和约》第十四条的情况下，通过有偿或无偿贷款提供经济援助，来补充赔偿之不足。需要说明的是，本文所讨论的赔偿只限定于国家间的赔偿行为。——笔者注

1　有关日本对东南亚赔偿问题的研究，可参见大藏省财政史室编：《昭和财政史：从终战到媾和》第 1 卷，东洋经济新报社，1984 年（此书在日缅赔偿问题上的价值在于大篇幅介绍了日缅赔偿协议的实施情况）；大野拓司：《战争赔偿与和平协议：1945 年到 1956 年间的菲日关系》（Takushi Ohno, *War Reparations and Peace Settlement: Philippines-Japan Relations, 1945–1956*），团结出版社，1986 年；吉川洋子：《日菲赔偿外交交涉研究（1949—1956）》，劲草书房，1991 年；永野慎一郎、近藤正臣编：《日本的战后赔偿：亚洲经济合作的起点》，劲草书房，1999 年；宫城大藏：《围绕印度尼西亚赔偿的国际政治》，《一桥论丛》第 125 卷，2001 年第 1 期；仓泽爱子：《战后日本与印度尼西亚关系史》，草思社，2011 年；张民军：《日本战争赔偿研究》，东北师范大学博士学位论文，2003 年；陈奉林：《冷战时期日本与东南亚关系的探索》，《世界历史》2005 年第 1 期。

2　马敏季：《1948—1954 年间的缅日关系：战争赔偿问题》（Ma Myint Kyi, *Burma-Japan Relations 1948–1954: War Reparations Issue*），东京大学博士学位论文，1988 年。

3　当时的研究者只能使用当事人的回忆录、口述史料及日本外务省所发行的一个关于 1954 年日缅赔偿谈判过程概要的小册子。可参考日本外务省亚洲局第四课：《关于赔偿及经济合作的日缅谈判记录》，1955 年 4 月，东京外国语大学图书馆。

赔偿问题谈判的背景，而没有充分挖掘这一特性所带来的问题。[1]而且，据笔者所见，2000 年解密的这批日本档案尚未得到利用。同时，前人研究对于日本赔偿政策的解读也没有很好地把握住其中的东南亚与美国因素。鉴于此，本文拟主要运用日本对缅赔偿问题档案，辅以英美等国档案及报刊资料等史料，从缅甸的"三无"特性切入，探究在《和约》缺乏普遍适用性的情况下，日本同缅甸解决赔偿问题的历程，厘清日本赔偿政策的演变及缘由，并揭示日缅赔偿问题解决的影响与意义。

一、《旧金山和约》与日本赔偿问题的缘起

"二战"后初期，随着冷战的兴起，国际格局与地区秩序的形成及演变有了不同于以往的内容。从过往的经验来看，战胜国大多会召开诸如媾和与安排战后国际秩序的会议，并形成以和约为基础的国际体系。如"一战"后经巴黎和会、华盛顿会议，国际社会确立了"凡尔赛－华盛顿体系"。但是，"二战"后的亚太地区并没有诞生类似的国际体系。由于意识形态与国家利益的冲突，美苏在战后安排上发生对立。结果，由美国主导所订立的《旧金山和约》未能成为亚太地区普遍适用的条约，亚太地区由此走向两极格局。

两极格局对于日本的战后经济发展计划产生了冲击。日本原本试图优先恢复与中国的关系，通过构建密切的中日经济关系，来促进日本的复兴。[2]但是由于东亚冷战的发生与升级、中华人民共和国的成立、朝鲜战争的爆发，美国调整对日媾和

1　就日缅赔偿问题，除马敏季的论文外，其他的已有研究多只是在述及日本对东南亚赔偿或外交时简要提及日缅谈判结果和过程。可参见宋成有、李寒梅等著：《战后日本外交史（1945—1994）》，北京：世界知识出版社，1995 年；唐纳德·米赛金斯：《自 1940 年以来的日缅关系》（Donald M. Seekins, *Burma and Japan Since 1940: From 'co-prosperity' to 'quiet Dialogue'*），尼亚斯出版社，2007 年。不过，日缅赔偿问题此后再起波澜。根据 1954 年《日缅赔偿协议》的"再协商条款"，两国于 1959 年到 1963 年又重新检讨赔偿问题。张绍铎应用日本外交史料馆档案对日缅赔偿再协商问题做了翔实的研究。可参见张绍铎：《中日对缅经济外交的争夺战（1960—1963）》，《国际观察》2015 年第 5 期。

2　波多野澄雄、佐藤晋：《现代日本的东南亚政策（1950—2005）》，早稻田大学出版部，2007 年，第 3 页。

政策[1]，在排除中国的情况下，召开了对日和会。随后，日本被纳入西方阵营，其基于中日关系的经济复兴计划因而落空，亟须寻找中国以外的替代市场。[2]

东南亚因为其丰富的资源与潜在的市场成为日本重视的对象。[3]日方高层几次三番向关西商界人士表明推动日本向东南亚地区发展及改善与东南亚国家经济关系的意图。[4]值得注意的是，战败后的日本由于土地荒芜以及失去朝鲜半岛、台湾岛两个粮食供给地而陷入了饥荒。为此，日本在强化粮食自给的同时，努力寻求扩大粮食进口渠道。[5]而在"二战"前及战后初期，缅甸曾是世界上最大的大米出口国。1949年，缅甸首次向日本出口了7万吨稻米。此后，缅甸对日稻米出口量稳中有升，在50年代初基本保持着每年约16万吨的规模。[6]

就日本与东南亚国家关系而言，虽然战后初期双方外交关系中断，但仍维持着一定的经贸关系。只是这组关系在1947年8月15日以前处于驻日盟军最高统帅总司令部（GHQ）的管理之下，若无盟总的事前批准，日本不能同海外进行任何进出口活动。[7]因此，严格来讲，这一时期日本与东南亚的经贸关系是美国与东南亚关系的附属物，而非日本与东南亚国家的政府间联系。因而，待日本恢复独立以后，在没有外交关系的情况下，双方的经贸往来是否还能顺畅存在不确定性，故日本需要重建同东南亚国家的政治经济关系。

当然，倘若能争取到东南亚国家与会，旧金山和会或许是一个处理日本与东南亚关系的上佳场合。不过，历史证明，这次和会未能起到相应的作用。一方面，出席

1　有关美国对日媾和政策，可参见崔丕：《冷战时期美日关系史研究》，北京：中央编译出版社，2013年。

2　波多野澄雄、佐藤晋：《现代日本的东南亚政策（1950—2005）》，第5页。

3　郭炤烈：《日本与东盟关系的历史及现状》，亚洲经济研究所，访问研究学者系列第102号（V.R.F.），1983年12月，第25页。

4　早稻田大学亚太研究中心"战后日本与东南亚关系史综合年表"编委会编：《战后日本与东南亚关系史综合年表》，龙溪书社，2003年，第22、24页。

5　《吉田茂第13回国会施政方针演说》，1952年1月23日，《世界与日本数据库》，政策研究大学院大学、东京大学东洋文化研究所田中明彦研究室。

6　早稻田大学亚太研究中心"战后日本与东南亚关系史综合年表"编委会编：《战后日本与东南亚关系史综合年表》，第31页。

7　奥和义：《战时与战后复兴期的日本贸易（1937—1955）》，《关西大学商学论集》第56卷，2011年第3期，第27页；早稻田大学亚太研究中心"战后日本与东南亚关系史综合年表"编委会编：《战后日本与东南亚关系史综合年表》，第7页。

者不全。1951 年 7 月起，美国政府先后向相关各国发出参会邀请。在东南亚国家中，菲律宾、缅甸、印度尼西亚、"越南国"、老挝和柬埔寨等国收到了会议邀请。[1] 但英属殖民地马来亚、新加坡等国以及战败国泰国不在受邀之列。越南民主共和国（北越）也被排除在外。[2] 另一方面，受邀国菲律宾、印尼和缅甸均表示反对《和约》。[3] 在《和约》草案的消息传到菲律宾后，当地爆发了大规模抗议活动。[4] 最终，菲律宾和印尼虽然出席了和会，但没有批准所签署的《和约》。[5] 至于缅甸，出于对中国的顾虑、同印度保持一致以及反对有关赔偿的规定等原因，没有出席和会。[6] 同时，再考虑到中国的缺席和苏联的拒签，《和约》的外在效力显得很不充分。会后，菲律宾、印尼和缅甸三国坚持先赔偿后建交的原则，均未同日本建立外交关系。日本若要与东南亚国家建交，巩固和扩大同东南亚的经贸关系，就势必要首先解决战争赔偿问题。

《和约》中就赔偿问题的规定偏袒日本，存在内在缺陷。《和约》第 14 条规定："兹承认，日本应对其在战争中所引起的损害及痛苦给盟国以赔偿，但同时承认，如欲维持可以生存的经济，则日本的资源目前不足以全部赔偿此种损害及痛苦，并同时履行其他义务。因此，日本愿尽速与那些愿意谈判而其现有领土曾被日军占领并曾遭受日本损害的盟国进行谈判，以求将日本人民在制造、打捞及其他工作上的

1 《旧金山的冷战 印度不参加和会》，《朝日新闻（朝刊）》（东京）1951 年 8 月 27 日，第 1 版。

2 中野聪：《赔偿与经济合作：日本与东南亚关系的再形成》，后藤乾一编：《岩波讲座·东南亚史8·国民国家形成的时代》，岩波书店，2002 年，第 285 页。

3 《驻缅甸大使致国务卿》["The Ambassador in Burma (Key) to the Secretary of State"]，1951 年 7 月 21日，美国国务院编：《美国对外关系，1951》（The Foreign Relations of United States, 1951）第 6 卷，美国政府印刷局 1977 年版，第 1218—1220 页；《缅甸拒绝对日媾和草案》，《朝日新闻（朝刊）》（东京）1951 年 7 月 25 日，第 1 版；《对日媾和与太平洋诸国》，《朝日新闻（朝刊）》（东京）1951 年 7 月 28日，第 1 版；《菲律宾国内反媾和游行》，《朝日新闻（朝刊）》（东京）1951 年 8 月 3 日，第 1 版。

4 《对日媾和与太平洋诸国》，《朝日新闻（朝刊）》（东京）1951 年 7 月 28 日，第 1 版。

5 《印度尼西亚政府就对日和约的态度》（"Attitude of The Indonesian Government towards The Japanese Peace Treaty"），1951 年 9 月 13 日，保罗·普雷斯顿、迈克尔·帕特里奇主编：《英国外交文件集：外交部机密报告和文件，第 5 部分，1951—1956，系列 E，亚洲》（Paul Preston, Michael Partridge, British Documents on Foreign Affairs: Reports and Papers from the Foreign Office Confidential Print, Part V, From 1951 through 1956, Series E, Asia）1951 年第 2 卷，美国大学出版社，2005 年，第 338—340 页；《对日媾和与太平洋诸国》，《朝日新闻（朝刊）》（东京）1951 年 7 月 28 日，第 1 版。

6 《驻缅甸大使致国务卿》["The Ambassador in Burma (Key) to the Secretary of State"]，1951 年 8 月 21日，《美国对外关系，1951》第 6 卷，第 1281 页；《外交部陈家康司长就缅甸政府拒绝参加旧金山对日和会事与缅甸驻华代办吴辟谈话记录》，1951 年 8 月 27 日，中国外交部档案馆，档案号：105-00088-03；梁志：《一九四九年至一九五三年的中缅关系再探讨》，《中共党史研究》2016 年第 5 期。

服务，供各该盟国利用……当需要制造原料时，应由各该盟国供给，借免以任何外汇上的负担加诸日本。"[1] 概言之，《和约》允许日本在自身能力范围内以劳务方式履行赔偿，且消除了日本的外汇负担。由此，日本可在不背负沉重赔偿压力的情况下恢复和发展经济。这对于受害国而言，难言公平。此外，劳务赔偿的执行在技术上亦存在很大难度，特别是劳务价值的计算。[2]

在对东南亚的赔偿问题上，日本的政策呈现出自利性特征，即援引《和约》第十四条的规定，严格坚持劳务赔偿原则，不以金钱、产品进行赔偿。1951 年 9 月末，日本政府决定设置关于赔偿问题的相关部门间的联络会议，由外务省、经济安定本部、大藏省及通产省等各部门官员组成赔偿碰头会，来就对外战争赔偿的基本方针及具体的实施策略进行联络调整。之后，东京确立了有关赔偿问题的四项原则：在日本财政负担能力范围内提供劳务赔偿；劳务赔偿仅在日本有余力的情况下提供；在不造成日本背上外汇负担的范围内提供劳务赔偿；在劳务赔偿的过程中所承接的加工，不能阻碍日本的正常出口。[3]

《和约》赔偿条款的外在效力不足与内在缺陷大幅增加了日本达成目标的难度。《和约》既没有规定赔偿的对象，也没有规定具体的赔偿数额，只规定将赔偿问题交由索赔国与日本双边协商决定。换言之，在东南亚诸国强烈反对《和约》第十四条的劳务赔偿原则下，日本处理对东南亚赔偿问题面临着两大难题：其一，《和约》对于非缔约国家的效力问题；其二，在效力范围有限的情况下，《和约》在多大程度上适用于日本处理赔偿问题。故日本的赔偿外交在与东南亚谈判对手的互动中，必然要做出调整并采取更为灵活的策略。

二、日缅关于劳务赔偿原则的前期交涉

缅甸位于中南半岛的西侧，"二战"期间曾遭到日军的侵略与占领，蒙受大量

1　《对日和约》，1951 年 9 月 8 日，《国际条约集（1950—1952）》，世界知识出版社，1959 年，第 340—342 页。

2　吉田茂：《回想十年》第 3 卷，白川书院，1983 年，第 161—165 页。

3　吉田茂：《回想十年》第 3 卷，第 161—162 页。

人员和财产损失。[1] 基于《和约》的规定，日本应尽速与愿意谈判而其现有领土曾被日军占领并曾遭受日本损害的缅甸就赔偿问题展开谈判。同时，缅甸不是《和约》的缔约国，并不受《和约》赔偿条款的约束。鉴于此，日本如何令缅甸接受《和约》的劳务赔偿原则，成为此后双方交涉的焦点。

旧金山和会后，日缅关系[2] 未能取得进展。缅甸本有意与日本建交。1951 年 10 月 2 日，缅甸外长藻昆卓（Sao Hkun Hkio）在议会发言中称：日本早晚会成为亚洲强国，如不与日本维持友好关系，是不明智之举。[3] 但受国内外形势的影响，缅甸对于日缅建交一事趋于消极。特别是印尼国内围绕《对日和约》等问题所产生的政治动荡，在一定程度上对缅甸政府的态度产生了消极影响。1952 年 5 月 17 日，印尼决定无限期延迟批准《和约》。[4] 及至 1954 年 8 月 11 日，缅甸工业部长兼代理外长吴觉迎（U Kyaw Nyein）访日前曾与日本驻仰光总领事小长谷绰谈及出访前的心境。吴觉迎提到了令其担忧的两个失败的例子，其一便是印尼外长苏班德里约（Ahmad Subardjo）[5] 签署《和约》。[6] 此后，缅甸便将赔偿问题与日缅和约的缔结、建交问题捆绑在一起，以此为条件来谋求赔偿问题的

1　缅甸主张的战争损失情况如下：财产及诸设施的损失达 126 亿 7 500 万卢比（26 亿 6 175 万美元），作废军票的损失为 56 亿 2 300 万卢比（11 亿 8 083 万美元），合计 182 亿 9 800 万卢比（38 亿 4 258 万美元）。可参见《缅甸的战争损失主张》，日期不详，《日缅赔偿及经济合作协定·关于赔偿再协商的双方合意备忘录·调查资料》，日本外务省外交史料馆，B'-0185。——笔者注

2　战后初期，甚至到缅甸独立后，缅甸在日本的利益代表长期为英国驻日联络使团。缅甸通过向英国使团派出缅方代表，从而也同日本建立了相对直接的联系。至 1951 年 11 月，在美国的斡旋下，日本在仰光开设了驻外事务所。此后，事务所升格为日本驻仰光总领事馆。可参见《日本赔偿》（"Japanese Reparations"），1949 年 5 月 17 日，缅甸国家档案馆，档案号：15-3（23）Acc-38；《驻仰光日本政府驻外事务所的设立》，1951 年 10 月 19 日，《驻外本邦公馆的设置·亚洲与太平洋地区部分》，日本外务省外交史料馆，M'-0002。

3　《日缅外交关系的恢复》，1952 年 1 月 7 日，《日缅外交关系正常化》，日本外务省外交史料馆，第 2015—2147 页。

4　早稻田大学亚太研究中心"战后日本与东南亚关系史综合年表"编委会编：《战后日本与东南亚关系史综合年表》，第 23 页。

5　据考证，苏班德里约任印尼外长一职的时间是 1951 年到 1952 年。这期间有关赔偿问题的失败例子，只能是苏班德里约签署《旧金山和约》一事。外长本人不久去职，印尼政府也发生更迭。故而基本可以确定苏班德里约的遭际及印尼的政局变动对仰光产生了影响。

6　《与吴觉迎会谈》，1954 年 8 月 12 日，《日缅赔偿及经济合作协定》第 2 卷，日本外务省外交史料馆，B'-0162。

解决。[1]

　　在对缅赔偿问题上，日本起初持谨慎态度，一直在试探缅甸政府的意向，而未采取切实推动谈判的行动。相较于1952年初日本向菲律宾派出前大藏大臣津岛寿一为首的赔偿使团，[2]日本对缅的使节派遣动作则较为迟缓，最初级别低、授权也不充分。简言之，日本意图优先处理对菲律宾的赔偿问题，而相对忽视对缅赔偿问题，更遑论对缅甸作出实质性让步。具体而言，在前期交涉中，东京坚持由驻仰光总领事小长谷来探查缅甸的意向和展开交涉。[3]但小长谷在交涉中须遵循外务省的指令以及坚持《和约》第十四条的劳务赔偿原则，因而难有很大作为。故交涉的推进只能仰赖于日方更高级别人物的来访与决策。

　　日方试探的结果显示不容乐观。1952年底，外务省亚洲局局长倭岛英二访缅。12月29日，在与缅甸外长藻昆卓的会谈上，倭岛感受到缅方的不满：劳务赔偿不足以弥补缅甸的战争损失。对此，日方坚持狭义的劳务赔偿方式，即在适合劳务方式的领域进行赔偿。[4]对于上述态度，缅甸外务秘书吴吞盛（U Tun Shein）申明：若日方坚持劳务赔偿，（缅甸政府认为）就没有必要谈。经倭岛询问，吴吞盛提出缅甸的诉求：意欲为日本提供生产资料或修复被破坏的建筑物等。对此，倭岛没有直接回复接受与否，只是催促缅甸举行谈判：尽管《和约》有规定，但日方会就缅方的要求进行具体分析，即以什么方式、在何种程度上开展合作，为此两国应尽快举行正式谈判。[5]由此观之，不顾缅方的反对，日方仍试图使缅方接受劳务赔偿框架。事后，倭岛报告称："缅甸只是在等待其他国家及日本的行动。缅甸在坚持先赔偿后（日缅双边）和约立场的同时，并没有为赔偿问题采取积极的行动。估计缅

1　《缅甸宗教兼国家计划部长回国谈话》，1952年10月18日，《日缅和平条约》第1卷，日本外务省外交史料馆，B'-0162。

2　吉川洋子：《日菲赔偿外交交涉研究（1949—1956）》，劲草书房，1991年，第95页。

3　《与缅甸的赔偿谈判》，1953年8月1日，《日缅赔偿及经济合作协定》第1卷，日本外务省外交史料馆，B'-0162。

4　《就日缅邦交的恢复与赔偿问题同卓外长会谈要旨》，1952年12月30日，《日缅赔偿及经济合作协定》第1卷，B'-0162。

5　《倭岛与缅甸外务秘书关于赔偿问题的会谈》，1952年12月31日，《日缅赔偿及经济合作协定》第1卷，B'-0162。

甸对于第 14 条原则的立场今后亦不会变。"[1] 随后数月里，谈判陷入僵局。

　　僵局源于双方各自受到多方面因素的影响而均对赔偿问题采取谨慎的态度。从日本方面来看，东京希望通过对缅赔偿问题的解决，与缅甸建交及签订和约，进而增进双边经贸关系，保障日本的粮食安全。[2] 但日本不能不考虑下述因素：第一，通常的和约中会规定赔偿国应支付的赔偿金额和对象，可是《和约》却无此项规定，故赔偿金额有很大的浮动空间；[3] 第二，日本与任意一国处理的结果会影响到其他国家；[4] 第三，日本尚有盟军占领费用、战前对英美债务等其他对外债务需要偿付，为此在战争赔偿上不肯作过大的让步；第四，索赔国间互相竞争，相继提出巨额索赔要求（菲律宾提出 80 亿美元，印尼为 172 亿美元，缅甸则是 60 亿美元[5]，越南 20 亿美元，但日本自我评定的对外支付能力为每年仅 1 亿美元，难以负担上述巨额赔偿）；[6] 第五，缅甸对于日本的最大价值在于该国的粮食，当时两国在通商上已无障碍，可以自由进出口大米和其他农产品；[7] 第六，日本政府已定下赔偿东南亚各索赔国家的排序，菲律宾和印尼优先于缅甸。在此情况下，日本持谨慎态度，以试探性方式来同缅甸进行交涉。

　　至于缅甸方面，在国际粮食市场上处于优势地位，经济状况良好。由于朝鲜战争的刺激等原因，国际粮食市场供应紧张，缅甸凭其世界主要的大米出口国地位，受益颇丰。1952—1953 年，缅甸出口大米 570 万吨，达到战前水准的八成，创下

1 《日缅邦交恢复与赔偿问题》，1953 年 1 月 2 日，《日缅赔偿及经济合作协定》第 1 卷，B'-0162。

2 《对缅甸赔偿问题（方针及理由）》，1953 年 4 月 20 日，《日缅赔偿及经济合作协定》第 1 卷，B'-0162；吉田茂：《回想十年》第 3 卷，第 50 页。

3 北冈伸一：《赔偿问题的政治力学（1945—1959）》，北冈伸一、御厨贵编：《战争·复兴·发展：昭和政治史中的权力与构想》，东京大学出版会，2000 年，第 177—179 页。

4 《旧金山和约》第二十六条规定："倘日本与任何国家成立一媾和协议或战争赔偿协议，给予该国以较本条约规定更大之利益时，则此等利益应同样给予本条约之缔约国。"可参见《对日和约》，1951 年 9 月 8 日，《国际条约集（1950—1952）》，第 346—347 页。

5 此数字来自本文所引用的北冈伸一的《赔偿问题的政治力学（1945—1959）》一文，但据笔者所见的档案显示，缅甸在冈崎访缅前一直未提出具体索赔金额，只是主张 56 亿美元的战争损失，到冈崎来访时将损失额扩大到近百亿美元。

6 北冈伸一：《赔偿问题的政治力学（1945—1959）》，《战争·复兴·发展：昭和政治史中的权力与构想》，第 198 页。

7 《与外务秘书吴吞盛的会谈》，1952 年 12 月 3 日，《日缅赔偿及经济合作协定》第 1 卷，B'-0162。

战后历史新高。同年，缅甸国家生产总值恢复到战前的大约 81%。[1] 因此，缅甸的经济发展情况较其他东南亚国家为优，财政连年盈余。1952 年 8 月，缅甸推出"福利国家八年计划"[2]，开始实施有计划的工业化。为了避免政治风险，仰光对于赔偿问题持观望态度。吴觉迎曾向小长谷坦言："如果缅甸政府向日本提出的索赔要求被日方拒绝，有使缅甸政府陷于窘境的危险，因而不得不持慎重的态度。缅方打算视日本对菲律宾、印尼展示的诚意，再行决定。"[3] 故缅甸没有必要在对己不利的劳务赔偿原则下讨论索赔问题。正因为如此，缅甸没有正式向日本政府提出索赔要求，甚至冷淡地回应了日本的谈判请求。[4]

到 1953 年六七月份，日本政府的立场显露松动的迹象。6 月 17 日，在第 16 届日本国会众议院会议上，在野党社会党的铃木茂三郎议员就日本同东南亚的贸易及赔偿问题进行提问，对此吉田茂答辩如下："基于对方的希望与要求，我认为可以考虑劳务赔偿以外的实物赔偿。日本愿意为东南亚的发展提供帮助。虽然条约（《和约》）定下劳务赔偿原则，但是根据对话的情况，也可以提供实物赔偿。"[5] 7 月 17 日的日本外相冈崎胜男致小长谷的电文草案中，"在《旧金山和约》第十四条的框架下进行谈判"这一句最终被删去。同电文坦言："最近我方到了必须要决定赔偿总额的时期，倘若上述总额合理，可以尽可能扩大对于第十四条劳务赔偿的解释。如缅方所愿，我方同意提供生产资料作为赔偿的一部分。不过须考虑生产资

---

1 缅甸大米贸易的收益占国库收入的一半。可参见《缅甸的经济》，《朝日新闻（朝刊）》（东京）1954 年 10 月 3 日，第 4 版。

2 1952 年 8 月，缅甸政府召集全国官民代表举行福利国家会议，将美国纳彭、蒂皮茨、阿贝特三家调查公司（KTA，Knappen Tippetts Abbett Engineering Co.）负责制定的缅甸综合经济开发的报告书作为福利计划（工业开发 8 年计划）的骨架，以福利国家会议决议的形式予以公布。"福利国家计划"是一个不仅包括工业开发，还涵盖地方分权、民主地方政府的建立、土地国有化计划、农业开发计划、教育文化振兴计划等政治经济各方面在内的庞大计划，目标是到 1959—1960 年，国内生产总值达到 70 亿缅元（约 14 亿美元）。可参见日本世界经济调查会：《海外经济情况》第 161 号，1954 年 12 月 1 日，第 359—360 页。

3 《与反法西斯人民自由同盟秘书长的会谈》，1952 年 12 月 12 日，《日缅赔偿及经济合作协定》第 1 卷，B'-0162。

4 《就日缅邦交的恢复与赔偿问题同卓外长会谈要旨》，1952 年 12 月 30 日，《日缅赔偿及经济合作协定》第 1 卷，B'-0162。

5 吉田茂：《回想十年》第 3 卷，第 164—165 页；《对于国务大臣演说的质疑》，1953 年 6 月 17 日，第 16 回国会（特别会），日本众议院本会议会议录第 8 号。

料的种类、数量以及我国的能力等因素。所以为慎重起见，必须要举行具体的谈判。"[1] 至此，日本就劳务赔偿的解释迈出了很大的一步。

吉田茂之所以作出让步，主要受到来自两方面的压力。一方面是日本与东南亚赔偿问题的交涉进展缓慢，以致日本始终未能与东南亚相关国家建立外交关系，这对吉田茂政府力促的对东南亚贸易产生了消极影响；另一方面，日本政商界人士对吉田茂的压力，如执政党内的反吉田势力岸信介等对吉田内阁的"赔偿谈判与经济合作"路径提出了批评。[2] 关切东南亚开发的日本商界人士批评政府所持的"对东南亚经济合作的构想"[3]，认为这一构想煽动了东南亚国民的反日情绪。概言之，这些压力都希望政府可以优先解决赔偿问题，改善同东南亚的关系，进而推进对东南亚的经济开发与合作。

在这种情况下，吉田茂在赔偿方针上做出调整，允许将赔偿方式从劳务赔偿扩展到实物赔偿。他在回忆录中坦陈："赔偿四原则都是只顾自己的原则，严格地讲，难以完全坚持住任何一项。在外交谈判中，若固执于前述原则，谈判无疑将很难取得进展……有关赔偿问题，我的想法是，并非只是条约义务，对索赔国家的战争损失的补偿自不必说，通过支援发展中的新兴国家，令其实现经济的发展与生活水平的提高，从而推动亚洲地区的安定与未来的共同繁荣，即所谓共存共荣。"[4] "只顾自己"一词表明当时日本的外交出发点是自利性的，但在具体的实践中受到缅甸等东南亚国家的反制，只得调整政策，部分满足东南亚国家的诉求。而"共存共荣"则透露出日本赔偿政策调整的方向是从"自利"到"互惠"。

针对吉田茂的国会发言，1953 年 7 月 28 日缅甸驻日本总领事吴妙东拜会倭岛局长，询问这是否意味着现金赔偿。倭岛答复如下：并不是指现金赔偿。我方遵循第十四条的劳务赔偿原则。问题是上述加工的原材料由哪国负担，这取决于谈判的结果。吴妙东追问关于"取决于谈判"的内涵。倭岛答复称，如果索赔国具体提出

---

1 《对缅和约》，1953 年 7 月 17 日，《日缅赔偿及经济合作协定》第 1 卷，B'-0162。

2 劳伦斯·奥尔森：《日本在战后亚洲》，伍成山译，上海：上海人民出版社，1974 年，第 19 页。

3 "对东南亚经济合作的构想"即将美国的资金、日本的技术与东南亚的资源整合调动起来，对东南亚区域进行经济开发，加强日本与东南亚间的经济联系。岸信介等对吉田内阁的构想——同时推进赔偿谈判和经济合作的政策提出了批评。可参见波多野澄雄、佐藤晋：《现代日本的东南亚政策（1950—2005）》，第 6—16 页；长谷川隼人：《岸内阁时期的内政与外交路线历史的再探讨：以福利国家与经济外交为视角》，一桥大学机构典藏库（HERMES-IR），2015 年，第 137—140 页。

4 吉田茂：《回想十年》第 3 卷，第 161—165 页。

生产资料的种类、数量、提供的年限等，同时与日本的经济能力两相权衡，双方就此展开谈判，原材料也可以由日方负担。吴妙东对此感到满意。[1]一个月后，日方也将这一立场直接传达给了缅方。8月下旬，日本贸易会会长、前通产相稻垣平太郎出访缅甸。在29日与缅甸外长的会谈中，稻垣请求缅甸政府原则上同意在《对日和约》第十四条框架下进行谈判，并表示日本会灵活解释"劳务"一词的内涵，愿意提供物资和设备来满足"劳务"。[2]虽然缅方没有给出正式答复，不过吴努政府多位阁僚都对稻垣方案表示满意，赞成以此为基础展开商议。[3]

在此情况下，《和约》中确立的劳务赔偿原则在形式上成为日缅谈判的基础，但在具体内容上进行了扩大性解释。此后访缅的冈崎外相正式确认前述让步。甚至从冈崎所提出的赔偿清单来看，清单总额为4 000多万美元，其中物资和设备占3 500多万美元。相比较，劳务一项，包括技术人员派遣与对缅人的训练不到600万美元。[4]可见，日本对于劳务原则的解释已经远远超出本来的含义。到1954年1月27日，冈崎在日本国会上发表演说：赔偿的内容不仅仅为劳务，还包括生产资料。对此，30日缅甸的缅文报纸《仰光日报》评论道："如我们所期待的从日本获得现金赔偿已是不可能，但即便是实物赔偿，也必须是我国真正所需的生产资料。"[5]总之，日缅两国围绕《和约》中的劳务赔偿原则展开漫长的博弈。最终日方部分满足了缅甸的诉求，就第十四条的解释作出让步，使得停滞的交涉进程再次启动。

三、日缅正式谈判

1953年12月，吉田内阁提出"对亚洲诸国的经济合作方针"，该方针同时涵

1 《与缅甸的邦交调整》，1953年8月1日，《日缅赔偿及经济合作协定》第1卷，B'-0162。

2 《与缅甸的赔偿谈判》，1953年8月25日，《日缅赔偿及经济合作协定》第1卷，B'-0162。

3 《与缅甸的赔偿问题》，1953年9月1日，《日缅赔偿及经济合作协定》第1卷，B'-0162。

4 《外务大臣冈崎赴东南亚诸国访问记录》，1953年10月20日，《外务大臣冈崎的东南亚访问》，日本外务省外交史料馆，B'-0162。

5 《总理大臣及外务大臣国会演说（的反应）》，1954年2月1日，《日缅赔偿及经济合作协定》第1卷，B'-0162。

盖了赔偿与经济合作，指出要尽早解决赔偿问题。[1] 在战争赔偿问题上，东京当时仍是一无所获。先期同日本展开谈判的印尼、菲律宾，与日本在战争损害概念、赔偿总额、支付方法上存在根本分歧，又先后搁置了同日本达成的临时赔偿协议。[2] 其间，最接近成功的 1954 年 4 月日菲"大野·加西亚协议"在菲律宾参议院的强硬反对下流产。[3] 而促使日本尽早解决赔偿问题的另一动因是日本经济于 1954 年陷入低谷。朝鲜停战后，由于出口低迷和进口增加，日本的国际收支状况趋于恶化，赤字累计达 2 亿美元。[4] 不管是经济合作方针，还是 1954 年走低的经济形势，都亟须东京找寻对东南亚赔偿问题的突破口。

与此同时，缅甸因为国内的经济困难，一改观望态度，决心解决赔偿问题。缅甸的粮食出口受到朝鲜停战的严重冲击，经济趋于艰难。此外，1953 年美缅关系恶化，缅甸自此拒绝继续接受美国的援助。[5]1954 年 8 月 19 日，缅甸财政部长吴丁（U Tin）在议会上宣布：预计未来几年（缅甸的外汇）储备会不断减少，以致支付能力不足。故政府将向世界银行寻求贷款。[6] 为了"福利国家计划"的实施，1954 年的缅甸对日本赔偿的需求较以往更为紧迫。虽然日本与其他东南亚国家的赔偿谈判屡遭失败，令缅甸视之为烫手山芋，但最终国家复兴的意愿压倒了一切，

1 波多野澄雄、佐藤晋：《现代日本的东南亚政策（1950—2005）》，第 27 页。

2 北冈伸一：《赔偿问题的政治力学（1945—1959）》，《战争·复兴·发展：昭和政治史中的权力与构想》，第 180 页。

3 根据"大野·加西亚协议"，日方将向菲律宾提供为期 10 年 4 亿美元的赔偿。该赔偿将以生产、加工、沉船打捞及其他事业的方式，由日本国民的劳务来提供，其中经任一方的要求，可以延长十年。即该赔偿实质上为 20 年期限 4 亿美元，每年的赔偿额为 2 000 万美元。可参见《日本与菲律宾共和国赔偿协定》（*Reparations Agreement between Japan and the Republic of the Philippines*），1954 年 4 月 12 日，《日菲赔偿谈判》第 5 卷，日本外务省外交史料馆，B'-0194；《关于提请批准日本国与菲律宾共和国间的赔偿协定问题》，1956 年 5 月 25 日，第 24 回国会（常会），日本众议院外务委员会会议录第 50 号；吉川洋子：《日菲赔偿外交交涉研究（1949—1956）》，第 180 页。

4 《小笠原三九郎大藏大臣财政演说》，1954 年 1 月 27 日，第 19 回国会（常会），日本众议院本会议会议录第 5 号；美国中央情报局：《行动协调委员会：关于国家安全委员会 125/2 与 125/6（日本）号文件的进度报告》["Operations Coordinating Board: Progress Report on NSC 125/2 and NSC 125/6(Japan)"]，1954 年 10 月 21 日，档案编号：CIA-RDP80R01731R003000130001-8。

5 《美国切断对缅援助》，《朝日新闻（朝刊）》（东京）1953 年 5 月 29 日，第 2 版。

6 《缅甸寻求贷款》（"Burma to Seek Loans"），《纽约时报》1954 年 8 月 20 日，第 23 版。

仰光决心解决赔偿问题，向日本派出使团。[1] 亦由于财政紧张，缅甸制定的谈判方针是在尽可能短的期限内获得数额多的赔偿。[2]

　　对日本而言，此番日缅会谈的成败不仅关系到两国的邦交问题，还关乎日本同其他东南亚国家的赔偿、外交及经济关系问题。1954 年 7 月 31 日，日本外务省草拟了一份"对缅赔偿交涉要领"的高裁案[3]，该案经过批准后，成为日方正式谈判的指导方针。在该草案中，以下内容被划去，但仍可以从中看出日本对于谈判期待的原因及通过此次谈判推进对菲律宾和印尼赔偿谈判的意图：（1）团长吴觉迎为实权人物，不需要担心会出现像"大野·加西亚协议"那样的情况；（2）缅甸现政权有着不同于菲律宾和印尼的强国般安定性；（3）缅甸国民对日感情良好，政府也反复强调对日本没有仇恨；（4）日缅贸易关系、经济合作关系已经处于顺利发展的势头；（5）有助于打开日本对菲律宾及印尼赔偿谈判的僵局。同时，该"要领"指出日本对缅甸赔偿总额为一亿美元、年支付不超过一千万美元。[4] 值得注意的是，此份"要领"并没有提及任何有关经济合作的内容。

　　自 1954 年 8 月 17 日缅甸使团抵达日本起至 9 月 24 日完成谈判，日方主要以外务省为中心，由外务大臣冈崎胜男与缅甸代理外长吴觉迎前后进行了 13 次会谈，辅之以外务省亚洲局局长中川融与缅甸外交部亚洲局局长吴梭丁的 4 次谈判。但参与谈判的日方人员不限于外务省，还有日本其他政府部门与执政党要员，特别是自由党干事长池田勇人[5]，在其中发挥了至关重要的作用。此外，日本商界人士也积极

1　除了经济上的原因外，缅甸也受到了日本与其他东南亚国家在赔偿问题上进展的刺激，由此国内要求尽快与日本谈判的压力日益高涨。3 月 12 日，代理外长吴觉迎谈道：日本同菲律宾、印尼签署的沉船协定进入到实施阶段，而只有缅甸迟迟未进行谈判，对此感到遗憾。此外，吴觉迎等多位缅甸政府高层多次表态日缅尚未建立正式的外交关系的现状是不自然的，对与日本建交有一定的共识。可参见《与工业部长吴觉迎会谈要旨》，1954 年 3 月 14 日，《日缅赔偿及经济合作协定》第 1 卷，B'-0162。

2　《部长宇叫迎昨报告日本赔偿谈判经过》，《中国日报》（仰光）1954 年 10 月 6 日，厦门大学南洋研究院馆藏资料，NY-003-3119-0003。

3　高裁案，即外务省有关部门起草的文件，提交日本外务省省议讨论和决定，或是外相的裁决，系日本外交决策输出的一环。高裁案由外务省上呈日本内阁，如获通过，将成为日本政府的政策。可参见小池圣一：《外务省文书·外务省记录的产生过程》，《日本历史》1997 年第 584 号。

4　《对缅赔偿交涉要领》，1954 年 7 月 31 日，《日缅赔偿及经济合作协定》第 2 卷，B'-0162。

5　池田勇人出身于大藏省，对大藏省有较大影响力，他的意见可以代表和影响到大藏省的态度。同时，池田也与日本产业界保持着密切的关系。

从旁协助，对缅甸代表团发动友好攻势与居中调解。[1]

8月19日，冈崎胜男与吴觉迎举行首次会谈，但会谈并没有进入赔偿金额与期限的商议。因为日本最初的谈判策略是回避金额的讨论，欲以总量方式，即规定具体的赔偿内容来展开交涉。[2] 在会谈中，吴觉迎谋求与菲律宾同等待遇，提出为期20年4亿美元的索赔方案。[3] 出于对日本关于东南亚诸国间赔偿金分配比例"传言"的顾虑，吴觉迎阐明缅甸实际损失情况，直言前述比例的不合理性。[4] 由于政府内部分歧[5]，冈崎在拒绝缅方提案的同时，却不明示日方的金额方案。在第二次与第三次会谈没有取得实质性进展的情况下，吴觉迎在记者会上公开表示不满：对日本坚持4：2：1的赔偿金分配比例很失望，难以接受此种不平等待遇。[6]

关于赔偿比例问题，早在缅甸使团访日前，就有媒体曝出消息。1954年3月12日，吴觉迎向小长谷直诉不快。[7] 对此，小长谷否认赔偿比例的真实性，辩称只是新闻臆测。[8] 然而，事实是1953年冈崎出访东南亚前，吉田内阁曾决定赔偿谈判方针：菲律宾2.5亿美元、印尼1.25亿美元、缅甸6 000万美元、印支三国3 000万美元的赔偿金分配方案。[9] 访问期间，冈崎分别向各国提示了日本愿意支付的数

1 本文由于篇幅所限，有关商界人士的部分，可参见拙作：《战后日本对缅甸赔偿问题研究（1948—1954）》，华东师范大学硕士学位论文，2017年，第65—68页。

2 《对缅赔偿交涉要领》，1954年7月31日，《日缅赔偿及经济合作协定》第2卷，B'-0162；日本亚洲局第四课：《关于赔偿及经济合作的日缅谈判记录》，1955年4月，东京外国语大学图书馆。

3 《吴觉迎代表宣布 为期20年4亿美元》，《朝日新闻（朝刊）》（东京）1954年9月3日，第1版。

4 《缅甸赔偿问题》，1954年8月30日，《日缅赔偿及经济合作协定》第2卷，B'-0162；《与缅甸赔偿谈判始末》，1959年11月14日，《日缅赔偿及经济合作协定》第4卷，日本外务省外交史料馆，B'-0162。

5 外务省与大藏省存在分歧，矛盾的根源是大藏省奉行紧缩政策。可参见《政府期待对缅甸交涉》，《朝日新闻（朝刊）》（东京）1954年8月20日，第1版。

6 《冈崎外相言明 目前没有被要求现金》，《朝日新闻（朝刊）》（东京）1954年8月22日，第1版；《使团团长会见记者》，《朝日新闻（朝刊）》（东京）1954年8月24日，第1版；《总额要求与日方腹案差距大》，《朝日新闻（朝刊）》（东京）1954年8月24日，第1版。

7 《与工业部长吴觉迎会谈要旨》，1954年3月14日，《日缅赔偿及经济合作协定》第1卷，B'-0162。

8 《与吴觉迎会谈》，1954年8月12日，《日缅赔偿及经济合作协定》第2卷，B'-0162。

9 北冈伸一：《赔偿问题的政治力学（1945—1959）》，《战争·复兴·发展：昭和政治史中的权力与构想》，第187页。

额，并没有明示赔偿比例。[1]可是从金额分配来看，大致可以推导出该比例。

　　谈判初期，日缅两国就日本的支付能力在认识上也存在很大分歧。缅方认为日本有足够的能力支付赔偿，但日方认为这一判断高估了日本的财力。在冈崎与吴觉迎的第四次会谈中，后者提议：如果考虑国际利率，若赔偿期限从 20 年缩短为 10 年，索赔总额可以相应减少至 3.5 亿美元。[2]此举清楚地印证了前文所述的缅甸谈判方针，相比于总额，缅甸更想尽快获得更多的赔偿。结合缅甸的经济情况来看，可以更好地理解仰光转而急于解决赔偿问题的动机。对此，冈崎以每年负担过重为由，希望减轻年均负担，分 30 年来支付。为了说明日本的支付能力问题，有关阁僚与吴觉迎展开会谈。8 月 23 日下午，大藏大臣小笠原三九郎与吴觉迎就日本的财经状况交换了意见。[3]然而，日方的说明未能完全令缅方信服。吴觉迎仍坚持己见：据缅甸经济专家言，任何国家的国家预算中，至少有 5% 的机动经费。可是日本只以预算的 1% 来支付赔偿。假使日本对菲律宾、印尼、缅甸三国每年的赔款均为 2 000 万美元，则合计为 6 000 万美元，不过为日本总预算的 2%。缅方不认同冈崎外相所言的难以筹措超出 1% 部分的说法。[4]此外，日本对欧美的债务清偿和军备重整引起了缅甸等东南亚诸国的关注，也让日本的解释效果大打折扣。[5]

　　为了安抚吴觉迎和推进谈判，冈崎调整了谈判策略，谈判遂进入到围绕金额与支付期限的交涉阶段。8 月 27 日第五次会谈上，他提出日版的赔偿金额：为期 10 年，每年支付 1 000 万美元。该提案是日本调整回避金额策略而前进的一步，同时却坐实了吴觉迎所担忧的赔偿比例问题，拟对菲律宾与缅甸的赔偿金额分别是 4 亿与 1 亿美元，正好 4∶1。对此，吴觉迎予以拒绝。不过第五次会谈并非没有收

1　具体提案时，冈崎对缅方提示的金额为 5 000 万美元。可参见《外务大臣冈崎赴东南亚诸国访问记录》，1953 年 10 月 20 日，《外务大臣冈崎的东南亚访问》，B'-0162。

2　《与缅甸赔偿谈判始末》，1959 年 11 月 14 日，《日缅赔偿及经济合作协定》第 4 卷，B'-0162。

3　《大藏大臣向使团团长说明日本的财经情况》，《朝日新闻（朝刊）》（东京）1954 年 8 月 24 日，第 1 版。

4　《吴觉迎代表宣布 为期 20 年 4 亿美元》，《朝日新闻（朝刊）》（东京）1954 年 9 月 3 日，第 1 版；日本亚洲局第四课：《关于赔偿及经济合作的日缅谈判记录》，1955 年 4 月。

5　《对菲律宾、缅甸、印度尼西亚、越南停滞的赔偿谈判》，《朝日新闻（朝刊）》（东京）1954 年 9 月 3 日，第 3 版。

获。冈崎表示考虑增加经济合作的金额，且称："日本希望多采用'合办事业'的方式。"[1] 这种将经济合作纳入赔偿的办法成为推动赔偿谈判的新思路。

经济合作一直是日本赔偿政策的动机之一。吉田茂曾述及：通过赔偿支付来确保国民食粮、工业原料的供给，开拓市场。如果不能由此保障日本与对方国家紧密的经济关系，赔偿就没有意义。[2] 然而，日本虽有意推进经济合作，但起先并没有将它直接与赔偿问题捆绑在一起，只是以平行的方式来处理经济合作问题。恰巧缅甸使团对于经济合作的热情，令日方产生了一种认识：缅方似乎将赔偿问题与合办企业、经济合作统一起来考虑。[3]

缅甸确实对经济合作感兴趣，但此行的主要目的是解决赔偿问题，故吴觉迎不希望谈判偏离正题。8 月 30 日，他在大阪考察期间发表谈话：合办企业是为了促进缅甸工业化，我方并不考虑将其作为赔偿。[4] 吴觉迎此举并非反对将赔偿与经济合作联系起来，而是意在钳制日本日益重视经济合作而忽视赔偿问题的趋势，由此将谈判的重心拉回到赔偿问题。缅甸对于经济合作的兴趣也是由来已久。1954 年 3 月 12 日，吴觉迎对小长谷表示："就改善两国的经济关系及技术提携、合办事业来说，很欢迎日本专家的到来。"[5] 为了经济建设计划，仰光试图通过赔偿获得日本的建设材料及设备，亦对合办企业抱有很大的期望。[6] 于是谈判伊始，吴觉迎便提出了赔偿与经济合作大纲，并在第二次会谈上展开磋商。[7] 另外，吴觉迎还与日本产业界人士座谈，进行招商引资，并就缅甸的政策作了解释。[8] 同时他也是一个聪

---

1 《与缅甸赔偿谈判始末》，1959 年 11 月 14 日，《日缅赔偿及经济合作协定》第 4 卷，B'-0162。

2 吉田茂：《回想十年》第 3 卷，第 50 页。

3 《冈崎外相言明 目前没有被要求现金》，《朝日新闻（朝刊）》（东京）1954 年 8 月 22 日，第 1 版。

4 《使团团长表示希望合办企业 要求与其他两国相同的赔偿金额》，《朝日新闻（朝刊）》（东京）1954 年 8 月 31 日，第 1 版。

5 《与工业部长吴觉迎的会谈要旨》，1954 年 3 月 14 日，《日缅赔偿及经济合作协定》第 1 卷，B'-0162。

6 《对缅谈判走向成功》，《朝日新闻（朝刊）》（东京）1954 年 8 月 21 日，第 2 版。

7 《冈崎外相与缅甸使团团长会谈》，《朝日新闻（夕刊）》（东京）1954 年 8 月 19 日，第 1 版；日本亚洲局第四课：《关于赔偿及经济合作的日缅谈判记录》，1955 年 4 月。

8 《谈判前途是光明的》，《朝日新闻（朝刊）》（东京）1954 年 8 月 26 日，第 1 版；《硫酸铵界约定协助缅甸》，《朝日新闻（朝刊）》（东京）1954 年 8 月 29 日，第 4 版；《合办包含棉纺等》，《朝日新闻（夕刊）》（东京）1954 年 8 月 31 日，第 4 版。

明的谈判者，抓住日本对于经济合作的追求，以此为筹码，谋求赔偿问题的解决：若没有就赔偿达成一致意见，缅方可能会拒绝合办企业等经济合作。[1] 在缅方略带"威胁"的背景下，9月4日，日本副首相绪方竹虎向吴觉迎承诺帮助推动谈判：为了将来两国的友好关系，增加赔偿金额并非大问题。[2]

　　确立赔偿与经济合作的主次之后，两国代表在第六次会谈上取得进展。冈崎提议：为了协助缅甸"八年经济计划"，以赔偿及经济合作的方式，（为期8年）年均提供价值2 500万美元的劳务与生产资料。对此，吴觉迎答复说："原则上赞成，但不能以此为最终方案。"[3] 在9日的第七次会谈上，吴觉迎提出两个新提案（为期10年，年均）：方案1，赔偿2 500万美元，经济合作900万美元；方案2，赔偿2 000万美元，经济合作1 400万美元。[4] 换言之，缅方也接受了赔偿与经济合作组合的方式。只是日方并未同意缅方的提案。冈崎拿出对案（为期10年，年均）：赔偿1 500万美元，经济合作1 000万美元。经济合作部分可以上浮200万—300万美元，且上浮部分是无偿的。

　　而美国国务卿杜勒斯访日令日缅谈判有了进一步"爬坡"的动力。9月10日，杜勒斯与吉田茂举行会谈。针对日本的经济问题，首先，杜勒斯希望日本寻找其他市场，比如东南亚，而非依赖美国。其次，由于日本与菲律宾、印尼、缅甸的关系受困于赔偿问题，杜勒斯在表示理解日本经济难以承受高额赔偿的同时，指出日本经济难以在赔偿问题没有解决的情况下崛起，突出了解决赔偿问题的必要性。最后，杜勒斯认为缅甸的赔偿提议是合理的，建议吉田茂考虑并接受。[5] 由此可见，美国正努力加强日本与东南亚的关系。若与此后的进展联系起来看，杜勒斯

1　《吴觉迎代表宣布 为期20年4亿美元》，《朝日新闻（朝刊）》（东京）1954年9月3日，第1版。

2　日本亚洲局第四课：《关于赔偿及经济合作的日缅谈判记录》，1955年4月；《与副总理会谈》，《朝日新闻（夕刊）》（东京）1954年9月4日，第1版。

3　《双方做出若干让步》，《朝日新闻（朝刊）》（东京）1954年9月5日，第1版。

4　《与缅甸赔偿谈判始末》，1959年11月14日，《日缅赔偿及经济合作协定》第4卷，B'-0162。

5　《国家安全委员会第214次会议备忘录》（"Memorandum of Discussion at the 214th Meeting of the National Security Council Held on Sunday"），1954年9月12日，美国国务院编：《美国对外关系，1952—1954》（*The Foreign Relations of United States*, 1952-1954）第12卷，美国政府印刷局1984年版，第906—907页。

的意见与日本放弃临时赔偿[1]、日缅谈判实现重大突破存在一定关联。另外，应缅甸请求，杜勒斯与吴觉迎也举行会谈。据新闻报道：杜勒斯极力希望谈判能取得圆满成功。[2]

不久，日缅双方的立场逐步接近，基本达成了一致意见。9月13日，池田会见吴觉迎，建议后者考虑日本每年支付2 000万美元赔偿和300万美元无息、无限期政府贷款的方案。[3]在当日谈判上，吴觉迎拿出同池田建议基本相仿的提案：为期10年每年2 000万美元赔偿、500万美元经济合作（其中300万美元为政府直接投资）。但日本政府内部意见似乎尚未统一，冈崎提出为期10年，每年1 700万美元赔偿、800万美元经济合作的方案。[4]翌日，双方举行第十次会谈，冈崎在不改变2.5亿美元总额的情况下，略微提高了赔偿金额：每年1 750万美元赔偿，750万美元经济合作。[5]不过，该方案再度为缅甸使团所拒绝。面对缅方的强硬态度，日本作出让步。在15日的第十一次会谈上，冈崎提请缅方考虑：为期10年，每年1 700万美元赔偿、500万美元经济合作（合办事业）及不征收本息的300万美元无期限贷款。[6]鉴于300万美元的贷款无须偿还，赔偿总额实质上达到了2亿美元，双方的提案并无明显差别。

唯一遗留的问题是赔偿再协商条款。在此前的第十次会谈上，吴觉迎以日本所提的赔偿金额与菲律宾的相去甚远、难以向本国说明为由，谋求加入再协商条款。在第十一次会谈上，尽管冈崎希望删除，但缅方坚持保留该条款：在面对缅甸国民时，这个条款出于政治理由考虑是必要的。[7]令人意外的是，该条款系日方首倡。最初是8月24日，池田为了安抚吴觉迎，提请考虑缔结临时协议，并添加下述条

---

1 9月10、11日，池田与冈崎先后提请缅方考虑临时赔偿。不过最后因为吉田茂的反对，临时赔偿作废。可参见《池田与吴觉迎会谈》，《朝日新闻（朝刊）》（东京）1954年9月11日，第1版；日本亚洲局第四课：《关于赔偿及经济合作的日缅谈判记录》，1955年4月；马敏季：《1948—1954年间的缅日关系：战争赔偿问题》，东京大学博士学位论文，1998年。

2 《杜勒斯与缅甸使节会谈》，《朝日新闻（夕刊）》（东京）1954年9月10日，第1版。

3 马敏季：《1948—1954年间的缅日关系：战争赔偿问题》，东京大学博士学位论文，1998年。

4 《与缅甸赔偿谈判始末》，1959年11月14日，《日缅赔偿及经济合作协定》第4卷，B'-0162。

5 冈崎还有另一提案：为期8年，纯赔偿2 000万美元，经济合作500万美元。被缅方拒绝。

6 《缅甸使团再次延期回国》，《朝日新闻（夕刊）》（东京）1954年9月5日，第1版。

7 《缅甸使团再次延期回国》，《朝日新闻（夕刊）》（东京）1954年9月5日，第1版。

款：未来，在充分权衡给其他索赔国家赔款的基础上，再决定给缅甸的最终赔款数额。[1]同月27日，冈崎提出在赔偿协议的10年期限终止前，权衡缅甸与他国的赔偿金额后，两国间可以就赔偿问题再协商。[2]显然，再协商的安排有助于处理"平等待遇"难题。结果，吴觉迎吸纳了此办法，并就协商时间提出调整：在日本与菲律宾、印尼的谈判完成之际，望进行对比权衡及再商议。

最终日本方面接纳缅方的意见，与缅甸解决了赔偿问题。9月20日，缅甸阁议以添入再协商条款为条件，决定接受协定。[3]22日的第十二次会谈上，缅甸使团通告：根据本国政府训令，很难接受每年2 000万美元以下的赔偿方案。同时，明确要求加入协商条款，但以对菲律宾的为期20年4亿美元为限，在此条件下不援用该款。[4]24日，冈崎接受缅方的要求。翌日，双方草签《日缅和约》中的"赔偿条款"、《赔偿及经济合作协定》等文件。11月5日，两国在仰光正式签订《日本与缅甸联邦和平条约》《赔偿及经济合作协定》。[5]1955年4月16日，赔偿协议生效，缅甸成为第一个同日本解决战争赔偿问题的国家。

总之，日缅达成经济合作与赔偿一体化的解决方案，取得了互利互惠的结果。日本的赔偿政策有强烈的经济动机，希望借此实现日本与东南亚政治经济关系的重建，促进日本经济的进一步发展。至于缅甸，赔偿协议满足了缅甸对于平等待遇和实物赔偿的要求，有助于缅甸的重建与经济的复兴。由此，双方各取所需，解决了赔偿问题，建立了外交关系。日本亦因此打开东南亚政策的困局，并以同缅甸达成的赔偿框架与建交方式为范例，先后同菲律宾和印尼解决了赔偿与邦交问题。[6]而缅甸是第一个与日本解决赔偿问题的国家，此后被日本视为该国对日友好的标志，

1　日本亚洲局第四课：《关于赔偿及经济合作的日缅谈判记录》，1955年4月。

2　《与缅甸赔偿谈判始末》，1959年11月14日，《日缅赔偿及经济合作协定》第4卷，B'-0162。

3　《日本赔偿问题》，1954年9月20日，《日缅赔偿及经济合作协定》第2卷，B'-0162。

4　日本与菲律宾、印尼完成谈判后，日菲间达成的赔偿金额触发了日缅再协商条款的适用条件，使得日缅赔偿问题再掀波澜。虽然日本回绝了缅甸的索赔要求，但最终以准赔偿形式，向缅甸提供1.4亿美元无偿援助和为期12年的3 000万美元借款，与缅甸彻底解决了赔偿问题。——笔者注

5　《与缅甸赔偿谈判始末》，1959年11月14日，《日缅赔偿及经济合作协定》第4卷，B'-0162。

6　吉川洋子：《日菲赔偿外交交涉研究（1949—1956）》，第272页；仓泽爱子：《战后日本与印度尼西亚关系史》，第179—181页。

成为日本的"日缅特别关系论"[1]及对缅援助的重要缘由。

结语

综上所述，日本的赔偿政策发生了从"自利"到"互惠"的转向。初期，日本"遵从"《和约》的赔偿条款，制定出自利性的"赔偿四原则"。不过，在具体交涉中，日本采取灵活、务实的方案和原则，顾及缅方的诉求，在做出相应的妥协后，最终促成"互惠"的方案。但我们也应注意到，这一转变是日本在维持自身经济发展和对东南亚国家赔偿困境间做出的政策选择，绝非仅是缅甸一国施压的结果。就内部而言，日本经济在朝鲜停战后陷入困境。在美方告诫日本不应依赖美国市场的情况下，日本只能将振兴对外贸易寄托于与东南亚国家改善关系；至于外部因素，彼时日本面临着同菲律宾、印尼的赔偿交涉停滞不前的境况。东京试图通过推进对缅交涉，打开对马尼拉、雅加达的谈判困局。概言之，内外困境迫使日本在赔偿政策方面对缅作出让步。

日缅赔偿问题的率先解决，推动了日本同东南亚其他国家处理赔偿问题的进程，打开了日本重返东南亚的大门。以日缅赔偿协议为范例，日本与东南亚国家建立起以赔偿与经济合作为纽带的政治经济关系。这一纽带给日本同这些国家间的关系带来双重影响：其一，由于赔偿方案的补偿性质，从而改善了日本与东南亚国家的关系，安抚了它们的反日情绪。其二，日本赔偿方案的逐利动机，为此后东南亚国家反对日本的经济入侵埋下伏笔。日本试图通过赔偿与经济合作来达到经济目的，却忽视了受赔国缅甸的利益和诉求，引发后者1959年的反对日本经济扩张之举。[2]

战后日本重返东南亚，一定程度上强化了亚太地区的两极格局。20世纪50年

---

1 根本敬：《日本与缅甸有特别的关系吗：影响对缅外交的因素》，《亚非语言文化研究所通信》1993年第 77 卷。
2 《缅甸舆论责日经济扩张 支持政府采取抵制日本货物入口的措施》，《新仰光报》（仰光）1959 年 12月 27 日，厦门大学南洋研究院馆藏资料，NY-003-3119-0084。

代初，日本国内一直有声音，希望开拓对华贸易，实现经济自立。对此，美国认为中日关系的缓和将削弱美国在远东对抗苏联方面的地位。于是，美国企图加强日本同东南亚的关系，以此促使日本不要倒向中国、令日本在没有中国的情况下实现经济自立的局面。[1] 日本加强同东南亚国家的关系正契合美国在远东战略部署的要求。此后，中日经济关系在五六十年代长期止步于有限的民间贸易。故在某种程度上，日本与东南亚国家关系的正常化与发展，弱化了中日关系正常化的经济动力和联结，导致《和约》所奠定的亚太地区两极格局变得更为分明与固化。

（本文原刊于《世界历史》2018 年第 5 期）

1　除加强日本与东南亚关系外，美国还支持日本加入"科伦坡计划""关贸总协定"，并对日开放了国内市场，将日本与西方经济体系紧紧绑在一起。有关美国对日本的经济复兴政策，可参见崔丕：《冷战时期美日关系史研究》，第 139—173 页。

三木武夫内阁的中日缔约政策

刘夏妮[*]

【摘要】中日《联合声明》规定，两国政府在复交后将进行以缔结和平友好条约为目的的谈判。首相田中角荣因政治资金来源问题下野后，三木武夫通过"椎名裁定"上台组阁，继续推进中日缔约交涉。双方历经十二回预备性谈判和两回外长会谈，仍然困于反霸权条款问题而无法达成一致。就结果而言，三木时期的缔约政策是失败的，但以"宫泽四原则"为中心的提案实际上为之后福田赳夫内阁时期反霸权条款问题的解决提供了基本思路。

【关键词】《中日和平友好条约》；三木武夫内阁；反霸权条款

1972 年 9 月，中日两国政府共同发表《联合声明》（以下简称《声明》），实现邦交正常化。《声明》第八条规定，两国政府将进行以缔结和平友好条约为目的的谈判。由此，中日间将要缔结和平友好条约的安排被正式确定下来。目前，关于《中日和平友好条约》，学术界已经积累了为数不少的研究成果，主要可以分为以下三个类型：（1）对和平友好条约谈判过程的回顾[1]；（2）分析缔约交涉长期化的

---

* 刘夏妮，华东师范大学历史系博士研究生。
1　如李恩民『「日中平和友好条約」交渉の政治過程』御茶の水書房、2005 年；林晓光：《〈中日和平友好条约〉的签订》，《当代中国史研究》2008 第 6 期；徐显芬：《〈中日和平友好条约〉缔约谈判过程研究》，《中共党史研究》2018 年第 11 期。

原因[1]；（3）探讨影响中日双方缔约决策的因素[2]。

《中日和平友好条约》交涉自田中角荣政权末期开始，又历经三木武夫、福田赳夫两届政权才最终完成。相较于签署条约的福田内阁，三木时期的缔约政策往往为各方所诟病，中方批评其"只说不做"，日本内部则认为其对中妥协过多。本文将利用日本外务省外交史料馆解密公开的和平友好条约相关档案，结合交涉当事人员的回忆录以及政治记者的相关记录，尝试对三木武夫内阁时期日本在和平友好条约交涉中的缔约政策进行梳理，并探讨该阶段日本缔约政策的特点及其在整个缔约交涉中的意义。

一、预备性谈判的启动与三木上台组阁

考虑到中日两国在恢复邦交前已经存在实务往来，因此在邦交正常化交涉中，双方约定两国政府在复交后应优先进行贸易、航海、航空和渔业等几个实务协定的谈判，之后再开始和平友好条约的交涉。日本国内各界人士也对推进中日间实务协定与和平友好条约的签署非常积极，据外务省统计，截至 1974 年初，外务省收到的地方议会关于推进日中间实务协定及和平友好条约早日缔结的申请或意见书就多达 107 件。[3] 此时，《中日贸易协定》谈判已基本完成，但《中日航空协定》的交涉却因涉及台湾问题而陷入困境。中日之间开辟航路，将不可避免地触及如何处理现有航路的问题。如果大陆民航的航班与台湾方面的航班同时在一个机场起降，就会

1　如杉本信行「日中平和友好条約の締結：反覇権をめぐって」，小島朋之『アジア時代の日中関係：過去と未来』サイマル出版会、1995 年；管颖：《中日和平友好条约缔结谈判之研究——交涉停滞与进展的原因分析》，《浙江大学学报》2003 年第 6 期。

2　如井上正也的《日中和平友好条约与福田外交》（「アーカイブの内と外——当代中国研究の新展開」会議論文、2016 年）分析了日苏关系和日本国内政治两个因素对福田政权缔约决策的影响。若月秀和的《"全方位外交"的时代：冷战变动期的日本与亚洲 1970—1980 年》（日本经济评论社、2006 年）从冷战结构变动的视角分析了 70 年代日本对中国的外交。江藤名保子的《中国的对外战略与日中和平友好条约》（『国際政治』（152）、2008-03）以缔约谈判为例，分析了影响中国对日政策的决定性要因。

3　アジア局中国課：「日中間の実務協定及び平和友好条約の早期締結に関する地方議会等の決議」（1974 年 1 月 12 日）、日本外務省外交史料館所蔵、『日中航空協定 / 日台路線』2014-0298、1 頁。

产生"两个中国"的情况,因此,如何处理台湾"中华航空"的名称、机体上的"国旗"图样以及在日停靠的机场等问题,就成了中日间缔结航空协定必须解决的难题。

为了贸易协定的正式签署,大平正芳外相于1974年1月2日再次启程访问北京,与毛泽东、周恩来和姬鹏飞进行了会谈。毛泽东和周恩来都向大平表示,最好能在本年内将声明中规定的条约和各实务协定完成。周总理指出,尽早将实务协定和条约谈妥,对中日双方都有好处,中方信任田中首相和大平外相,希望能在两位任期内解决这些问题。周总理还谈到了他对和平友好条约的具体设计:首先,双方应坚持《联合声明》,这是缔约的政治基础。声明前五条的内容已经实现,可以不再提及。剩下的还有和平共处五项原则和联合国宪章中的原则,然后是反霸权条款,这些都应该写入条约,再加上一条经济文化交流的条款,可以写得原则一些。[1]大平也表示希望尽早缔结海运和渔业协定,条件允许的话想要就和平友好条约进行非正式的事务级协商。[2]这里周总理提到的反霸权条款,指的是中日《联合声明》的第七条,具体内容如下:"中日邦交正常化,不是针对第三国的。两国任何一方都不应在亚洲和太平洋地区谋求霸权,每一方都反对任何其他国家或国家集团建立这种霸权的努力。"[3]该条款源于中美《上海公报》,中方一直主张将其写入中日间的声明和条约中,在邦交正常化谈判时日方也未就此提出异议。

以大平访华为契机,航空协定交涉取得进展。4月20日,《中日航空协定》正式签署,大平在之后的记者会见上阐明了日本政府的见解:《中日航空协定》是国家间协定,日本与台湾地区之间是地区性的民间航空往来。[4]次日,台湾当局宣布停止日本与台湾地区之间的航线的运行。另一方面,由于日本国内通货膨胀以及第四次中东战争导致的对美关系恶化和石油价格飞涨,田中政权此时已经陷入困境,来自日本国内一些政客的攻击更是雪上加霜。在7月初的日本参议院选举中,田中

1 张香山:《中日关系管窥与见证》,北京:当代世界出版社,1998年,第72—73页。

2 「日中外相会談」(1974年1月4日)、日本外務省外交史料館所蔵、『大平外務大臣中国訪問』2016—2138、2页。

3 田桓主编:《战后中日关系文献集 1971—1995》,北京:中国社会科学出版社,1997年,第111页。

4 田桓主编:《战后中日关系文献集 1971—1995》,北京:中国社会科学出版社,1997年,第160页。

投入了大量资金和精力。虽然最后自民党得以胜出，但选举过程进一步激化了党内的派系对立。为挽回局面，田中改任大平为藏相，木村俊夫为外相，但针对田中金权选举的批判声音也越来越大。同一时期，推动了中美缓和的尼克松政权也在水门事件的影响下走向末路，这更加剧了中国对国际局势的忧虑。面对这种情况，中方十分担心田中一旦下野，亲台湾当局的福田会成为继任者，这样一来日本政府的对中政策势必会后退，因此决定提前启动和平友好条约谈判，争取赶在田中在任时完成缔约。[1]

10 月 3 日，邓小平会见来访的日中友好协会（正统）代表团团长黑田寿男一行，再次阐明了中方对中日缔约的见解。邓小平表示，中日间的实务协定还有两个没有签署，条约谈判可以在协定签署后立即开始，也可以同时进行。条约谈判时，有些一时解决不了的问题可以拖一拖，比如钓鱼岛问题，因为该问题一旦被提出，条约即使谈十年也谈不拢。[2]然而几天之后情况便急转直下，日本颇具影响力的杂志《文艺春秋》刊载文章，揭露首相田中的政治资金来源问题，在日本国内引起强烈反响，给田中政权带来了沉重打击。29 日，邓小平会见自民党议员访华团团长滨野清吾。在谈到田中政权危机时，邓小平说："田中首相和大平藏相实现了中日邦交正常化，这是历史性的重要决定，我们衷心希望田中首相能够渡过难关。"[3]

11 月 13 日，为了签署海运协定而访日的外交部副部长韩念龙与木村外相进行了会谈，双方一致认为应尽快启动和平友好条约的预备性会谈。中方还提出，如果在条约中对《联合声明》进行再次确认的话，台湾问题就不要再触及了。[4]次日，韩念龙与日方代表外务次官东乡文彦举行了关于条约的第一回预备性谈判，双方的

1　当时，外交部的担当负责人出席了中共中央政治局会议，对王洪文、邓小平等就和平友好条约草案进行了说明，得到了尽快启动谈判的许可，之后外交部副部长韩念龙受命访日，启动和平友好条约的预备性谈判。对匿名政府官员的采访，见李恩民『「日中平和友好条約」交渉の政治過程』御茶の水書房、2005 年、31 頁。

2　田桓主编：《战后中日关系文献集 1971—1995》，北京：中国社会科学出版社，1997 年，第 170 页；中共中央文献研究室编：《邓小平年谱（1904—1974）》（下），北京：中央文献出版社，2009 年，第 2052—2053 页。

3　中共中央文献研究室编：《邓小平年谱（1904—1974）》（下），北京：中央文献出版社，2009 年，第 2062 页；永野信利『天皇と鄧小平の握手：実録・日中交渉秘史』行政問題研究所、1983 年、125 頁。

4　「大臣と韓次官との会談」（1974 年 11 月 13 日）、日本外務省外交史料館所蔵、開示文書 04-797-1、1—3 頁。

意见分歧也初现端倪。会谈中，双方主要就条约的性质、基本内容、有效期和今后的交涉方式交换了看法。东乡次官首先阐述了日方的意见，包括以下内容：（1）再次向中方确认两国过去的问题已经通过《联合声明》解决；（2）关于中方之前提出的不在条约中言及台湾问题，而是通过在前言中对《联合声明》进行再确认的方式来处理，想知道中国的具体想法；（3）关于《中苏友好同盟互助条约》与和平友好条约的联系，希望了解中方的看法；[1]（4）关于今后的交涉方式，希望采用外交渠道进行对话，通过驻东京的陈楚大使来进行。[2]

接下来，韩副部长就条约的性质、基本内容和有效期谈了中方的看法。关于条约的基本内容，韩副部长列举了以下五条：第一条，在前言中明确肯定双方将继续遵守《联合声明》；第二条，将和平共处五项原则作为处理两国关系的指导原则；第三条，以和平手段解决两国间的一切纷争，不诉诸武力与武力威胁；第四条，中日任何一方都不谋求霸权，并反对任何国家或国家集团谋求霸权的努力；第五条，基于友好合作、平等互惠和互不干涉内政原则，发展强化两国间的经济文化关系，扩大人员往来。至于台湾问题、终结战争状态和赔偿问题则通过在前言中写入遵守《联合声明》的方式加以确认即可，不再在条约中言及。[3]中方此时提出的几点内容，与年初周恩来会见大平时谈到的基本一致。

针对中方的提案，东乡表示：日方认同中方关于条约性质的看法，也同意在前言中对《联合声明》加以确认，在此基础上不再涉及台湾问题、终战问题和赔偿问题。但是，由于本条约是日中两国间的条约，有些事必须从这一观点出发来考虑。特别是"不允许他国谋求霸权"，虽然日方实质上认同这一点，但是否要将此作为两国间条约的内容，是存在问题的。中方随即指出，这一点在《联合声明》中已经写过了，并不是新内容。东乡说："（日方）实质上是同意的，但是否要写进条约中还存在问题。"韩副部长回答："既然是和平友好条约，包含不谋求霸权的内容是理所当然的。"随后，韩副部长补充，中方了解台湾问题可能会给日方造成困难，因此采用了在前言中再确认《联合声明》的方式，"总而言之，就是不想让日方为难"。[1]可见，中方认为的交涉难点仍然在台湾问题上，并主动提出了"不让日方为难"的解决方式，而日方在通过事前沟通了解了中方的态度后，转而提出了反霸权条款和《中苏友好同盟互助条约》两个新问题。

由于金脉问题的不断发酵，田中首相不得不于11月26日宣布辞职。为了避免自民党内部分裂的进一步加剧，继任首相没有采取公选的方式来决定，而是由党副总裁椎名悦三郎来指名。通过"椎名裁定"，12月9日三木武夫内阁诞生，其中福田为副首相，大平为藏相，宫泽喜一为外相。对于这一结果，甚至连三木本人都非常惊讶，因为他长期属于非主流派，政治实力远不及大平和福田。椎名之所以作出这样的决定，也是考虑到党内派系力量的平衡，并且三木一贯主张确立政治伦理，此时出任首相也有助于挽回自民党因田中金脉问题而受损的形象。不过，党内实权依然掌握在福田、大平、椎名和暂时退居幕后的田中等人手中，通过这种方式产生的三木内阁注定带有政治基盘薄弱的先天不足。中方也对三木内阁的情况表示忧虑，担心其人员构成的亲台派色彩过重，将会给未来两国关系的发展带来不利影响。[2]

二、反霸权条款论争

1975年1月16日，驻日大使陈楚与东乡进行了第二回预备性会谈。东乡首先在中方上次提出的条约内容的基础上，谈了日方对于条约主要内容的看法。日方认为条约应包括以下五点：（1）两国维持永久的和平友好关系；（2）尊重联合国宪章原则，以和平手段解决争端，不诉诸武力和武力威胁；（3）相互尊重主权和领土完整，互不干涉内政，有权利自由选择本国的社会体制；（4）在平等互利的基础上发

1 「東郷·韓会談（第2回）——日中平和友好条約問題——」（1974年11月14日）、日本外務省外交史料館所蔵、開示文書04-797-2、8—13頁。
2 平野実『外交記者日記 宮沢外交の2年（上）』行政通信社、昭和五十四年、16—17頁。

展两国间经济文化关系；（5）促进人员往来。[1] 日方的提案删去了中方从最初就一直主张写入的反霸权条款。关于不赞成将反霸权条款写入条约的理由，东乡是这样解释的："和平友好条约应该是包含两国间关系准则的文件，反对第三国谋求霸权的努力并不是两国间关系的问题，因此不适合作为条约的内容。如果把这样的内容写进去的话，会给国内外以本条约是针对特定的第三国的印象，这不是我们所希望看到的。关于该条款的实质性内容，日中已经在《联合声明》中达成共识，但声明是两国的政治性宣言，而条约文书对法律意义有严格的要求，并不适合将其写入。"陈大使回答："反霸权条款是中日政府已经写入《联合声明》第七条的，《中日和平友好条约》不是排他性的，也不针对第三国。我们知道外务省的诸位也对改善亚太形势非常关心，反霸权条款正好可以为亚太地区的和平作出贡献。缔结本条约是为了巩固和发展善邻友好关系，双方都不谋求霸权可以促进两国间和平友好关系的发展。基于这样的宗旨，中国政府认为无论如何也应该将这一条款写入条约。"对此，东乡重申了日方的观点，陈楚也继续坚持中方的立场。[2] 到这里，中日在反霸权条款问题上的对立已经非常明显了。

此外，关于台湾问题，日方希望再次向中方确认该问题不会成为条约交涉的对象。中方重申了韩副部长之前的表态：如果能在条约前言中写入"明确肯定《联合声明》，今后将忠实地遵守声明的精神、原则和规定"的话，可以不再触及台湾问题。日方表示今后日方会研究具体如何在前言中体现《联合声明》。关于《中苏友好同盟互助条约》问题，东乡提出：虽然无意干涉中国与第三国的关系，但日方认为《日中和平友好条约》成立后，会与《中苏友好同盟互助条约》的存在产生矛盾。对此中方解释道：中苏条约是二十多年前缔结的，当时的中日、中苏关系与现在完全不同。该条约现在虽然没有被公开废弃，但苏联事实上已经践踏了它。和平友好条约是为了促进中日间善邻友好关系的发展，因此中方认为没有必要触及中苏条约。日方则坚持两个条约是矛盾的，希望中方明确答复，但也不认为这一点存在

---

1 「日中平和友好条約（第 2 回予備折衝）」（1975 年 1 月 16 日）、日本外務省外交史料館所蔵、開示文書 04-798-1、2—7 頁。

2 「日中平和友好条約（第 2 回予備折衝）」（1975 年 1 月 16 日）、日本外務省外交史料館所蔵、開示文書 04-798-1、8—19 頁。

"实质性的问题"。[1]

　　可见，中日双方在条约谈判中的主要分歧已经很明确了。台湾问题、终战问题和赔偿问题这些邦交正常化阶段的难点从一开始就被排除在议题之外，通过在前言中对《联合声明》进行再确认的方式得以迅速解决。日方此前最为担心的就是条约会触及过去的战争处理问题，现在这种情况并没有发生，于是便将反霸权条款和《中苏友好同盟互助条约》两个新问题摆上了谈判桌。中方的立场与邦交正常化阶段一以贯之，而日方则以和平友好条约是两国间条约，且与《联合声明》相比具有更加严格的法律意义为由，采取了保守、后退的姿态。这当然是中方难以接受的，因为在中方的概念中，和平友好条约应该比《联合声明》，也比普通的和平条约"更进一步"。

　　1975 年 1 月 17 日，全国人民代表大会通过了新宪法，新宪法规定："在国际事务中，我们要坚持无产阶级国际主义。中国永远不做超级大国。……反对帝国主义、社会帝国主义的侵略政策和战争政策，反对超级大国的霸权主义。"[2] 由此，反对超级大国的霸权主义就被上升为当时中国的"国策"。此时还发生了一件意外事件，对之后的中日缔约进程产生了极大影响。第二回预备性会谈之后，亚洲局长高岛益郎在外务省干部会上对和平友好条约谈判迄今为止的情况做了报告。会议认为，中国提出的反霸权条款中"霸权"的表述不适合作为条约用语，并且中国的新宪法也强调"反对超级大国的霸权主义"。如果将该条款写入日中条约，有可能会被理解成反美、反苏的条约。从日本的角度来说，将该条款写入条约是没有价值的，我们应该坚持这样的方针。[3]

　　干部会议的讨论内容本应该严格保密，但 1 月 23 日发行的《东京新闻》报却以《日本政府为避免刺激苏联，主张日中友好条约不写入"反对第三国霸权"条款》为题，将中日条约谈判的内容刊载出来。报道称：据政府相关人士透露，在中日缔约谈判中，中方主张将《联合声明》第七条后半部分"反对第三国在亚太地区

1　「日中平和友好条約（第 2 回予備折衝）」（1975 年 1 月 16 日）、日本外務省外交史料館所蔵、開示文書 04-798-1、7—17 頁。

2　《中华人民共和国宪法（1975 年）》，中国人大网，http://www.npc.gov.cn/wxzl/wxzl/2000-12/06/content_4362.htm，最后登录日期 2019 年 12 月 10 日。

3　永野信利『天皇と鄧小平の握手—実録・日中交渉秘史』行政問題研究所、1983 年、140 頁。

建立霸权"的内容写入条约，但日本政府坚持不同意此方针。因为政府判断其中的"第三国"指的是苏联，如果将这一内容写入条约，会被苏联理解成事实上的"对苏同盟条约"，可能会给苏联造成不必要的刺激。东乡外务次官已经将日方的这种观点传达给中方，如果中方坚持将该内容写入条约的话，谈判搁浅的可能性极大。报道还透露，中方已经表示可以将台湾和钓鱼岛等领土问题暂时搁置，因此，担心领土问题成为日中缔约障碍的顾虑已经消除。[1] 据该报道的作者永野信利事后回忆，是外务省内对缔约持慎重态度的某一成员泄露了会议内容。

《东京新闻》的报道将反霸权条款的对象直指苏联，在日本国内掀起轩然大波，苏联方面也迅速采取行动。苏联驻日大使特罗扬诺夫斯基先后拜访椎名副总裁和有田圭辅外务审议官，表达苏联对中日缔约交涉的强烈关注，并于 2 月 13 日面见三木首相，转交苏联最高领导人勃列日涅夫的亲笔信，提出在继续和平条约交涉的同时，尝试缔结善邻协力条约。日苏和平条约交涉因北方领土问题迁延多年未决，此时苏联提出友好条约性质的善邻协力条约提案，显然是想绕过与和平条约绑定的领土问题，达到推进双边关系发展的目的，这无疑偏离了日方对日苏关系的期待，因此三木首相并未接受这一提案。

1975 年 2 月 14 日下午，陈楚大使与东乡次官在外务省举行了第三回预备性谈判。本次会谈主要是由中方对日方在第二次会谈上提出的条约基本内容进行回复。中方强调，反霸权条款是一项极为重要的原则，并不是新问题。中日两国间的友好关系不针对第三国，因为我们并非无缘无故地反对他人，但如果有国家或国家集团在亚太地区谋求霸权的话，我们将不得不反对。中日两国自我约束和反对其他国家的霸权，这两点是相辅相成的。可以像《联合声明》第七条一样，将"中日两国的友好关系不是针对第三国的"写入条约条文中。[2] 东乡回答：关于反霸权问题，日方认同日中友好关系和本条约不针对第三国。日中双方不谋求霸权是缔结本条约的前提，但反对第三国谋求霸权的努力是另外一回事，从理论上来讲不得不说这一点是针对第三国的。虽然不能允许第三国谋求霸权，但这并不会成为日中友好关系的

---

1 田桓主编：《战后中日关系文献集 1971—1995》，北京：中国社会科学出版社，1997 年，第 174 页。
2 「東郷次官・陳楚大使第三回会談」（1975 年 2 月 14 日）、日本外務省外交史料館所蔵、開示文書 04−798−2、6−13 頁。

障碍。因此，作为规范日中间长期友好关系的条约的内容，该问题是不合适的。无论是作为原则性问题还是实际性问题，日方都反对任何第三国在亚太地区谋求霸权的努力，但这一点通过在前言中引用《联合声明》就可以得到明确。仅将反霸权条款其中一部分写入条约也不合适，因此日方还是认为在前言中引用《联合声明》是更好的方式。[1] 对此，陈楚大使表示：反对霸权是中方非常重视的重要原则，是中日友好关系的基础。条约不针对第三国与中日两国采取正义立场并不矛盾，中方不会无缘无故地反对第三国，但是反对谋求霸权这样的非正义行为，采取正义立场是必要的。在国际事务中以正义的立场反对霸权、扩张和侵略与针对第三国是两回事。该条款是《联合声明》的重要内容，如果从条约中删去会引起误解。[2]

可见，在日本媒体泄露谈判内容，并引发苏联的一系列牵制行为后，虽然双方都强调要排除外部因素的干扰，但围绕反霸权条款问题的对立却进一步固化。双方在确认《联合声明》、和平共处五项原则的表达和《中苏友好同盟互助条约》的问题上，其实都不存在实质性的分歧，只有在反霸权条款问题上的立场完全是平行线。第四回会谈中，日方提出了无法接受反霸权条款的五点理由，希望中方重新考虑：（1）在条约中言及第三国，无论如何都会被认为是针对第三国的，这会给人一种日本和中国一起对抗第三国的印象；（2）"霸权"的表述还是个新说法，作为条约用语的明确含义还没有完全成熟固定下来；（3）反对第三国霸权的时候，反对具体包括哪些行为，这有可能在日本国内引起宪法方面的争论；（4）日中共同反对第三国的话，有可能让东南亚各国认为日中想要共同主宰该地区；（5）中国经常将"霸权"和超级大国的说法一起用，这里的"第三国"究竟指的是哪个国家，恐怕会在日本国内引起各种各样的议论。日方对采取反对霸权的政治立场没有意见，但想要缔结一个谁也不能指摘挑错的条约，因此还是希望以在前言中确认《联合声明》的方式来解决反霸权条款问题。[3] 对此中方表示，"霸权"的表述出现在《上海

1　「東郷次官・陳楚大使第三回会談」（1975年2月14日）、日本外務省外交史料館所蔵、開示文書04-798-2、14—20頁。

2　「東郷次官・陳楚大使第三回会談」（1975年2月14日）、日本外務省外交史料館所蔵、開示文書04-798-2、21—25頁。

3　宮沢外務大臣発在中国小川大使宛「日中平和友好条約交渉」（1975年2月19日）、日本外務省外交史料館所蔵、開示文書04-798-7、2—4頁。

公报》和中日《联合声明》等政府间文件中已经过了三年，因此并不是什么新说法，也不是中国单方面的主张。针对第三国和反对霸权完全是不同维度的事情。日本报纸总是说把这条写进去会刺激某国，我认为不会这样。亚太地区过去曾发生过种种事情，这里的人民也抱有着种种疑问和担忧，将反霸权条款写入条约，相信可以打消这种疑虑。[1]

之后的几次会谈中，双方依然围绕反霸权条款问题争论不休，并无寸进。面对预备性谈判的僵持局面，外务省主张坚持当前立场，继续通过外交谈判进行交涉，三木首相则开始考虑政治解决的可能性，并在 4 月 10 日千叶县知事选举的记者会见上公开表达了这一意向。外务省方面对首相的做法非常不满，认为这样会让己方在预备性谈判中陷于被动，进而导致对中方作出不必要的让步。东乡次官甚至直言道："如果日本说派遣特使之类的话，中国会非常高兴。作为事务当局，我们认为日中条约交涉还没到派遣特使的阶段。如果想要签署一个完善的条约，就不要设定在本期国会内批准之类的具体期限，我们认为这样可以，你们却表示不满的话，这样就完了。"[2] 由此可见，外务省事务当局与首相在和平友好条约问题上的分歧已经暴露出来。

由于双方在反霸权条款问题上始终没有进展，为了加快谈判进程，中日一致同意先保留对该问题的处理，一边继续协商，一边先进行条约草案的交换。日中先后于 3 月 28 日的第七回和 4 月 12 日的第九回预备性谈判中提交了己方的条约草案，并对草案做了说明，但尚未进行意见交换。为了出席 4 月 18 日在北京召开的中日贸易混合委员会，高岛亚洲局长访华，并与外交部长乔冠华、副部长韩念龙举行了会谈，内容涉及和平友好条约。4 月 24 日的第十回预备性会谈即是围绕高岛访华和双方草案来展开的。高岛局长和乔部长会谈的主要议题依然是反霸权条款。乔部长表示：中方认为反霸权条款是原则性问题，中方对此的立场不会改变。如果在反霸权问题上不能达成一致的话，那不签条约也可以，有《联合声明》就够了，但中方也不是教条主义，并非一字一句都不能改。对此，东乡表达了日方的看法：日方

---

1 「東郷次官・陳楚大使会談」（1975 年 2 月 19 日）、日本外務省外交史料館所蔵、開示文書 04-798-3、5—15 頁。

2 永野信利『天皇と鄧小平の握手：実録・日中交渉秘史』行政問題研究所、1983 年、149 頁。

不认为对《联合声明》进行再确认的解决方式是一种倒退。仅仅从苏联不满，而日本顾忌苏联的认识来考虑这件事是不合适的。虽然不明白乔部长"不签条约也可以"的发言的真正含义，但如果不缔结条约的话，顺利运转至今的日中关系就会停滞。三木首相也表示这不是写不写入反霸权条款的问题，也许采取更高层次的方式处理本条约能够解决问题。[1]陈楚大使解释道，乔部长和韩副部长的意思是：如果中日双方在反霸权条款这一重要原则上始终无法达成一致，日本无论如何也不肯接受的话，那也只能暂时搁置，以待时机。相较于缔结比《联合声明》立场后退的条约，还是等一等比较好。希望双方在坚持原则的基础上，尽早缔结条约。[2]

至此中日间已经进行了十次会谈，双方依然各执己见，意见交换已经变成了对己方立场的无意义重复，24日的会谈更是针锋相对。4月30日，东乡次官和陈楚大使的东京会谈再次举行，是为第十一回预备性谈判。为了打开局面，日方在此次会谈中提出了新的解决方案，即以某种表现形式将反霸权问题写入条约前言。东乡表示，如果中方能接受这个方案的话，日方将会让宫泽外相访华，但日方在霸权问题上的回旋余地也很小，如果写入前言的处理办法也不能被接受，就只能在条约之外解决了。陈大使回答：关于反霸权问题，中方对日方提案所说的"某种表现形式"尚不清楚，但中国政府欢迎宫泽外相访华，中方已经明白宫泽外相访华的条件，将会向本国政府报告。[3]日方的新提案具有重要意义，标志着日本终于接受将反霸权问题以某种表现形式纳入条约中。可见面对毫无进展的条约交涉和态度消极的外务省，三木首相已经下决心采取行动。

5月5日，小川大使面见外交部副部长何英，通过北京方面再次向中方提出日本的新方案。7日，东乡次官与陈楚大使举行第十二回预备性谈判。陈楚大使表示已将提案汇报给本国政府，中国政府决定将在北京通过小川大使进行答复。陈大使还强调，中方认为反霸权条款的两层含义都应写入条约，对于原则性问题，中方的立场不会改变，不会让步，也不会拿来与任何东西做交易，这一点请日方务必不要

1 「東郷・陳会談」（1975年4月24日）、日本外務省外交史料館所蔵、開示文書04-799-1、2—9頁。

2 「東郷・陳会談」（1975年4月24日）、日本外務省外交史料館所蔵、開示文書04-799-1、12—17頁。

3 宫沢外務大臣発在中国小川大使宛「平和友好条約交渉（覇権問題）」（1975年4月30日）、日本外務省外交史料館所蔵、開示文書02-936-1、3—7頁。

误解。东乡对中国政府选择在北京答复的决定感到意外，并询问是否有具体的答复期限，陈大使表示对此并无印象。[1] 此时中国方面已经无意再继续东京会谈，共计十二回的预备性谈判在关于反霸权条款的争执中归于结束。

三、"宫泽四原则"的提出与谈判中断

为了商讨条约交涉事宜，宫泽建议三木首相训令小川大使暂时回国。在返回东京后的记者会见上，小川表示，中方的态度并未改变，当前阶段还不宜让外相访华。5月 15 日，小川、东乡与高岛一起前往首相官邸，就缔约交涉向首相汇报。讨论的结果是，继续与中方进行交涉，不要将条约批准的日期限定在本期国会之内。次日，日本各大报纸对此进行了报道，称政府已经放弃在本期国会内批准日中条约。报道面世后，三木认为，虽然该报道传达了放弃在本期国会内批准条约的决定，但未能准确表达他本人关于条约交涉的真实想法，为了避免中方误解三木内阁在缔约问题上的立场，三木通过井出一太郎官房长官发布了四点关于中日缔约问题的表态，内容如下：（1）尽快缔结日中和平友好条约，巩固两国世代友好关系是三木内阁的重要政策，这一点没有任何改变；（2）日中《联合声明》是两国最高首脑一致通过的严肃约定，在条约交涉中应尊重其权威性；（3）因此，必须坚持《联合声明》中的各项原则，不允许倒退；（4）将指示小川大使在归任后，领会三木内阁的这一方针，为缔结条约尽最大努力，谈判中断之类的说法是不可能的。在三木的指示下，小川返回北京后向乔冠华部长转达了首相的意见，并希望乔部长向周总理转达三木首相对缔约的诚意。[2] 然而，这样的做法也让首相和外务省事务当局之间的关系越发紧张，外务省内部针对首相怀有强烈的不满情绪，而首相则对外交渠道沟通更加不信任。

与此同时，来自苏联的牵制行为从未停止。5月 14 日，在庆祝华沙条约组织

1　「東郷次官・陳楚大使会談」（1975 年 5 月 7 日）、日本外務省外交史料館所蔵、開示文書 04−799−2、2—9 頁。
2　平野実『外交記者日記　宮沢外交の 2 年（上）』行政通信社、1979 年、137—138 頁；永野信利『天皇と鄧小平の握手：実録・日中交渉秘史』行政問題研究所、1983 年、153 頁。

建立 20 周年的纪念仪式上，葛罗米柯外长发表称：北京的目的是通过直接的压力将某几个国家以各种各样的形式引入中国的路线，这种企图已经引起了注意，从最近北京的对日关系就可以看出。具体来说，希望日本能够好好理解，对与本国真正的安全相矛盾的计划，应慎重采取顺应这种外交政策的行动，这一点是非常重要的。[1] 6 月 17 日，苏联政府通过塔斯社发表了一份对日声明，主要内容如下：最近，中国政府企图影响日本，使日本与包括苏联在内的第三国之间的关系复杂化的意图越发明确，强迫日本在交涉中的和平友好条约里写入针对苏联的条款就是最赤裸裸的表现。苏联政府希望，日本在发展与第三国关系时，不要采取可能损害日苏关系的行为。[2] 这是苏联首次正式就中日缔约问题公开发表意见。

另一方面，美国则对中日缔约表示了支持。当地时间 6 月 18 日，基辛格在纽约召开的日美协会年度总会上发表演说，对中日邦交正常化以来两国关系的发展表示欢迎，并强调"美国对同盟国和敌对国有着明确的区别。'等距离外交'只是神话。对于美国来说，日本不是暂时的对话对象，而是永远的友人，是构筑进步世界的合作伙伴。当然，我们并非期待两国在处理对中、对苏和亚洲的所有问题上，都能采取完全一致的政策，但两国应努力维持一个相互共存的方式"。[3] 越南战争结束后，美国对苏政策的重点由 20 世纪 70 年代初的缓和路线逐渐转向抑制苏联在亚洲的势力扩张。美国此时批评日本的对中、苏等距离外交"只是神话"，显然会对日本接受反霸权条款起促进作用。

6 月 21 日，三木再次通过井出发表了四项"首相见解"，内容如下：（1）三木首相与周恩来总理相互确认，双方都对尽快完成缔约抱有热忱；（2）三木首相对反霸权问题的看法是，反对霸权主义的原则与和平共处五项原则和《联合国宪章》一样，都是世界普遍的和平原则之一；（3）所以该原则并不以特定的第三国为对象，日本理应遵守，并反对世界任何国家违背这些和平原则；（4）三木首相将作出努

1 「ワルシャワ条約機構創立 20 周年記念集会におけるグロムイコ外務大臣の演説（抜粋）」（1975 年 5 月 14 日）、日本外務省外交史料館所蔵、『日中平和友好条約・覇権問題（日ソ協議）』2018-0617、1—2 頁。
2 「日本国政府に対するソ連政府声明」、データベース「世界と日本」、https://worldjpn.grips.ac.jp/ index.html，2020 年 9 月 20 日。
3 「キッシンジャー国務長官のジャパン・ソサエティ年次晩餐会における演説」、データベース「世界と日本」、https://worldjpn.grips.ac.jp/index.html，2020 年 9 月 23 日。

力，使以上看法为自民党内部和广大国民所理解和接受，并积极争取就此与中方达成共识。[1] "首相见解"把反霸权条款解释为世界性的普遍原则，进而弱化该条款的对苏针对性，并暗示如果中国能够接受这种解释，日本将同意把该条款写入条约。为了准确传达自己的想法，避免外务省对"首相见解"另加阐释，三木没有选择正式的外交途径，而是让川崎秀二访华进行转达，但中方对此依然反应冷淡。

当地时间 9 月 24 日傍晚，中日双方外长利用在纽约出席第 30 届联合国大会的机会进行了包括晚宴在内长达 6 个半小时的会谈，此时距离预备性会谈中断已经过了两个月。宫泽首先对邦交正常化以来三年的日中关系进行了回顾，表示无论是为了和平友好条约的缔结还是从完成《联合声明》约定的角度考虑，日本都希望尽快实现缔约，期待以本次会谈为契机重新开始条约交涉。日中两国的外交政策不可能完全一致，日本的外交政策以和平宪法为基础，希望与任何国家都保持良好关系，但日方理解中方反霸权条款是条约不可缺少的重要部分的想法，并以自身外交政策的基本思想为背景，提出以下四点认识：（1）《联合声明》第七条的反对霸权是指日中双方从各自立场出发进行反对，不包含共同行动，这一点在美中《联合公报》的表达中也得到了明确；（2）反对霸权不针对特定的第三国，《联合声明》第七条不针对第三国的表达也是这个意思；（3）反对霸权符合《联合国宪章》的精神，特别是不与其第二条相矛盾。换言之，如果严格遵守《联合国宪章》，就不会产生霸权主义；（4）虽然声明第七条指的是亚太地区，但作为基本原则，不论地域，世界任何国家都应该遵守。[2] 以上四点即为所谓的"宫泽四原则"。

对此，乔冠华的回复相当严厉：反霸权条款是由基辛格发明，在起草《上海公报》时提出的，之后为中日声明采用，最近中国与东南亚各国邦交正常化的联合公报中也包含这一内容，但在这些文件中，对霸权的解释从未成为问题，因为这是不言自明的道理。霸权的含义没有解释的必要，如果日方认为有必要，那是日方自己的问题。只是这一解释在国际上广为人知，如果双方的解释出现分歧就麻烦了。虽然中方也希望尽快完成缔约，但如果日方存在种种困难的话，还是等一等比较好。

1　永野信利『天皇と鄧小平の握手：実録・日中交渉秘史』行政問題研究所、1983 年、155 頁。

2　在国連斎藤大使発外務大臣宛「ミヤザワ大臣・キョウ部長会談」（1975 年 9 月 25 日），日本外務省外交史料館所蔵、開示文書 04-800-1、1—2 頁。

即使没有条约，以《联合声明》为基础发展友好关系也是可以的。[1]

"宫泽四原则"的思路与 6 月时三木提出的"首相见解"一脉相承。最重要的是，四原则还着重强调在面对霸权行为时，双方无需采取共同行动。宫泽在 11 月 7 日的参议院预算委员会上对四原则进行了说明，针对这一点宫泽表示："这一点（反霸权）已经写入《联合声明》中，我们完全没有从这一立场后退的意思，这是日本的宪法和外交方针的体现，并不意味着与中国共同谋划或共同行动。"[2] 在中国看来，日方这一新提案显然是对《联合声明》立场的弱化和倒退。不仅如此，在问及日方对反霸权条款进行解释，是否意味着已经打算将条款完整地写入条约时，宫泽始终不正面回答。以这样的条件试图重启谈判，在中国看来显然是缺乏诚意的。

按照纽约外长会谈时的约定，11 月 15 日，日方通过驻联合国代表部向中方递交了第二版草案。该草案的前言部分已经与和平友好条约的正式条文非常接近，正文部分共有七条：一、日中两国将维持长久的和平友好关系；二、缔约双方承诺遵照条约第一条维持和平友好关系，不论社会制度如何，互相尊重主权与领土完整、互不侵犯、互不干涉内政、平等互利、和平共处；三、缔约双方承诺在相互关系中，用和平手段解决一切争端，以此维护国际和平、安全与正义，而不诉诸武力和武力威胁，遵守《联合国宪章》原则；四、各缔约国表明，任何一方都不应在其国际关系中谋求霸权，并反对任何其他国家或国家集团建立这种霸权的努力[3]；五、缔约双方将按照平等互利原则促进相互关系中的彼此合作，为进一步发展两国之间的经济关系和文化交流，促进两国人民的往来而努力；六、本条约不影响各缔约国对《联合国宪章》的遵守及其下的权利与义务，不针对第三国；七、本条约需经批准，应尽快在 ×× 交换批准书。本条约将自批准书交换之日起一个月后生效。[4] 该草案

1　在国連斎藤大使発外務大臣宛「ミヤザワ大臣・キョウ部長会談」（1975 年 9 月 25 日）、日本外務省外交史料館所蔵、開示文書 04-800-1、3—4 頁。

2　第 76 回国会参議院予算委員会第 8 号（1975 年 11 月 7 日）、https://kokkai.ndl.go.jp/#/detail?minId=107615261X00819751107&spkNum=44&current=1、2020 年 10 月 6 日。

3　档案原文为英语，内容如下：Each Contracting Party declares its own position that neither should seek hegemony in its international relations and that each is opposed to efforts by any other country or group of countries to establish such hegemony.

4　「TREATY OF PEACE AND FRIENDSHIP BETWEEN JAPAN AND THE PEOPLE'S REPUBLIC OF CHINA (DRAFT)」（1975 年 11 月 11 日）、日本外務省外交史料館所蔵、開示文書 04-802-1、1—12 頁。

的提出，标志着日本政府终于同意将反霸权条款写入条约正文。

日方第二版草案依照中方的意见加入了反霸权条款，同时也充分体现了宫泽四原则的精神：将反霸权条款的地域范围从亚太地区扩展到世界范围，并且增加了第六条不违背《联合国宪章》和不针对第三国的内容。对于日方来说，接受反霸权条款写入条约正文无疑是重大让步，因而对这一版草案也是寄予厚望。1976 年 1 月 1 日，三木在内阁记者会的年初会见上表示："希望能够在今年缔结《日中和平友好条约》，如果中国能够理解我对反对霸权主义的真实想法的话，缔约就没有障碍了，在那之后，将特别着力于亚洲外交。"[1] 在 23 日的国会施政方针演说中，三木再次表示："自四年前的日中邦交正常化以来，约定的四个实务协定都已完成，剩下的只有和平友好条约。我将努力进一步深化相互理解，尽早实现条约缔结。"[2] 然而，1976 年 2 月 6 日，中国政府通过韩念龙副外长向小川大使作出答复，表示日方草案中关于反霸权条款的表述缺少反霸权的精神实质，是自《联合声明》立场的倒退，因而中方不能接受。[3] 此时距离日方提出草案已经过了三个月，该方案事实上代表了日方重启谈判的条件基础，随着中方拒绝了这一草案，中日条约谈判至此中断。

关于交涉中断的原因，首先是因为新草案与中方当时在反霸权问题上的立场相距太远，确实无法作为展开谈判的起点。对三木内阁的不信任，也是中方对新草案反应消极，条约交涉中断的原因之一。但导致交涉中断的最主要原因，还是 1976 年以后，中日两国国内已经不具备继续条约谈判的客观条件。

与此同时，日本国内的政治形势也不乐观，在调查"洛克希德事件"的过程中，自民党内的派系斗争愈演愈烈。曾经裁定三木出任总裁的椎名悦三郎发起"倒三木运动"，联合田中、大平、福田派要求三木辞职。9 月 15 日，三木首相进行内阁人员改造。12 月 17 日的大选中，自民党由于内部分裂，仅拿到 249 席，最后通过动员无党派议员入党的方式才勉强超过半数。三木宣布承担选举失利责任，辞去首相职位。由于中日双方都忙于应对国内的动荡局势，没有余力继续进行和平友好

1 平野実『外交記者日記 宮沢外交の 2 年（下）』行政通信社、1979 年、10 頁。
2 「第 77 回国会（常会）における施政方針演説」、データベース「世界と日本」、https://worldjpn.grips.ac.jp/index.html，2020 年 10 月 6 日。
3 王泰平著、青木麗子訳『大河奔流：戦後の中日関係を振り返って』日日新聞社、2002 年、223—225 頁。

条约谈判，交涉陷入长期停滞状态。

结语

　　回顾三木内阁的缔约政策，就交涉方式而言，不同于田中内阁完成邦交正常化和航空协定时干脆利落的政治解决，这一时期的中日缔约交涉主要通过正式的外交渠道来进行。虽然三木首相在预备性谈判陷入僵局时也曾考虑过让宫泽外相访华进行政治解决，但碍于党内缔约慎重派和外务省方面的反对最终未能实现。就交涉内容而言，随着预备性谈判的进行，反霸权条款事实上成为整个条约交涉的唯一关键议题。由于邦交正常化阶段日方已经接受将该条款写入《联合声明》，这就意味着在和平友好条约交涉中日方将更加难以拒绝这一条款，否则就意味着立场的倒退。在预备性会谈中，中方曾明确表示反霸权条款是原则性问题，中方的立场不会改变，也不会以此与其他东西做交易。面对中方的坚决态度，如果想要继续推动缔约，日方就不得不开始考虑接受将该条款写入条约正文的可能性。"反霸权"的说法过于暧昧不清，在国际关系领域尚无明确定义，在之前的交涉中，这一点一直是日方拒绝该条款的理由之一。沿着这一思路，给反霸权条款赋予一个明确的、日本可以接受的、不会开罪苏联的定义与义务，就成了解决该问题的现实选择，"宫泽四原则"就是这样一个解决方式。

　　从结果来看，三木时期的缔约政策无疑是失败的，包含反霸权条款和"宫泽四原则"的条约草案为中方所拒绝，之后两国局势动荡，条约交涉中断。但是，如果将重启后的缔约交涉也纳入考察视野的话，就可以发现，以"宫泽四原则"为中心的日方提案一定程度上为之后福田内阁时期的交涉提供了基础，即：日方同意将反霸权条款写入条约正文，中方则接受日方在一定范围内对该条款作出解释。从这一方面来说，三木内阁时期的缔约政策也是具有一定的建设意义的。

（本文原刊于《世界历史》2018 年第 5 期）

日本对中亚国家的政府开发援助

浦佳佳[*]

【摘要】冷战结束后，日本基于中亚地缘政治的重要性及其巨大的经济潜在性，积极发展与中亚各国的外交关系。为弥补在军事、政治上的限制，经济外交成为日本对中亚外交的重要方式，政府开发援助（ODA）作为日本经济外交最有力的手段和政策工具，成为日本开展与中亚各国外交关系的关键。自 20 世纪 90 年代开始至今，日本对中亚的 ODA 经历了三个阶段的发展，逐步成熟，与其整体中亚战略相辅相成，给双方都带来了一定的积极影响，并促进了双方关系的长足发展。

【关键词】中亚；政府开发援助；能源；地缘政治

日本的政府开发援助始于 1954 年以援助国和受援国双重身份参加的"科伦坡计划"，[1] 日本作为加盟国一员，从 1955 年开始实行对外援助。1961 年，经济合作与发展组织（Official Economic Cooperation Development，简称 OECD）在美国和加拿大的支持下宣告成立，日本于 1964 年成为 OECD 的开发援助委员会（DAC）的加盟国，开始正式对外实施政府开发援助[2]。2008 年后日本 ODA 的实施与管理由

---

* 浦佳佳，淮阴师范学院历史文化旅游学院讲师。

1 "科伦坡计划"是由美国、英国等国提倡设立的"南亚和东南亚合作经济发展科伦坡计划"，该计划作为亚太地区经济和社会发展援助机构，是"二战"后最早的为了发展中国家建立的国际机构。

2 政府开发援助又称官方发展援助（Official Development Assistance，简称 ODA），是 OECD 下属的开发援助委员会（Development Assistance Committee，简称 DAC）规定的对发展中国家提供的赠予比例不低于 25% 的政府经济援助行为，ODA 的主要形式有无偿资金援助、有偿资金援助和技术援助等。

日本国际协助机构（Japan International Cooperation Agency，简称 JICA）负责。[1] 日本对中亚的 ODA 开始于 20 世纪 90 年代中亚国家独立以后，发展至今已有近 30 年历史，ODA 在双方关系中一直占有很重要的位置。但是迄今为止，对于日本对中亚的 ODA 尚未形成全面系统的研究。鉴于此，本文尝试结合日本 ODA 的官方资料以及相关学者的研究，从其发展历程、动因以及影响等方面系统地论述日本对中亚的 ODA。

一、日本对中亚 ODA 的发展历程

20 世纪 90 年代初，在苏联解体、两极世界瓦解的国际形势下，日本重新考虑到中亚地区在地缘政治上的重要性，开始积极发展其中亚地区战略。一方面由于日本是"二战"战败国，在政治、军事和外交上都受到很大的限制。但另一方面，日本作为发达国家，其市场经济成熟、资金雄厚、技术先进，而且经过了几十年 ODA 的实施，在对外经济援助和输出市场经济方面均拥有丰富的经验。因此，日本充分利用其在经济外交上的优势，开始逐步开展对中亚的经济援助。这些援助主要以支援中亚国家实现政治民主化和市场经济导入为目的，围绕着以人才培养为主的技术合作与基础设施建设、经济改革为目的的资金合作，通过以 ODA 为主，以民间组织援助为辅的方式展开。通过这些经济援助，日本逐渐确立、发展和完善了其中亚战略，扩大了在中亚的经济和政治影响力。

可以说，ODA 一直是日本与中亚外交的重要组成部分，从开始至今大致经历了三个阶段。第一阶段是 1992—1997 年，为起始阶段，这一阶段主要为苏联解体后的新独立国家（Newly Independent States，简称 NIS）提供人道与技术援助，之

1　2008 年原本由国际协力银行（JBIC）负责的海外经济援助事业（日元借款）、日本外务省负责的无偿援助事业（外交政策和外务省直接实施的除外）、原 JICA 负责的技术援助事业都统合一体，为新的 JICA 负责。参考：「ODA と JICA」：http://www.jica.go.jp/aboutoda/jica/index.html（上网时间：2006 年 12 月 15 日）。

后才开始正式对中亚国家实施 ODA，且以开发援助为主；第二阶段是 1997—2004 年。1997 年日本首相桥本龙太郎提出"亚欧大陆外交"，并制定了"丝绸之路外交"战略，使日本对中亚的 ODA 开始向战略型援助发展。在这一阶段，日本对中亚展开了全方位的援助，并大幅增加对中亚的 ODA 的投入力度，并且一度成为对中亚 ODA 投入金额总数居首位的援助国；第三阶段是 2004 年至今。2004 年"中亚＋日本"对话机制的成立标志着日本对中亚的 ODA 被确立为战略型援助。然而，由于种种原因，这一阶段日本对中亚的 ODA 总投入比前一阶段有所减少，但仍一直保持在一定的水平。日本官方明确表示，今后对中亚的 ODA 将与双方间的能源外交、政治外交挂钩。

（1）第一阶段：1992—1997 年。作为苏联加盟共和国，中亚五国在独立之前，与日本并没有直接的外交关系。1991 年中亚各国相继独立后，同年 12 月日本正式承认中亚五国，并于次年的 1 月、4 月分别与其建立了外交关系。1992 年 4 月，日本副总理兼外务大臣渡边美智雄访问了中亚的哈萨克斯坦和吉尔吉斯斯坦。但是，由于当时的日本对中亚国家状况不甚了解，且行政预算紧张和外交人员不足，加之中亚国家的外交体系尚在起步之中等，因此，与相继在中亚设立大使馆的美国和中国不同，日本外务省未能在中亚诸国设立大使馆，仅于 1993 年 1 月在人口较多的乌兹别克斯坦和哈萨克斯坦设立了大使馆。然而，日本对中亚国家的援助活动却开展得较早。在中亚国家尚未正式被开发援助委员会（Development Assistance Committee，简称 DAC）列入接受开发援助的发展中国家之前，作为支援苏联新独立国家的重要一环，日本从 1991 年年底就开始向刚独立的中亚国家提供援助，例如，接受中亚国家的研修员和向中亚国家派送专家等。1992 年 10 月，日本在为支援 NIS 召开的东京会议上，承诺对新独立的中亚国家提供 1 亿美元援助。在 1993 年 4 月召开的 G7 首脑会谈上，日本承诺对 NIS 给予 1 亿美元的人道援助以及 1.2 亿美元的促进改革援助。此后日本用这笔资金的一部分援助了中亚国家，主要原因是：一方面是法国和德国要求日本承担一部分援助苏联地区新独立国家的巨款；另一方面是日本为实现政治大国目标向国际社会显示的一种姿态，而且重要的是日本想要通过对中亚国家的援助来减轻当时俄罗斯的经济负担，从而借此希望俄罗斯能在北方领土问题上作出让步。

1993 年 1 月中亚国家被 DAC 列为受援国后，日本便以用于运输和通信等基础设施建设的日元借款、以人才培养为中心的技术援助，以及以医疗为中心的无偿资金援助为重点，对中亚正式实施 ODA。除了双方之间直接的开发援助，日本还通过第三方对中亚进行援助，例如利用欧洲复兴开发银行（EBRD）、亚洲开发银行（ADB）等各种国际机构设立的信托基金对中亚国家发放信用贷款。但是，这一时期由于中亚国家国内形势不稳、社会动荡、经济持续恶化，因此日本与其经贸往来有限，日本所获经济利益甚少。而且，这时的日本尚未充分认识到中亚在地缘政治上的重要性，因此对该地区并没有过多关注，对其实施的 ODA 不仅援助范围小（仅集中于运输、通信、人才培养以及医疗等方面），投入的资金也很少。据统计，1991—1997 年，日本已连续七年成为全球最大的 ODA 国家，但 1993—1997 年日本对中亚国家的 ODA 总额只占其对全球 ODA 的很小一部分（见表 1）。[1]

表 1　1993—2003 年日本对中亚·高加索地区 ODA 实绩表（单位：百万美元）

年度	无偿资金	技术援助	政府贷款	ODA 总计	占日本 ODA 额（%）
1993	0.00	2.57	0.00	2.57	0.02
1994	0.49	8.97	39.73	49.19	0.50
1995	21.87	14.97	30.45	67.29	0.60
1996	33.09	18.80	28.13	80.01	1.00
1997	41.46	24.54	90.87	156.88	2.40
1998	24.20	27.89	189.62	241.72	2.80
1999	45.69	31.00	162.62	239.31	2.30
2000	44.96	32.69	195.73	273.38	2.80

1　1993 年 4 月日本外务省在其欧亚局下设立了"新独立国家（NIS）室"，管理包含中亚五国与高加索三国在内的 11 个前苏联地区新独立国家，并在 2005 年把中亚与高加索关联在一起单独设在"中亚·高加索室"下管理，因此在外务省官方发布的数据中经常把中亚五国与高加索三国放在一起。

续　表

年度	无偿资金	技术援助	政府贷款	ODA 总计	占日本 ODA 额（%）
2001	44.75	34.59	161.32	240.66	3.20
2002	73.65	31.91	182.98	288.54	4.30
2003	42.26	36.04	267.22	345.53	5.80

资料来源：日本外务省《政府開発援助（ODA）白書》2004 年版。

（2）第二阶段：1997—2004 年。20 世纪 90 年代后半期，为游刃于美国与中国地缘政治的夹板之间，也为解决与俄罗斯之间有关北方四岛领土争端等问题，日本开始把视野投向拥有广袤地域的俄罗斯与中亚国家，"而自 1996 年开始，除了仍然动乱频繁的塔吉克斯坦之外，其他中亚四国经济形势出现缓和，石油出口量也开始增加，以美国为首的西方国家相继加强了与中亚的外交关系"。[1] 在此背景下，日本深刻认识到中亚地区在地缘政治上的重要性，以及苏联解体在该地区留下的权力真空地带后大国竞争的急迫性，1997 年日本首相桥本龙太郎提出了"亚欧大陆外交"战略，并在此战略框架下针对"新丝绸之路地区"——中亚·高加索特别制定了"丝绸之路外交"战略。"'亚欧大陆外交'是指日本在面向日本列岛西侧伸展的西至欧洲、南抵印度次大陆，中间连接中东地区的广阔大陆时，在注重与大陆东端的中国、韩国关系的同时，又要探索如何加深与面积广大的俄罗斯和中亚各国间的合作。"[2] 而日本"丝绸之路外交"战略在中亚的主要目的就是通过扩大对中亚国家 ODA，从而增加对中亚地区的影响力，进而获取中亚丰富的能源并与后者开展贸易活动，并在中亚和高加索这个世界战略要地占有一席之地，提高自身在大国政治博弈中的力量。因此，日本开始重视对中亚国家的 ODA，尤其是"9·11 事件"后，国际恐怖形势日益严峻，中亚国家作为阿富汗的周边邻国也因成为了反恐前线国家而迅速被国际社会关注，并且中亚国家也表示愿与国际社会一道共同对抗恐怖

1　朱永彪、杨恕：《简论日本的中亚战略及其对中国的影响》，《外交评论》2007 年第 6 期，第 29 页。

2　东乡和彦：《日本"亚欧大陆外交"（1997—2001）》，载于 nippoon.com 日本网：http://www.nippon.com/cn/features/c00205/（上网时间：2006 年 12 月 15 日）。

活动。由此，日本再次确认了中亚的重要性，开始加大对中亚国家的ODA，并把乌兹别克斯坦和塔吉克斯坦特别作为阿富汗的周边国来援助。为方便管理，JICA于1999年在中亚设立了事务所。这一阶段，日本对中亚国家的ODA在其对全球ODA总额中的比例不断上升，援助总金额也大幅提高，尤其是对中亚国家的政府贷款数额较大，成为其对外援助的特征之一。以2003年为例，日本对中亚及高加索地区的ODA中政府贷款占其对该地区总ODA的77.3%，而日本对全球的ODA中的这一比例只占24.4%，[1] 其中蕴含着日本所谓的"自助努力"[2]的援助哲学，即由于这部分的资金是需要返还的，所以中亚国家也会更加谨慎地使用这笔资金，并且由于政府贷款利率较低、偿还期长，更适用于如基础设施建设等大规模工程项目上，而做好基础设施建设也符合中亚地区当时经济发展的实际需要。这一时期，日本对中亚国家的ODA不仅在金额上大幅提高，援助范围上不断扩大，而且援助方式也更多样化。日本的政府贷款由前一阶段集中在运输、通信等基础设施建设方面，扩展到能源方面建设，如发电站的改修、水资源的利用等领域，如2001年向哈萨克斯坦提供的用于"阿斯塔纳上水道整顿计划"贷款。在无偿资金援助方面，除了继续保持以往的医疗保健等一般免费项目外，还开始对中亚的粮食增产、百姓免费保险等方面进行无偿援助。在技术援助方面，考虑到中亚国家正处于从计划经济体制转向市场经济体制的转变期，因此日本对中亚国家开展了以技术人员培训为主的技术援助。到2003年年末，日本共接收了中亚·高加索八国3 000名以上的研修人员，并专门向中亚国家派遣了经济运营、法律制度整备、通信、金融、环境、运输、保健医疗方面的专家以提供技术咨询等援助，同时还对中亚国家提供能源、资源开发等援助。在援助方式上，除了提供资金外，1998年日本开始与中亚国家签订派遣青年海外援助队协议，这些援助队成员深入到中亚地区实地考察，与中亚本地人民一道建设中亚，以此来赢得中亚国家的信任和欢迎。由此可见，1997年后中亚国家在日本的外交地位得到提升，日本对中亚国家的ODA也相对步入正轨。这一阶段，日本通过对中亚国家ODA来扩大对其经济影响，进而增加对中亚

1　数据参考于日本外务省：《政府开発援助(ODA)白書》2004年，第201页。

2　《政府开発援助（ODA）白書》2007年版，http://www.mofa.go.jp/mofaj/gaiko/oda/shiryo/hakusyo/07_hakusho/honbun/b1/s2_2_01.html（上网时间：2016年12月15日）。

的政治影响。显然，ODA 成为日本与中亚国家之间外交活动的主要内容，两者间的政治往来反而并不太多，例如，2006 年小泉纯一郎才作为首位在位的日本首相访问了中亚。可以说，这一阶段的日本对中亚国家的 ODA 还处在向战略型援助的转变之中。

（3）第三阶段：2004 年至今。日本十多年来以 ODA 为突破口对中亚国家的外交取得了一定成就，提高了其在中亚地区的大国影响力。为实现在中亚的一系列政治经济目标，2004 年 8 月日本外相川口顺子对中亚四国（除土库曼斯坦外）进行了访问，在日本的提倡下，在哈萨克斯坦举行了首次"中亚＋日本"对话·外长会议，会议确定了双方在阿富汗复兴、毒品、反恐、环境、能源、水资源、运输、贸易与投资等方面的合作事宜，申明了日本对中亚新政策的两个基本支柱：一是继续增进双方在此前基础上的关系；二是促进中亚地区内部合作并推进日本与中亚各国的对话合作。对此，中亚国家表示欢迎。日本外务省在之后出版的《ODA 白皮书》中提出，除继续对中亚地区实施以支援中亚市场经济化、基础设施建设、社会部门再建为中心的援助外，还首次强调日本将与中亚各国一道努力推进以"中亚＋日本"对话机制为基础的地域协作，体现了日本更加深入中亚地区的新政策，该机制的建立标志着日本与中亚各国的外交关系步入了新的时期。尽管这一阶段日本对中亚及高加索地区的 ODA 并未增加，且无论是 ODA 总金额还是其占日本对全球 ODA 总额的比例均有所下降（见表 2），但日本仍在世界对中亚国家 ODA 中名列前茅，而且援助范围不断扩大。例如，在无偿资金援助方面，考虑到中亚国家社会不断发展的实际需求，2006 年，日本追加了恐怖主义对策等治安无偿资金援助、支援防灾与灾后复兴无偿资金援助、支援社区开发无偿资金援助等。2008 年，日本又追加了环境计划无偿资金援助（2010 年扩展为环境气候变动对策无偿资金援助）与支援贫困削减计划无偿资金援助。同时，日本将对中亚国家 ODA 直接与确保自身稳定的能源与资源供应捆绑在一起，例如，2007 年 4 月，日本经济产业大臣甘利明率领 200 人的代表团访问了中亚的哈萨克斯坦和乌兹别克斯坦。在哈萨克斯坦，日哈双方签署了 20 多份核能合作协议，日本还承诺向哈国家原子能公司提供 5 亿美元的贸易投资保险，并帮助哈培训核电站所需人才等，还通过向哈提供能提高附加值的轴加工技术来换取其向日本大量出口核燃料。在乌兹别克斯坦，甘利明承诺将增加对其 ODA 中的政府贷款，双方达成了共同勘探乌兹别克斯坦境内矿产资源的协议。甘利明在回答记者采访时强调，"今后日本将把 ODA 与获取能源挂钩，使之成为'战略性 ODA'"。随着世界多极化发展，在中亚地区，大国与大国之间的博弈越来越激烈，加上日本对中亚整体战略的不断发展完善，日本不得不更加战略地运用对中亚的 ODA。从最初通过对中亚国家大规模的 ODA 投入以获得在该地区政治经济影响力到这一新阶段更加注重双方间的政治往来，把 ODA 置于整个国家对外战略中，日本对中亚的 ODA "虽然在传统的经济援助政策上仍然具有很大的影响力，但基本上已经从属于其整体的地区外交战略。日本谋求与中亚国家的合作与发展，其目的已经逐渐超出了能源外交、贸易外交等经济利益的范畴，谋求政治大国地位和维护自身的地缘政治安全等国家战略利益已居于主导地位"。[1] 可见，日本对中亚国家的 ODA 越来越具有明确的国家对外战略性，ODA 也已成为日本的对外战略资产。

表 2　2004—2012 年日本对中亚·高加索地区 ODA 实绩表（单位：百万美元）

年　　度	ODA 总计	占日本 ODA 总额（%）
2004	290.91	4.9
2005	175.57	1.7
2006	92.73	1.3
2007	228.17	3.9
2008	163.78	2.5
2009	212.56	3.4
2010	146.48	2.0
2011	157.05	2.3
2012	219.13	3.4

资料来源：日本外务省《政府開発援助 (ODA) 白書》，2013 年版。

1　沈旭辉、刘鹏：《从援助型外交走向战略型外交——日本中亚外交政策的演变浅析》，《日本学刊》2007 年第 2 期，第 40 页。

二、日本对中亚国家 ODA 的动因

日本对中亚国家的政府开发援助作为一个国家体的经济行为，其实施肯定是国家各种利益共同作用的产物，日本向中亚国家提供 ODA 的主要原因除经济利益外，在国际形势的不断变化中，政治利益也变得越来越重要。

（一）中亚国家在经济上有着巨大的潜力。首先，日本对中亚国家实施 ODA 的重要原因就是为了争夺其能源，实现自身能源供应渠道的多元化与安全化。有着 21 世纪"战略能源基地"之称的中亚拥有丰富的石油、天然气以及稀有矿产等资源，而日本资源贫乏，油气资源几乎全部依赖进口，并且供应渠道单一，大多来自中东地区。为了应对因中东局势动荡而存在的风险，中亚无疑成为了日本能源供应的新选择。日本前首相麻生在 2006 年 6 月 1 日"中亚＋日本"对话·外长会议举行前就曾表示："（中亚）这一地区的重要之处在于，在'欧佩克'出事时可以作为依赖石油的日本的缓冲地带。"[1] 其次，除了油气资源，中亚的铀矿对日本也有很大的吸引力。日本是世界第三大核电生产国，对铀矿的需要不断增加，而哈萨克斯坦铀矿储量约占世界总储量的 20%。2009 年哈萨克斯坦已经成为世界第一大铀生产国，占世界铀矿总产量的 27%。因此，日本积极发展同中亚的能源关系，在对外政策和国家能源政策的推动下，"日本逐步形成了以里海能源开发计划为核心的地区能源政策，在石油、天然气、铀矿勘探开发等方面取得了成效"。[2] 但与日本对中亚国家的 ODA 相比，双方间的经贸合作并未取得明显成效，例如，"2007 年日本与中亚五国间的贸易总额为 9.71 亿美元（日本进口 5.62 亿美元，出口 4.08 亿美元），仅占同年中亚五国贸易总额 1113 亿美元的 1%"。[3] 因此，双方之间的经贸合作还有巨大的发展潜能，中亚对日本来说还是个未被开发的巨大潜在市场。

（二）中亚国家对日本在地缘政治上的重要性。从地缘政治上来看，中亚地区

1　麻生："中央アジアを「平和と安定の回廊」に"，日本外务省网站：http://www.mofa.go.jp/mofaj/press/enzetsu/18/easo_0601.html（上网时间：2016 年 12 月 15 日）。

2　肖斌、张晓慧：《日本与中亚及外高加索地区的能源关系：政策及实践》，《新疆社会科学》2013 年第 2 期，第 70 页。

3　ジェトロ・ウエブサイト：http://www.jetro.go.jp/biz/word/russia_cis/outline/centasia0806.pdf（上网时间：2016 年 12 月 15 日）。

处于亚洲与欧洲的交接处，与俄罗斯、中国、南亚、中东等接壤，拥有独特的地理位置和地缘政治优势，是地缘政治学上的要冲，历来就是大国争夺的热点地区。首先，从日本的整个对外战略来看，冷战结束后，日本对外战略主要围绕着两点：一是与美国的关系，二是与亚洲国家的关系。日本的对外战略经常在两者之间徘徊，日美同盟关系一直是日本对外战略的基轴，短期内日本不可能放弃这一同盟关系。但实践证明，日本对美国的"一边倒"政策有时也是不灵光的，小泉纯一郎的"对美一边倒"战略的失败就证明了这一点。因此，日本希望能有一种双赢的战略。而中亚国家是亚洲与欧洲的交接处，它独特的地缘使日本的上述希望有了可能性，桥本龙太郎的"丝绸之路外交"战略与麻生太郎的"自由与繁荣之弧"的提出都是对这一希望的尝试，他们都试图以中亚为中心，将亚洲与欧洲连接起来。其次，从战略安全上看，"9·11事件"后，中亚作为阿富汗的周边地区，在国际政治争斗中的地位更为重要，美国也借反恐之名进入中亚地区，而"作为美国同盟国的日本也积极展开中亚外交，谋求与中亚各国进行反恐合作，显然具有配合美国'反恐'及其全球战略的意图"。[1] 再者，中亚作为大国博弈的重要地区，苏联的解体为日本进入中亚地区提供了机遇，日本凭借其拥有大量资金和先进技术的经济大国身份，通过对中亚国家的 ODA 进入了中亚这个大国博弈的舞台。尽管日本在该地区拥有一定的国际地位，但俄罗斯在该地区仍然拥有传统的主导力量，同时中国和俄罗斯也希望通过加强上海合作组织来维持该地区大国势力的平衡。日本是美国在亚洲地区的重要盟友，需要协同美国共同遏制中俄在该地区的力量。

三、日本对中亚国家 ODA 对双方关系的影响

日本的 ODA 通常都在国际上被认为是一种日本经济扩张的手段，但是纵观整个日本对中亚国家的 ODA 历程，可以发现这其实也是一种以经济为表、以政治为里的外交行为。冷战结束以后，日本致力于发展与中亚国家之间的关系，其中不管

1　冯绍奎：《中日"狭路相逢"在中亚？》，《世界知识》2004 年第 19 期，第 31 页。

是桥本首相提出的"欧亚大陆外交"还是麻生的"自由与繁荣之弧",都把中亚放在了至关重要的位置,而日本对中亚外交的主要方式就是以经济合作与政府对话相结合。尤其是在日本与中亚关系发展的初期,ODA 更是作为先行者,打开了中亚的大门,为其之后的中亚战略提供了坚实的基础。就目前日本与中亚国家两者关系的现状来看,日本对中亚国家 ODA 的效果显著,不仅使双方都获取了经济利益,也在很大程度上实现了日本的政治利益,并获得了中亚民众对日本的良好印象。

(一)日本对中亚国家的经济援助对其基础设施建设、发展市场经济以及稳定国内经济形势都起到了一定的积极作用。不管是中亚官方还是学者,都肯定了日本对该地区经济援助所发挥的作用。"而且中亚国家领导者大多对日本企业对该地区直接或间接的投资表示欢迎,特别是能源的开发与运输。他们希望通过'中亚 +日本'对话机制,强化地域一体化的潜在能力,促进共同市场的形成以及水问题等关乎地区全体安定的问题的解决。"[1]另外,在经济援助以及日益密切的能源合作的推动下,日本与中亚国家的政治联系也更加紧密。在双方关系方面,在"中亚 +日本"对话机制基础上,双方建立了战略性的伙伴关系,并多次举办了外长会议、高级事务者会议和专家会议等不同级别的会议。在多边关系以及国际事务上,日本与中亚国家相互支持,一方面,日本争取发展中国家支持其成为安理会常任理事国的活动,这历来在日本与发展中国家的外交中都占有很重要的位置,中亚也同样是其争取的对象之一。日本通过对中亚国家实施 ODA 及其他各种形式的援助,换取后者对其担任安理会常任理事国的支持。同时,"中亚地区由于与日本地理上相距甚远,与其也没有直接的利益争端和历史问题,对其担任安理会常任理事国没有心理上的抵触,所以也愿意通过支持日本任安理会常任理事国来换取日本对其提供的援助,并且中亚国家还可以据此来制约俄罗斯和中国在该地区的影响力,符合中亚国家本地区的大国平衡外交策略"。[2]例如,2004 年 8 月,日本外相访问中亚的最主要目的就是争取中亚国家支持日本成为联合国安理会常任理事国,虽然日本在2005 年"入常"冲刺中由于各种原因而失败,但并未放弃"入常"的目标。此后,

1 宇山智彦:「日本の中央アジア外交—試される地域戦略」、北海道大学出版会、2009 年 3 月 31 日、108 頁。

2 周洪波:《日本对中亚外交的历史考察与现实分析》,《日本研究》2007 年第 2 期,第 69 页。

日本在与中亚国家的多次共同声明中继续重申中亚各国对日本担任常任理事国的支持，[1] 日本也表示为中亚国家加入联合国非常任理事国作积极努力。

（二）日本对中亚国家以 ODA 方式提供的经济援助大大提升了中亚民众对日本的良好印象。日本向中亚国家提供的 ODA 不仅停留在单纯的资金援助上，而是政府使馆人员与 JICA 相关人员亲赴中亚地区，向当地人提供所需的技术与社会援助以赢得中亚人民的尊敬。因此，中亚国家的一般民众可谓是亲日的，尤其是在双方间不存在历史包袱的前提下，比起其他亚洲国家而言，他们更关注日本的文化与经济发展。2005 年，日本在中亚五国举行的名为"亚洲·指标·计划"（亚洲晴雨表）的社会舆论调查结果表明了这一点。根据调查结果，在回答"日本对自己国家有好的影响"的问题时，在哈萨克斯坦四成回答该问题的百姓中，有 10.4% 的人回答有"非常好的影响"，有 30.3% 的人回答"比较好的影响"；在"对自己国家有好的影响"的排名中，日本仅次于俄罗斯位居第二。而在乌兹别克斯坦百姓五成回答该问题的人中，上述比例分别是 15.9% 和 36.3%；在"对自己国家有好的影响"的排名中，日本位于俄罗斯与韩国后面，名列第三。[2] 这足见中亚国家民众对日本有着良好的印象。随着国际形势的变化，全球化与区域化的步伐正逐步加大，日本与中亚国家在经济、政治、国际事务各方面将会有更大的合作空间。例如，围绕以里海能源开发计划为核心的能源开发的合作等。未来，随着中亚地区的经济快速发展和经济水平的提高，日本与中亚间的互惠合作关系将会达到新的高度。

结语

中亚五国独立以来，日本逐步确立了对中亚国家的 ODA 政策，更加战略性地运用 ODA 来谋求其在中亚地区的政治经济利益，以适应国内外形势的发展。日本

---

1 『「中央アジア＋日本」対話・第 5 回外相会合共同声明』，日本外务省网站：http://www.mofa.go.jp/mofaj/files/000045365.pdf（上网时间：2016 年 12 月 15 日）。

2 猪口孝「アジア・バロメーター：南アジアと中央アジアの価値観―アジア世論調査（2005）の分析と資料」、明石書店、2009 年。

通过 ODA 来推进其中亚战略，在一定历史条件与特定的国情下，无疑是明智的。日本通过对中亚国家的 ODA 所进行的外交活动也比一般的外交活动更赋有好感度，因为无论促使日本对中亚国家实施 ODA 背后的原因是什么，ODA 对于受援国中亚国家来说都推动了其经济和社会的发展。对此，中亚国家也持欢迎的态度。中国从提出"丝绸之路经济带"构想以来，加大了与中亚国家间的合作交流，那么在该地区势必会与日本相遇，日本的中亚战略对中国在该地区的利益肯定会有一定的牵制作用，但是中日在该地区不一定就是对手，双方在该地区还有很大的合作空间。不过，这都将取决于中日之间如何看待对方与相处。但是，不管怎样，中国可以借鉴日本在该地区 ODA 的经验，更好地实现"丝绸之路经济带"战略。

（本文原刊于《国际研究参考》2017 年第 3 期）

下编

冷战是什么
——对冷战后世界的启示

菅英辉[*]

引言

　　本文基于已有的冷战史研究成果，试图回答"冷战是什么"这一问题，并思考冷战时期发生的事件对冷战后的世界产生了怎样持续性的影响[1]。为此，首先选择整理出近年在冷战史研究中值得注意的观点，然后讨论特别具有启发性的入江昭先生的著述《将冷战历史化》。接着从第三部分开始，展开讨论"冷战是什么"这一问题，首先探讨冷战的原因和性质。在第四部分，对美国所追求的"自由主义、资本主义的秩序"的实质进行探讨，从而思考为什么在冷战结束后美国出现的"冷战胜利论"是对冷战后世界的误读，明确其问题所在。在第五部分，从"日本合作政权"与"日美合作"的角度来考察战后日本的外交与冷战，从而证明日本政府作为合作者对美国的冷战战略起到了补充的作用。最后，提出冷战史研究的遗留问题，作为本文的总结。

---

[*] 菅英辉，大阪大学大学院人文学研究科招聘教授。

[1] 本文是对 2020 年 2 月 14 日在京都外国语大学举办的"最终讲义"的原稿进行修改完善后的文章。对赞同最终讲义想法的森田嘉一理事长、总长夫妇以及为我们做准备而辛苦的松田武校长以及综合企划室的各位表示衷心的感谢。另外，也感谢在刊载本文时劳驾的立岩礼子老师。

一、新冷战史

冷战史研究始于冷战的起源论，那之后研究的焦点基本全部集中于国家安全保障、军事战略和意识形态对立。到了冷战结束后，关注领域扩大到了冷战与文化和社会的关系、冷战与技术等方面。日本的冷战史研究也同样反映出这样的倾向。典型的事例是 2017 年度的日本国际政治学会的分会以"冷战史研究的多元展开——文化、社会与人权"为主题。正如分会报告的副标题所显示的那样，该分会的报告者都对冷战与文化、社会、人权的关系进行了考察[1]。

冷战结束后的"新冷战史"的一个特征是，关注社会集团和非国家行为体的作用。上述分会上，以"爵士乐与冷战"为主题的报告揭示出爵士乐对于被区别对待的黑人来说，有着表达自我和提出异议的意义。而以"社会主义的现实主义与冷战"为主题的报告论述了社会主义的现实主义作为艺术规范在东德扎根的过程中，通过东德知识分子和文化人作为冷战文化接受者被卷入"形式主义"论争之中而逐渐内化入体制的过程，并通过考察东德政府对苏联艺术模式"本土化"的推进工作，论述了冷战文化的接受方的主体性问题。另外，以"人权与美国"为主题的报告，翔实地描写了"人权"作为对弱小国家和弱者提出异议和抵抗的论据所具有的重要意义，强调了非国家行为体和冷战受众一方的主体性。无论是哪一份报告，都通过以非国家行为体为焦点，对冷战进行多方面的呈现，这与传统上从国家间关系的脉络来考察美苏对立或同盟关系的研究区别开来，旨在拓展全新的研究方向[2]。

1　三名报告者分别作了以下报告：「冷戦とジャズ」（斉藤嘉臣），「東ドイツにおける社会主義リアリズムと冷戦」（伊豆田俊輔），「戦後世界秩序の出発点における『人権』とアメリカ」（小阪裕城）。也可参照斉藤嘉臣『ジャズ・アンバサダーズ ―「アメリカ」の音楽外交史』講談社メチエ、2017 年。以下的编著包含了冷战与爵士乐、音乐、教会、劳动运动的相关研究。益田実，池田亮，青野利彦，斉藤嘉臣编著『冷戦史を問い直す』ミネルヴァ書房、2015 年。另外，以下研究也包含很多反映出"新冷战史"的讨论。Melvyn P. Leffler and Odd Arne Westad, eds., *The Cambridge History of the Cold War*, Vols. 1–3 (Cambridge: Cambridge University Press, 2010). Artemy M. Kalinovsky and Craig Daigle, eds., *The Routledge Handbook of the Cold War* (London and New York: Routledge，2014). Richard H. Immerman and Petra Goedde, eds., *The Oxford Handbook of the Cold War* (Oxford: Oxford University Press, 2013).

2　最初关注冷战文化方面的研究恐怕就是拉什的一篇文章。虽然在那之后没有出现拉什的后续研究，但在冷战终结前后对文化和意识形态与冷战关系的关注又再度高涨起来。Christopher Lasch，"The Cultural Cold War: A Short History of the Congress for Cultural Freedom，"Barton J. Bernstein, ed., *Toward a New Past Dissenting Essays in American History* (London: Chatto & Windus，1968), pp.322–359. （转下页）

对冷战与人权、性别、人种、宗教和环境等相关的社会运动之间的关系进行的讨论，是与解释摆脱冷战及冷战终结的过程的话题联系在一起的[1]。而且，从将冷战相对化（即弱化冷战的必然性和独特性——译者注）的意义上来说，摆脱冷战和终结冷战这一视角的提出有望拓展新冷战史研究的视野。一方面，如果只停留在从文化、社会和人权等领域中的个别主题的考察上，那么如何塑造冷战的整体形象将成为一个遗留课题[2]。

"新冷战史"潮流的另一个特征是，出现了在"冷战是什么"的问题意识下，尝试把握冷战的整体形象的研究，以及将冷战置于全球史之中，旨在从更加长远的视角将冷战相对化的研究[3]。

这种冷战史研究的代表学者有文安立和入江昭（入江的研究将在第二部分讨论）。文安立在2005年刊行的《全球冷战史》中将"冷战"（1945—1991年）定义为分别信奉"以两个对立的欧洲近代思想为基础"的资本主义与社会主义的美苏两国开启的"西洋精英工程"，并指出其对立激化的主要原因是，双方都以欧洲近代的继承者自居而竞争普遍适用性。除此之外，文安立还重视在第三世界中开展的冷战，指出其特征有以下三点：第一，美苏两国为证明美国模式和苏联模式的普遍适用性而介入了第三世界。第二，尽管美苏"（对第三世界的）改造计划"的起源纯

（接上页）日语版『ニュー・レフトのアメリカ史像』東京大学出版会、1972 年、265—295 頁。Christian G. Appy, ed., *Cold War Constructions: The Political Culture of United States Imperialism, 1945–1966* (Amherst: University of Massachusetts Press, 2000). John Fousek, *To Lead the Free World: American Nationalism and the Cultural Roots of the Cold War* (Chapell Hill and London: University of North Carolina Press, 2000).

1　关于这一点，参见上文提到的 *The Oxford Handbook of the Cold War*, Part IV 中的各研究。

2　青野认为，有必要将构成冷战的多个"部分"嵌入"系统性且连续一贯的框架"中来描绘冷战的整体情况。青野利彦「冷戦史研究の現状と課題」『国際政治』169 号（2012 年 6 月）、160—161 頁。在冷战史研究中，关于"部分"与"整体"如何整合的问题，参照以下研究：Melvyn P. Leffler "Bringing it Together: The Part and the Whole," Odd Arne Westad, ed., *Reviewing the Cold War Approaches, Interpretations, Theory* (London: Frank Cass, 2000), pp.43–63。

3　Odd Arne Westad, "The Cold War and the International History of the Twentieth Century," Leffler and Westad, eds., *The Cambridge History of the Cold War*, Vol. 1, op. cit., pp.2–3. 田中孝彦「グローバル・ヒストリー ── その分析視座と冷戦史研究へのインプリケーション」日本国際政治学会編『日本の国際政治学』第四巻（歴史の中の国際政治）有斐閣、2009 年、37—52 頁。另外，以下研究在至此整理的冷战史研究中，作为研究"新冷战史"的尝试，提倡一边注意冷战与"非冷战"（与冷战无关的事情与现象）之间的界限，一边考察两者之间的相互关系的研究途径，并将其称作"被文脉化的冷战史"。益田実「序章　新しい冷戦認識を求めて」、前載『冷戦史を問い直す』、1—24 頁。

粹是反殖民主义的，但随着双方斗争的激化，两国的介入手段和动机都逐渐变成了与欧洲帝国主义类似的东西，从这个意义上来说，美苏的"改造计划"成为了"欧洲殖民主义介入与支配第三世界人民的继续"。第三，伴随着时常出现的暴力，美苏对第三世界的介入造就了现代世界的形势[1]。

　　将冷战置于长期的历史变动之中的研究，对于思考冷战的开始、变化和终结来说十分重要。关注这种关联性就是关注冷战体制（冷战秩序）与帝国论之间的联系。霍普金斯在《美国帝国》（2018 年）中讨论了美国从 1898 年的美西战争中获得波多黎各、古巴、关岛、夏威夷和菲律宾等地之后成为了"岛屿帝国"（insular empire），并持续到 1959 年将夏威夷升级为州。而且，正如这个"岛屿帝国"与英法等其他欧洲帝国有很多共同点一样，冷战秩序与帝国秩序也显示出相似相容性，看到这点有益于理解冷战秩序的阶级性、帝国性及其强权的性质[2]。

　　霍普金斯还指出，"不要把去殖民地化置于冷战之中，而是有必要把冷战置于去殖民地化之中"，而其所谓的将冷战去殖民地化，就是要说明在更加宽广的历史文脉中考察冷战的必要性[3]。去殖民地化运动是在对抗冷战的核心内涵——美苏两个超级大国将第三世界统合进冷战秩序的努力，以摆脱冷战并建立与冷战秩序不同的秩序（对等的主权国家间的秩序）为目标，对冷战的终结起到了重要的作用。这样的观点从将冷战相对化的角度来说意义深远。

　　霍普金斯的帝国论的另一个主题是全球化与帝国。即从帝国是全球化的动因的观点出发，将第二次世界大战后定位为"后殖民主义的全球化"时代，论述该时期

1　Odd Arne Westad, *The Global Cold War: Third World Interventions and the Making of Our Times* (Cambridge: Cambridge University Press, 2005), pp.4–5, 396–397. 日语版（佐々木雄太監訳，小川浩之・益田実・三須拓也，三宅康之・山本健訳）『グローバル冷戦史　第三世界への介入と現代世界の形成』名古屋大学出版会、2010 年。

2　关于这一点，以下笔者的拙著、拙论中有详细的考察。『冷戦と「アメリカの世紀」 アジアにおける「非公式帝国」の秩序形成』岩波書店、2016 年。『冷戦期アメリカのアジア政策「自由主義の国際秩序」の変容と「日米協力」』晃洋書房、2019 年。「覇権システムとしての冷戦とグローバル・ガバナンスの変容」グローバル・ガバナンス学会編，大矢根聡・菅英輝・松井康浩責任編集『グローバル・ガバナンス学』Ⅰ，法律文化社、2018 年、104—126 頁。

3　A. G. Hopkins, *American Empire: A Global History* (Princeton & Oxford: Princeton University Press, 2005), p.700. 以下文章对霍普金斯大作的主张以要点的形式做了很好的总结：「『アメリカの世紀』におけるアメリカ『帝国』」『思想』（2021 年），No. 1161、62—81 頁。

的去殖民地化与帝国解体的实现。由于"后殖民主义的全球化"的概念从时间上与冷战时期是重合的，因此如果能将作为冷战支柱的美苏两个超级大国看作是"帝国"的话，那么这个概念就能够说明冷战系统走向崩溃的过程的运行机制[1]。

"后殖民主义的全球化"概念，与笔者在《冷战的终结与60年代性》的拙作中的观点有所重合，所以在此处再次列举一下拙论中的要点[2]。第一是关注因20世纪60年代到70年代以后的"新社会运动"而出现的市民社会形成的动向，次国家级行为体作用的增加以及跨国家网络的形成的必要性。这就是指出了不以国家为中心讨论冷战，而是关注以各种社会集团为主体的"下层的缓和""社会的缓和"的重要性。由于"国家间的缓和"带有将冷战作为以美苏为中心的世界共同管理体制（霸权体系）的性质，因此认为美苏在维持冷战体制中找到了一定的利益而选择走向缓和，从而带来了冷战的终结的力学解释是有局限的。

第二是将主权国家体系的变化纳入冷战史研究视野的必要性。60年代世界经济的急速增长为福利国家化与"大政府"论的最终形成作出了贡献，但其同时也导致了政府财政赤字的增加，引起了1968年的美元危机。这意味着1968年是"成长的自由主义"的终结之年，为80年代初的新自由主义发展做好了准备。拙论中对于这一事实的表述是："国民国家包容了领域内的一切，遏制了垄断国民忠诚心的潮流，这从近代主权国家体系的历史文脉来看，预示着国际关系上的后现代主义潮

1　霍普金斯认为，"全球化"分为16—17世纪的"全球化的原型"（"财政军事国家"的时代），从第一次世界大战开始到第二次世界大战结束为止的"近代的全球化"（近代国民国家的时代），和战后的"后全球化"三个阶段。以下编著中提出了关于这些全球化类型的假说。A. G. Hopkins, ed., *Globalization in History* (New York/London: W. W. Norton & Co., 2002). "美国帝国"是在该编著中提出的假说，即在上述将"全球化"分为三个阶段的基础上展开了实证论述的著作。另外，在全球化历史的研究中也提到了全球化与帝国的关联。秋田茂・桃木至朗编『グローバル・ヒストリーと「帝国」』大阪大学出版会、2013年、9—43頁。秋田茂「序章　グローバルヒストリーから見た世界秩序の再考」『国際政治』191号（2018年3月）、1—15頁。

2　拙论「序章　冷戦の終焉と六〇年代性」『国際政治』126号（2001年2月）、1—22頁。以下研究使用了"变化的风"来形容"20世纪60年代这一时代"，重新讨论了去殖民地化、核武器的扩散与反核运动的高涨、地区合作的加强、作为国际关系主体的非政府组织（NGO）势力的抬头等各种领域发生的变化，非常有意思。木畑洋一「『変化の風』のもとで ―『1960年』の国際関係と民衆 ―」南塚信吾編『国際関係史から世界史へ』ミネルヴァ書房、2020年、255—277頁。关于"1968年"论，参考以下：油井大三郎「世界史の中の『1968年』」南塚編、同上、283—309頁。藤本博編『「1968年」再訪』行路社、2018年。

流即将开始。"

第三与上一点密切相关，即在近代主权国家的变化与全球化问题不可分割的认识下进行冷战史研究的必要性。60 年代是地区合作、区域一体化和全球化取得重大进展的时期，国际社会中各种各样的运动都跨越了国界，产生了"互跨国家的共鸣现象"，是多种行为体展开全球性运动的时期[1]。

以上对近年来冷战史研究动向的整理中最值得关注的是入江的"将冷战历史化"这一论点。因此，在思考"冷战是什么"时，要先从冷战不过是"历史的一个注脚"这一入江先生的冷战论开始。

二、冷战史的相对化——冷战是"历史的一个注脚"论

入江昭在《将冷战历史化》（2013 年）的论文中提出，冷战史在比其更大的世界史"剧集"中，不过是"历史的一个注脚"。入江的冷战论认为，有必要把冷战放在去殖民地化、人权和全球化等更加长远的历史潮流中来看，这一点非常有启发性。但另一方面，认为"冷战"只是历史潮流的一个注脚的主张又把作为历史的冷战过于单纯化了。

入江的冷战论的问题是，用极端狭义的美苏冷战、美苏中的权力政治和重视地缘政治学要素来定义冷战。其实他自己也对从这样的观点出发来描绘的冷战提出异议，又提出要重视推动历史的"非地缘政治学要素"，主张以人权、环境、去殖民地化和全球化为主轴来记述 20 世纪史。

但是，正如入江指出的那样，尽管冷战时期呈现出的世界的确以权力政治、地缘政治学要素和军事力量为特征，但与此同时，冷战也具有意识形态对立、体制之间的矛盾和经济体系上开放与闭塞的对立的特征。从这个意义上来说，如果只把冷战局限在权力政治和地缘政治学的要素中来理解的话，只能说是片面的冷战论。

1　除以上提出的论点，以下更加全面地讨论 20 世纪 70 年代美国外交的研究也值得关注。Daniel J. Sargent, *A Superpower Transformed The Remaking of American Foreign Relations in the 1970s* (Oxford: Oxford University Press, 2015).

正如"新冷战史"所显示的那样，研究者已经开始试着探究冷战这一国际政治形势是如何与人权、文化、社会和宗教等单个领域进行交互发展的问题了。因此，为了理解冷战的整体形象，不仅要从地缘政治学的、权力政治的侧面与意识形态的、体制间矛盾的侧面对双方进行考察，还要通过把本来与冷战没有关系的历史现象与冷战的相互作用作为考察对象，力求多元地理解冷战的各个方面[1]。

另外，冷战中加入了核武器这一新的要素，这给国际政治的情况带来了巨大的变化。入江的冷战论不仅将冷战等同于权力政治，还倾向于轻视核武器在国际政治史上的意义。虽然他自己也讲到了核武器开发的技术与军备在现代史上留下了"巨大的印记"（major imprint），并进一步着眼于核武器开发引起的和平运动、人权运动和环境运动，但是核武器的问题除了对人权和环境的影响，还像与废除核武器和开发核武器联系在一起的核电站问题那样给冷战后的世界带来了无法忽视的影响。在入江的冷战认识中，很可能会忽视核武器开发竞赛波及的冷战后世界的地缘政治学要素的重要性和应对人类危机等问题。

一方面，冷战是美苏之间围绕着意识形态和理念的对立展开的。美苏分别标榜着自由主义与社会主义理念，并为了证明哪种模式更加有利于实现其目的而进行体制间的竞争。正如文安立所指出的那样，美苏在第三世界的竞争始终带有围绕"近代"所进行的争论的性质。50年代欧洲冷战陷入胶着状态之后，美苏两国将第三世界视作冷战的主战场，从20世纪60年代初开始向第三世界进军。然后，美国从20世纪50年代、苏联从20世纪70年代开始了向第三世界各国的军事介入，为冷战后的世界留下了深刻的后遗症。

另一方面，第三世界的领导者们在带领去殖民地化运动的过程中，都以各自国家独立后的近代化为目标。因此，去殖民地化运动与冷战是交错开展的。美国从以反苏、反共的逻辑为优先的观点出发，面临着一边向殖民地宗主国的利益作出妥协，一边又支持去殖民化运动的两相矛盾的课题。苏联也是同样，抱着支援去殖民

1　笔者在「冷戦の終焉と60年代性」中提出，尽管冷战起源于美苏对立，但由于记述美苏冷战史并不能讲述战后国际政治，因此有必要致力于把冷战史置于战后国际政治史的整体脉络之中的课题。青野也在「冷戦史研究の現状と課題」中提出，"要承认冷战并不能解释所有20世纪后半叶的历史现象，但同时冷战与具有不同历史背景和逻辑的20世纪史潮流相互影响并取得了进展"（前载《国际政治》169号，第159页）。

地化运动的同时压抑东欧各国民族自决权的矛盾进行着冷战斗争。冷战时期的美苏
对立是与去殖民地化的民族主义、殖民地宗主国的利益交错开展的这种记述，无论
是对于讲述去殖民地化的历史还是讲述冷战史，都是必要的工作。

　　这种时候，就会产生在冷战的文脉中考察去殖民地化运动，还是在去殖民地化
运动这一长期的历史文脉中考察冷战的区别。入江的冷战论是将 1945—1970 年作为
去殖民地化的时代，即站在去殖民地化运动的文脉中考察冷战的立场。这意味着他认
为，作为推动历史的主要因素，去殖民地化运动比冷战更加重要。去殖民地化运动在
带来殖民主义的终结这一点上具有世界史的意义。从这个意义上来说，入江的观点是
正确的。但是，1974 年 5 月召开的联合国资源特别大会上，第三世界各国（七十七
国集团，G77）发表的《新国际经济秩序》（NIEO）宣言在 1973 年与 1979 年的两次
石油危机以及美国主导的各发达工业国采取的对抗措施面前失败了。其结果，是第三
世界失去了其存在的意义，在 70 年代末迎来了"去殖民地化的终结"[1]。而另一方面，
美苏冷战与冷战秩序继续维持到 1989 年才走到终结。基于这一事实来说，比起纠结
于哪个更重要的问题，不如通过摸索双方的相互作用来探究其意义来得更加必要。

　　美苏两国通过高举反殖民主义的旗帜，为各民族从殖民主义的支配下解放出来
起到了一定的作用。在这个意义上，必须承认美苏在面对第三世界时与拥有殖民地
的宗主国之间是有差异的。虽然华盛顿的行动不是从头至尾一以贯之的，但华盛顿
强烈坚持殖民主义秩序是与美国目标所指的"自由主义的、资本主义的秩序"不相
容的。例如，对于美国在印度支那（越南）是要代替法国的立场的批判，时任肯尼
迪政府与约翰逊政府的总统国家安全事务助理麦克乔治·邦迪在 1965 年反驳道，
"我们并不是作为殖民主义者来到越南的"，美国没有抱着帝国主义的野心和愿望，
越南人民对此一目了然[2]。不能否定的是，美苏两国通过开发援助，为发展中国家的
近代化作出了贡献。美国奉行的是通过给同盟国和友好国提供援助来排挤敌对国
家的政策。这意味着冷战时常伴随有经济开发意愿的一面[3]。日本、韩国都是其受益

1　前载，拙著『冷戦期アメリカのアジア政策』、65—69 頁。

2　Lloyd C. Gardner, "How We 'Lost' Vietnam, 1940–1954," in David Ryan and Victor Pungong, eds., *The United States and Decolonization* (London: Macmillan Press, 2000), p.123.

3　将开发意愿作为冷战时期美苏"新帝国主义"的特征进行的研究可参考以下：Prasenjit Duara, "The Cold War as a historical period: An interpretative essay," *Journal of Global History* (November 2011), p.7, p.12.

者。印度也从美苏两国得到了援助。但与此同时，也不能否定两个超级大国过于以冷战逻辑为优先，时常干涉第三世界各国的内政，试图抑制去殖民地化的民族主义的相反的一面。在美国方面，也有和殖民主义宗主国合作压抑去殖民地化的民族主义的情况[1]。

如果关注后者的一面，就能够看到冷战时期两个超级大国的行动是在具有近代特征的帝国主义时代的延长线上。虽然具有反殖民主义的理念，但实际行动是帝国主义的。在帝国主义时代，帝国主义列强将世界分为文明国家与非文明国家，声称要带来文明的恩惠，将对殖民地的支配正当化了。而美苏两国也分别标榜自由主义、社会主义为普遍的理念，试图将第三世界的各国统合进各自的阵营。能够看到，随后在美苏两个阵营内出现的秩序，是以核武器为象征的强大的军事力量为背景构建的阶级的、帝国的秩序（强权的秩序），也就是所谓的霸权体系[2]。

入江的冷战论最值得关注的一点是，指出了将冷战置于更加宽广的 20 世纪国际关系史的文脉中加以探讨的必要性。对这一问题的关心，是将美苏冷战放在围绕近代性的争论的延长线上进行把握，这与文安立的冷战论处在同一条轨道之上。他在 2017 年出版的著作《冷战》中写道，要试着把作为"全球化现象"的冷战置于"100 年以上的视角之中"，追溯到 19 世纪后半叶进行讨论[3]。如果从这样的观点来看，那么就不是将冷战作为漫长历史中的"一个注脚"加以取舍，而是如何将冷战

1　可以参考以下：拙论「脱植民地化運動と『非公式帝国』アメリカの対応」（第 2 章），北川勝彦編著『脱植民地化とイギリス帝国』ミネルヴァ書房、2009 年、111—152 頁。Hideki Kan, "The Making of 'an American Empire' and US Responses to Decolonization in the early Cold War Years," Uyama Tomohiko, ed., *Comparing Modern Empires Imperial Rule and Decolonization in the Changing World Order* (Sapporo: Slavic-Eurasian Research Center, Hokkaido University, 2018), pp.147−180.

2　前载拙论「覇権システムとしての冷戦とグローバル・ガバナンスの変容」、107—108 頁。木畑洋一『二〇世紀の歴史』岩波新書、2014 年、第 4 章。以下的著作指出，对东欧各国来说，冷战是丧失了"自我决定的机能"的时代。相比于"主权的丧失"，"主权的限制"应该是更加正确的说法，但羽场的主张表现的是苏联的帝国性。羽場久美子『ヨーロッパの分断と統合』中央公論新社、2016 年、36 頁。将从第二次世界大战后到 50 年代的美苏两国视为"帝国体系"，将 60 年代到 80 年代的美苏视作"非正式帝国"的见解参考以下：John Darwin, *After Tamerlane The Rise and Fall of Global Empires, 1400−2000* (New York: Bloomsbury Press, 2009), pp.468−479. 日语版（秋田茂・川村明貴・中村武司・宗村敦子・山口育人訳）『ティムール以後』上・下，国書刊行会、2020 年。

3　Odd Arne Westad, *The Cold War A World History* (New York: Basic Books, 2017), pp.1−17 and chapter 1. 日语版（益田実監訳，山本健・小川浩訳）『冷戦　グローバル・ヒストリー』上・下巻，岩波書店、2020 年。

置于 20 世纪国际政治史中的问题意识显得更为重要了。

三、美苏冷战为何会发生——冷战的原因与性质

对于美苏对立的原因，一般认为有两个主要因素[1]，即意识形态对立与权力斗争。美苏分别主张自由主义、共产主义两种不同的意识形态的普遍性且互不相让，都以在其他地区推广各自信奉的体制为使命。这种对使命感的执念与权力斗争（安全保障、核武器军备竞赛）纠缠在一起，激化了美苏对立。这样，由于冷战的本质是意识形态斗争，且带有在"全方位战线"（on every front）进行战斗的总体战特征，因此其影响波及了文化与社会[2]。

换一种说法的话，美国以形成"自由秩序"（自由主义的、资本主义的秩序）为目标，而苏联以形成"社会主义秩序"为目标。在这期间，美苏两国通过将包括第三世界在内的尽可能多的国家统合进各自的阵营，旨在掌握国际政治的主导权。笔者将这一现象称为冷战统合。在这个意义上，可以认为美苏冷战是以在全球规模上构筑治理体系为目标的霸权体系。

冷战是"围绕近代的对立"，也可以理解为"围绕近代是什么的问题的对立"，

1　关于冷战的原因及冷战责任论参考以下。冷战史研究的传统派将冷战发生的责任归于苏联，但笔者在被称为"左翼修正主义研究"的一系列研究中主张，冷战的原因更应该在美国一方。20 世纪 80 年代以后，出现了处于传统派与"左翼修正主义派"中间立场的"后修正主义"（ポスト・レヴィジョニスト）的冷战论。其特征，是"传统加档案"，即将正统派的解释与现实主义者的解释置于新公开的资料的基础上，对苏联责任论进行讨论。拙论「アメリカ外交と左翼修正主義研究 ― 冷戦の起源を中心に」（1）（2）『北九州大学外国語学部紀要』第 25 号（1974 年 10 月）、91—124 頁及第 26 号（1975 年 3 月）、53—73 頁。拙论「ポスト・レヴィジョニストの冷戦論 ― 80 年代におけるアメリカ外交史研究の動向 ―」『北九州大学外国語学部』第 67 号（1989 年 12 月）、73—101 頁。另外，虽然想要阐明冷战的原因就必须考察冷战在国内的起源，但这种研究还比较少。可参考以下：「トルーマン・リベラリズムと米ソ冷戦の国内的基盤」（第 1 章）拙著『米ソ冷戦とアメリカのアジア政策』ミネルヴァ書房、1992 年、29—48 頁。关注冷战与国内政治的关系的研究有以下著作：Campbell Craig and Logevall, Frederik, *America's Cold War: The Politics of Insecurity* (Cambridge, Massachusetts: The Belknap Press of Harvard University Press, 2009), 2nd edition (2020).

2　Thomas G. Paterson, *On Every Front The Making and Unmaking of the Cold War* (New York: W. W. Norton & Co., 1997), 2nd edition.

但其斗争是在第三世界展开的。20 世纪 60 年代，冷战以究竟是美国模式（自由主义模式）还是苏联模式（社会主义模式）能使第三世界更早地实现近代化为基本形展开了斗争。

随着 1953 年 3 月斯大林的去世，冷战的性质慢慢发生变化。在艾森豪威尔政权下，政府内紧缩财政论者的影响力加强，国会对对外援助开始持消极态度。虽然艾森豪威尔政权在 1954 年度要求的对外援助金额并没有超过 35 亿美元，但国会还是只批准了 24 亿美元的支出[1]。

从肯尼迪政权开始，冷战的主战场从通过援助转移到了获取第三世界各国人民支持的竞争当中。肯尼迪总统就任以后，在 1961 年 5 月 25 日给国会的特别训示中写道，"今天，为保卫自由而扩大的主战场是……亚洲、拉丁美洲、非洲和中东，也就是新兴各国所在的区域"，表达了美苏竞争的阵地向第三世界转移的观点。而且肯尼迪认为只有局部斗争的对策是不够的，还有必要考虑回应发展中国家人民对提高生活水平的期待。在这一时期，肯尼迪政权标榜近代化论以获取第三世界各国人民的支持，标志着冷战的性质发生了变化。

于是，肯尼迪重视对南北问题的工作，在 1961 年 9 月的联合国大会上发表演讲，将 60 年代视为"国际开发的 10 年"，呼吁各国合作解决南北问题。肯尼迪政权的近代化论的根源在于，通过推动发展中国家的经济发展来促进民主化进程，从而起到防止共产主义渗透的效果[2]。

这一论调的代表人物是沃尔特·罗斯托。罗斯托在肯尼迪政权刚刚成立的 1961 年成为了总统国家安全事务特别助理，同年末就任国务院政策规划会议（Policy Planning Council）委员长。罗斯托等人提倡的近代化论的实验场是拉丁美

1　关于艾森豪威尔政权的对外经济政策参考以下：Burton I. Kaufman, *Trade and Aid: Eisenhower's Foreign Economic Policy, 1953−1961* (Baltimore: The Johns Hopkins University Press, 1982)。以下拙论也考察了这一时期的历史经过：「1950 年代アジアにおける地域協力の模索とコロンボ・プラン」前掲，拙著『冷戦期アメリカのアジア政策』，121—162 頁。"U.S. Cold War Policy and the Colombo Plan: A Continuing Search for Regional Cooperation in Asia in the 1950s," Shigeru Akita, Gerold Krozewiski, and Shoichi Watanabe, eds., *The Transformation of the International Order of Asia: Decolonization, the Cold War, and the Colombo Plan* (London: Routledge, 2015), pp.177−198.
2　关于肯尼迪的第三世界政策和基于近代化论的援助及其失败等问题，参考以下：秋元英一，菅英輝共著『アメリカ 20 世紀史』東京大学出版会、2004 年、220—223 頁。

洲，在 1961 年 2 月 13 日发布了面向拉丁美洲的名为"为进步而结成的同盟"的援助计划。这个援助计划要在 10 年间投入 180 亿美元的庞大资金，以促进该地区的开发。其重要的目的是防止发生第二个古巴革命。他们认为，通过社会、经济和政治的改革来克服拉丁美洲各国的贫困和压迫问题是对抗共产主义威胁的有效手段。但是，这个援助计划没能像肯尼迪政权期待的那样顺利推行。同样的实验在南越等其他地区也做过尝试，但都以失败告终。

至于为什么进展不顺利，其问题源于美国构建自由主义国际秩序的目标。以下对这一点进行讨论。

四、美国的"冷战胜利论"（历史终结论）与"自由主义工程"的问题点

冷战的终结一般以柏林墙的倒塌为标志，这是 1989 年 11 月 9 日发生的事情[1]。冷战结束以后，"冷战胜利论"在美国被广泛接受，弗朗西斯·福山的《历史的终结》受到了好评。福山主张，苏联解体意味着"历史结束了"，并宣称民主主义与自由主义经济的时代从此以后将代替意识形态对立与战争的时代，这完全是自由主

1　关于冷战结束的时间，也有观点认为是 1989 年 12 月的美苏首脑马耳他会晤。但是，吉留公太又提出了新的观点认为，布什总统在马耳他会晤上慎重地避开了使用"冷战的终结"这样的表达，而是在 1990 年 9 月 9 日的赫尔辛基美苏首脑会晤上才正式发表了冷战结束的宣言。按照吉留的说法，柏林墙倒塌与马耳他会晤只意味着冷战在事实上的终结，而正式结束的时间应该是 1990 年 9 月 9 日。关于冷战开始的时间，一般认为美国一方的正式宣言是 1947 年 3 月 12 日的杜鲁门主义。但拙著中主张，冷战实际开始的时间是杜鲁门政府通过在 1946 年 9 月 24 日认可了克利福德备忘录，标志着政府内在对苏遏制政策上达成了一致的时间点。关于克利福德备忘录，参见前载拙著：『アメリカ 20 世紀史』180—182 頁，以及拙著『米ソ冷戦とアメリカのアジア政策』ミネルヴァ書房、1992 年、41—43 頁。另外笔者认为，即使是在亚洲，美国也已经在 1946 年通过孤立中共来实施遏制苏联的政策了。关于这一点，参见前载拙著『米ソ冷戦とアメリカのアジア政策』、87—114 頁。除此之外，还有其他印证拙著意见的研究：Marc S. Gallicchio, *The Cold War Begins in Asia American East Asian Policy and the Fall of the Japanese Empire* (New York: Columbia University Press, 1988). 加利奇欧主张，亚洲冷战在 1946 年 1 月时就已经开始了（第 135 页）。还有，关于冷战终结的研究可参考以下。森聡「ドイツ統一と NATO の変容」（第 8 章）拙編著『冷戦と同盟　冷戦終結の視点から』松籟社、2014 年、257—286 頁。吉留公太『ドイツ統一とアメリカ外交』（晃洋書房，近刊）。

义与民主主义胜利论[1]。

　　另外值得注意的是，冷战后美国帝国论也非常盛行。当初在美国，美国帝国否定论是主流，但从 60 年代开始到 70 年代，以威廉姆・威廉姆斯为代表的"门户开放的帝国主义"论在历史研究者中成为共识，自此之后否定美国帝国论的见解就消失了踪影。而且冷战后，苏联的解体使得权力向美国一方集中，因此在保守派之间也开展了帝国拥护论。芝加哥大学的现实主义国际政治学者克劳萨默的"单极之时"论、新保守主义评论家劳伦斯・卡普兰的"仁慈的帝国"论等都受到关注[2]。美国帝国拥护论关注国际秩序基于"国际公共财产"供给的维持功能，对美国作为和平、稳定和繁荣的维持者发挥的作用给予了积极的评价。但是，如果不注意到现实中的帝国黑暗面和暴力性的话，对冷战的评价和对冷战给战后世界造成的影响的理解就会不够充分[3]。

　　因此，拒绝关注帝国黑暗面的"仁慈的帝国"论在 2003 年伊拉克战争的战后处理中遭到质疑，之后在 2008 年经历了"雷曼冲击"以后，迅速衰退了。进一步来说，2017 年特朗普政府成立，以"美国第一主义"为旗帜，推行拒绝国际合作主义和多边主义的外交方针，美国应该承担作为帝国的责任的论调逐渐消失了。

　　"冷战胜利论"也走过了同样的经历。特朗普政府的"美国第一主义"出现以后，紧接着在欧洲的反移民、种族主义、无视法律、民粹主义、极右势力抬头和反建制主义等势力的增长中，自由主义和民主主义胜利论逐渐衰退。

1　"The End of History," *The National Interest* (Summer 1989). *The End of History and the Last Man* (New York: The Free Press, 1992). 日语版『歴史の終わり』三笠書房、1992 年。关于后冷战世界的讨论，包括"历史的终结论"在内参考以下拙论：「冷戦史研究とポスト冷戦の世界」『アジア学論叢』（大阪外国語大学）第 5 号（1995 年 3 月 31 日）、3—32 頁。

2　Charles Krauthammer, "The Unipolar Moment," *Foreign Affairs* (Spring 1991). Robert Kagan, "The Benevolent Empire," *Foreign Policy* (Summer 1997). Niall Ferguson, *Colossus: The Rise and Fall of the American Empire* (London/New York: Penguin Books, 2002). 围绕这一时期的美国帝国的论争可参考以下拙论：「アメリカ帝国論の現状と世界秩序の行方」日本平和学会編『世界政府の展望』早稲田大学出版部、2003 年、45—62 頁。

3　关于美国帝国的暴力性，参见以下拙论：「解説『アメリカ帝国とは何か』」ロイド・ガードナー／マリリン・ヤング『アメリカ帝国とは何か』ミネルヴァ書房、2008 年、331—353 頁。

冷战结束 30 周年时对原东德市民的舆论调查显示，人们虽然欢迎冷战的终结，但有 38% 的回答认为德国的统一是不成功的。旧东德地区居民的工资比西德地区居民低 15%。还有原东德市民的 57% 感到自己被视为二级市民对待。

东欧的状况也与之类似。东欧各国在全球化的影响下与发达国家拉开了相当大的经济差距。其结果举例来说，罗马尼亚 30% 的本土劳动力都为了寻找工作机会而迁居到了其他国家。他们中的很多人都认为在共产主义政权统治下的生活更好。爱沙尼亚和保加利亚本土有 15% 的劳动力流失，拉脱维亚的比例在 25% 以上。他们感到，柏林墙虽然倒塌了，但"新的壁垒"又竖了起来。

在冷战时期被称作第三世界的亚洲和非洲的发展中国家在冷战后的全球化的影响下，国家基础有所动摇，出现了很多"崩溃国家""缺陷国家"。这些区域频发内战，国民的生活变得更加凄惨。这些人民没能分到"和平的红利"。以福山为代表的冷战胜利论者们，为什么对冷战后的世界作出了错误的预测呢？冷战史研究到底应该如何解释冷战后的现状呢？

笔者在《冷战与"美国的世纪"》（2016 年）和《冷战时期美国的亚洲政策》（2019 年）这两本著作中已经指出，第二次世界大战后的美国以构筑"自由主义的秩序"为目标，但必须承认其理念与实际的行动和政策之间出现了相当严重的偏差[1]。在上述拙著中，提出了以下几个特点。

第一，美国型的民主主义即自由民主主义，实际上相比于民主主义更倾向于自由主义，其中的政治实施过程比起平等来说更注重经济的自由主义。其结果，就是美国的民主主义是作为"精英民主主义"发挥作用的。支持特朗普的美国选民表现出了强烈的反移民、反精英、反建制的倾向，他们对从"精英民主主义"中孕育而生的贫富差距抱有强烈的不满。以"多元主义的民主主义"思想为基础的利益集团政治在 20 世纪 60 年代末就走到了尽头。西奥多·罗维在《自由主义的终结》（1969 年初版）中阐明了这一主张。罗维在之后的第二版（1975 年）中还写道，利

---

[1] 为了回答该问题，出版了 2 部拙著。前载拙著：『冷戦と「アメリカの世紀」』和『冷戦期アメリカのアジア政策』。另外，以下著作也从美国自由主义的变质的观点出发，考察了美国自由主义与玻利维亚革命的民族主义之间的对抗关系。上村直樹『アメリカと革命』有信堂、2019 年。

益集团的自由主义没能克服其危机[1]。正如罗伯特·达尔设想的那样,如果让各种利益集团在竞争中有胜有负都不成问题,但实际上,只有少数的大规模利益集团维持着其既得利益,而其他一般民众的利益在政策过程中都被排除在外。其结果,就是"胜利组"和"失败组"被固定化了,这才是罗维认为的问题所在。

另外,约翰·鲁杰在1983年的论文中着眼于美国自由主义所蕴含的自由与平等关系的危险,指出了"嵌入自由主义之中的妥协"有动摇并崩溃的危险。也就是说,鲁杰对此敲响了警钟,指出美国在战后追求的自由贸易体制的扩大与维持,需要维持国内的新政派体制(福利国家体制),但"无法抑制的自由化"存在破坏福利和雇佣等国内支撑基础的危险性[2]。他的警钟在之后成为现实,冷战后经济与金融的全球化加速发展导致其失去平衡。换言之,美国在战后以"自由主义和资本主义秩序"的扩大为目标,但支撑其追求目标的国内基础却走向了崩溃,陷入了自相矛盾的悖论。

第二,如果说美国在战后国际社会追求的"自由主义秩序"的形成("自由主义工程")包含着上述问题的话,那么其影响也波及了对第三世界各国的经济开发政策上。在冷战时期,由于形成了以各发达国家为优先的国际经济秩序,因此产生了"南北问题"和"南南问题"。以放宽限制、民营化和资本自由化为基调的美国对外经济政策的推行者们,虽然对发展中国家要直面的各问题有所认识,但缺乏真正致力于解决这些问题的姿态。

1973年10月第四次中东战争爆发引起了石油危机之后,发展中国家中极度缺乏资源的国家陷入了深刻的债务危机,这使得第三世界面临资源拥有国与没有资源的国家之间经济差距扩大的"南南问题"。1974年4月的联合国资源特别大会上,

---

1 Theodore J. Lowi, *The End of Liberalism: The Second Republic of the United States* (New York: W. W. Norton & Co. 1979), 2nd edition, pp. xi–xii, pp.57–61, p.200, p.226. 关于罗伯特·达尔的论述参见以下:『デモクラシーとは何か』(中村孝文訳)岩波書店、2001年、217頁。『ポリアーキー』(高畠通敏・前田修訳)三一書房、1981年。

2 John Ruggie, "International Regimes, Transactions and Change: Embedded Liberalism and the Postwar Economic Order," Stephen D. Krasner, ed., *International Regimes* (Ithaca: Cornell University Press, 1983). 日语版:『国際レジーム』(河野勝監訳)勁草書房、2020年。*Winning the Peace: America and World Order in the New Era* (New York: Columbia University Press, 1996), p.37. 日语版『平和を勝ち取る』岩波書店、2009年。

由第三世界各国组成的 77 国集团（G77）发表了新国际经济秩序（NIEO）宣言。针对这个发展中国家以纠正国际经济秩序的不平等为目标发起的运动，基辛格以冷战逻辑为优先，与石油消费国一起合作对抗 NIEO[1]。之后在 1981 年 1 月成立的里根政府主张"小政府"论（实际上就是反新政），追求新自由主义路线。紧接着为填补政府财政赤字而实行了高利息政策，导致原本就累积了巨额债务的第三世界各国的负债额急剧增加，使其很多都陷入了无法支付的状态。为了偿还债务而寻求从国际货币基金组织和世界银行融资的国家只能接受限制性条件（"结构调整"工程）[2]。这些条件包括缓和外汇和进口的限制、官方汇率下调、贸易自由化、抑制通胀政策（收紧金融、紧缩财政、控制工资）、放宽对外国资本的限制等。其结果是，第三世界各国的多数政策都接受了很多之后被称为"华盛顿共识"的政策，被纳入了新自由主义体系。这意味着围绕第三世界经济开发展开的美苏间的模式竞争在里根政府时期决出了胜负。再者，冷战后在发展中国家之间产生了"破产国家"和"崩溃国家"，这些国家饱受内战和纷争之苦。这样的冷战后的世界现状，与冷战时期美国所追求的"自由主义秩序"的形成与介入有着密切联系。

第三，美国在追求"自由主义工程"的同时，以冷战逻辑为优先。也就是说，只要是反共主义的政权，即使是独裁政权、军事政权和压迫性质的政权等"反自由主义的""非自由主义"的政权，也要予以支持。虽然公开宣扬的理念是追求自由与民主主义，但美国的冷战政策还是以遏制共产主义为优先。

第四，美国为了对抗苏联和共产主义中国，时常介入他国内政。根据 B. M. 布莱克曼与 S. S. 卡普兰的研究，美国使用军事力量作为达成政治目的的手段的事件在 1946 年 1 月 1 日到 1975 年 12 月 31 日期间多达 215 起[3]。美国的决策者们将战争

1　前载，Sargent, *A Superpower Transformed*, op. pp.178-182。

2　麦克纳马拉世界银行总裁在之后提倡所谓的"人类基本需求"（BHN）思想，致力于解决石油冲击后发展中国家南北差距扩大的问题和贫困问题。但是，这个努力失败了，于是世界银行又采用了"结构调整工程"。麦克纳马拉总裁在 1979 年 5 月举行的联合国贸易开发会议（UNCTAD）上发表演说，提倡"结构调整贷款"（SAL），意欲发挥补充国际货币基金组织的"结构调整工程"的作用。Patrick Allan Sharma, *Robert McNamara's Other War: The World Bank and International Development* (Philadelphia: University of Pennsylvania Press, 2017), chapter 7 and pp.148-149.

3　B. M. Blechman and S. S. Kaplan, *Force without War* (Washington D.C.: The Brookings Institution, 1978), p.23, p.33.

作为外交手段的延伸的倾向十分显著[1]。但是，这样的思考模式与在外交中重视尊重法律和用说服的方法解决纷争的自由主义规范是不相容的。而且，美国在冷战时期为了与受到共产主义、社会主义影响的政权及反美的民族主义政权相对抗，给非民主的反政府势力提供武器和经济援助等，试图颠覆该政府。这样的事例能举出很多，例如：艾森豪威尔政府推翻了伊朗摩萨台民族主义政权（1953 年 8 月）；肯尼迪政府训练来自古巴的流亡者以推翻卡斯特罗政权为目标，但最终失败了的猪湾事件（1961 年 4 月）；肯尼迪政权支援了反对南越吴庭艳政权的政变（1963 年 11 月），约翰逊政府对多米尼加共和国的军事介入（1965 年 4 月）；尼克松政府支援了智利军部以推翻阿连德社会主义政权（1973 年 9 月）；在尼加拉瓜内战中，里根政府对反桑地诺势力进行军事和经济援助，并对桑地诺政权进行经济制裁，侵略格林纳达（1983 年）；等等。

当然，对第三世界介入的不只是美国，苏联也是同样。苏联在 20 世纪 70 年代在核武器领域实现了与美国并驾齐驱之后，受到美国在越南战争中败退的刺激，也开始积极地介入第三世界。从这个意义上来说，冷战时期美苏两个超级大国对第三世界的介入给冷战后世界的形成产生了巨大的影响。

正如文安立的《全球冷战史》的副标题"美苏对第三世界的干涉与当代世界的形成"所提示的那样，冷战与冷战后的世界是联结在一起的。正所谓，"历史意义上的冷战，特别是从南方的一侧来看，只是做法稍微有所改变的殖民主义的继续。……超级大国及其同盟国所用的手段，与欧洲的殖民主义在其最后阶段磨砺出来的做法十分相似。也就是说，计划出一个巨大的社会和经济开发事业，支持它的人能得到实现近代化的保证，相反，反对它的人或不幸被认为妨碍了其进步的人，则大部分情况下都会使其死亡"。[2] 文安立这样的叙述，就是在强调美苏两国的

1　以下拙著对美国外交与使用军事力量的关系做了详细论述：「アメリカ外交の伝統と戦争」（第 12 章）『アメリカの世界戦略　戦争はどう利用されるのか』中公新書、2008 年、182—207 頁。「米国とパワー・ポリティクス」（第 12 章）初瀬龍平編著『国際関係入門』法律文化社、2012 年、154—171 頁。
2　Westad, *The Global Cold War,* op. cit., p.396. 前載、ウェスタッド『グローバル冷戦史』、399 頁。拙論、拙著中にも同様の討論。前載、拙論「アメリカのヘゲモニー支配と脱植民地化過程への対応」北川編『脱植民地化とイギリス帝国』、111—152 頁。前載、拙著『冷戦と「アメリカの世紀」』、48—60、72—73 頁。

介入主义与欧洲帝国主义之间具有连续性。美苏的帝国性在第三世界中表现得最为明显。

五、战后日本的外交与冷战——合作政权与"日美合作"

冷战事实上是以苏联崩溃的形式结束的。这是因为苏联不得不以一国之力负担冷战的成本，加上进入 60 年代以后，与本来应该是伙伴的中国对立不断激化，在 1969 年 3 月中苏边境发生了冲突后，中苏对立成为定势[1]。

一方面，美国拥有由发达工业国组成的同盟国作为冷战的合作伙伴，能够分担冷战的成本。欧洲有英国、德国和法国，亚洲有日本，这些国家的支持起到了弥补美国因冷战政策而消耗的作用。冷战史学家加迪斯提出，虽然第三世界未能决定冷战的结果，但"在欧洲和日本发生的事情很大程度上决定了冷战的结束方式"，认为西方同盟国极力抵抗苏联，与美国协作，这决定性地左右了结果[2]。加迪斯的冷战史研究以美苏中心史观与苏联责任论（主张开始冷战的责任在苏联一方）为特点，但有意思的是，他近年来开始重视同盟国的作用。

美国从 60 年代开始到 80 年代为止一直为国际收支的赤字而烦恼，虽然其过程缓慢，但还是逐渐进入了霸权衰退的局面。在讨论 1968 年美国美元危机的《1968 年的经济危机与"美国的世纪"的衰退》一文中，柯林斯在"1968 年初发生了大萧条以来最严重的经济危机，动摇了西方世界"这一认识的基础上，得出了结论。他认为，以 1968 年美元危机为契机，决定了 60 年代美国的"成长的自由主义受挫，美国的世纪宣告结束"[3]。

1　关于 60 年代中苏对立的原因有很多非常优秀的研究，暂且参照以下论文：チャン・ジャイ「深まる中ソ対立と世界秩序　中ソ同盟崩壊の原因と米中対決」拙編著『冷戦史の再検討』法政大学出版局、2010 年、239—269 頁。

2　John Lewis Gaddis, *We Now Know Rethinking Cold War History* (Oxford: Oxford University Press, 1997), pp.285-286. 日语版『歴史としての冷戦』（赤木完爾，斎藤祐介訳）慶応義塾大学出版会、2004 年。

3　Robert M. Collins, "The Economic Crisis of 1968 and the Waning of the 'American Century'," *American Historical Review* (April 1996), p.396, p.422. Idem, "Growth Liberalism in the Sixties," David Farber, ed., *The Sixties* (Chapel Hill: The University of North Carolina Press, 1994), pp.32-33.

美国的霸权并没有像柯林斯主张的那样一味地走向衰退，这多少含有夸张的成分。但是，美国霸权陷入衰退局面的时期，同盟国分担了冷战成本的意义非常重要。关于这一点，卡莱欧指出，以美元为基础的国际货币体系，作为支撑美国这一"世界帝国"财政的"课税系统"发挥了作用。这个系统赋予了美国政府"无限制的巨大力量"，因此他针对美国力量衰退论提出，与其说是美国力量在衰退，不如说是美国在维持现状[1]。

1968 年初的美元危机在 1960 年就已经出现了明显的兆头。因此在同年 2 月，艾森豪威尔政府就出台了美元防卫政策。接下来在肯尼迪政府时期，基于美国必须在削减国际收支赤字的方面发挥西方阵营领导的作用这一认识，美国正式实施了扩大出口、削减对外军事支出的政策。作为其中的一环，肯尼迪政府向同盟国售卖美国制造的武器并削减驻军经费等。

其中，在西欧驻扎的美军约有八成都驻扎在西德，而自从西德实现了经济的高度增长，美国加强了对其分担负担的要求。1961 年 11 月，两国之间缔结了抵偿协定。根据该协定，西德承诺在之后的 2 年内购入新的美制武器并承担劳务，其所需金额上升至 13.5 亿美元。之后在 1963 年和 1965 年都对该协定进行了修改，因此从 1961 年到 1966 年为止，西德的武器购入金额与美军驻扎西德的经费大致相当。西德不仅通过从美国购入武器抵偿了美国在西德的驻军费，并且持续使用美元作为一半的外汇储备。另外，还通过让德国中央银行从美国财政部购入证券等手段成为美元的买主，协助了美国的美元防卫政策[2]。

1965 年春天以后的约翰逊政府时期，越南战争的扩大带来的军费增加，使得美国的美元防卫政策难以为继，招致了 1968 年的经济危机。到 1966 年末为止，美

1 David Calleo, "Introduction Decline: American Style," Benjamin M. Rowland, ed., *Is the West in Decline? Historical, Military, and Economic Perspectives* (Lanham/Boulder/New York/London: Lexington Books, 2016), p.xv.

2 Thomas A. Schwartz, "Victories and Defeats in the Long Twilight Struggles: The United States and Western Europe in the 1960s," Diane B. Kunz, ed., *The Diplomacy of the Crucial Decades* (New York: Columbia University Press, 1994), p.138. Gregory F. Treverton, *The Dollar Drain and American Forces in Germany* (Columbus: Ohio University Press, 1978), p.33. William Borden, "Defending Hegemony: American Foreign Economic Policy," Thomas G. Paterson, ed., *Kennedy's Quest for Victory* (Oxford: Oxford University Press, 1989), pp.80–85.

国国际收支中军事支出的约三分之二都是越南军费。因此，从 1966 年 8 月开始，美、英、西德三国之间就美国驻扎军费的抵偿问题开始了协商，但美国和西德之间的对立导致了艾哈德政府的倒台。这一时期美国和西德关系的紧张程度已经非常严重，谈判中的驻德美国大使约翰·麦克罗伊甚至对约翰逊总统说，"（NATO）同盟有崩溃的危险"。但是，在基辛格新政府时期，西德同意了购入 5 亿美元份额的美国财政部证券，并宣布进一步控制黄金的购买（黄金与美元的交换），这才使得三国在 1967 年签订了协定，总算度过了同盟的危机[1]。

　　美国的美元防卫政策也影响到了日美关系，日本在日美谈判中，通过贸易自由化，在军事层面增强日本的防卫力量并购入美国制造的武器，增加驻日美军军费的负担份额，增加政府开发援助（ODA），并在美国国际收支赤字恶化的情况下在资本收支方面协助美国等形式，起到了协助美国冷战战略的作用[2]。

　　约翰逊总统为了应对国际舆论对越南战争扩大的批判，于 1964 年 4 月 7 日在巴尔的摩进行演讲，发表了开发东南亚湄公河三角洲流域的构想。此时在向国会寻求预算措施的同时，也向日本提出了合作要求。由于巴尔的摩演讲带有游说支援越南战争的意图，因此佐藤荣作政府与约翰逊的提案划清了界限，但于 1966 年 4 月 6、7 两日在东京召开了东南亚部长会议，公开表示实现对外援助金额达到国民生产总值（GNP）占比 1% 的目标和扩大对东南亚的经济援助。另外，同年 11 月亚洲开发银行的成立也发挥了重要作用，该银行基金筹措了与美国等额的 2 亿美元，之后又同意向特别基金拨款 1 亿美元（美国国会没有批准特别基金的预算）[3]。而且，在 20 世纪 70 年代美国国际收支持续恶化的情况下，美国的对外援助在开发援助委员会（DAC）加盟国的 ODA 占比从 1965 年的 54.36%下降到 1979 年的 24.38%，而日本的 ODA 占比在同一时期从 4.48% 急速上升到

1　Schwartz，ibid.，p.140, pp.146–147.

2　关于这一点的详细研究，参见以下：高橋和弘『ドル防衛と日米関係　高度成長期日本の経済外交 1959〜1969 年』千倉書房、2018 年。

3　详细参考以下拙论："U.S.-Japan Relations in the 1960s and U.S. Policy toward the Emerging Regionalism in Asia: Nationalism, Regionalism and Collective Security,"『法政研究』第 66 卷 2 号（1989 年 7 月）、41—59 頁。

10.20%[1]。

　　虽然冷战是由美苏两个超级大国分化成自由主义阵营与社会主义阵营展开斗争的历史，但美国的同盟国们发挥了重要的作用。笔者也将基于日本政府发挥的作用而将其定位为美国的合作伙伴。冷战时期日本在外交上"拥抱了"日美安全保障条约，结果成为了美国的合作伙伴政权[2]。

　　这里所谓的合作伙伴，是指将美国视为"非正式帝国"，并在美国的冷战战略框架内追求本国利益的亲美政权及政治和经济精英。因此，合作伙伴政权不会和非同盟各国一样与美苏冷战保持距离，以形成独立的外交与秩序为目标。在"非正式帝国"的美国与合作伙伴政权的关系中，有几个非常重要的特点。第一，与殖民帝国（正式帝国、领土帝国）不同，"非正式帝国"没有海外领土，因此在形式上尊重国家主权（政治的独立）。第二，相比于殖民帝国因统治领土而能够直接行使领土权力，"非正式帝国"行使力量的方式采取更加间接的形式。因此，尽管其拥有压倒性的强大的军事、经济、金融、技术和文化力量，但其影响力还是有一定限度的。第三，为了发挥影响，"非正式帝国"需要赋予合作伙伴政权一定的恩惠和利益，反之对采取不合作态度的政权实施制裁。而合作伙伴这一方，出于对恩惠和利益的期待或对制裁的恐惧，会接受其在一定程度上对国家主权的制约。在这一点上，"非正式帝国"与合作伙伴政权之间是心照不宣的[3]。合作伙伴理解"非正式帝国"设定的"游戏的规则"，在忖度中开展外交。第四，以上并不意味着"非正式帝国"不使用军事力量和强制力[4]。

　　以上特点与在海外拥有领土的殖民帝国有以下几点区别：第一，由于殖民帝国对从属地区进行统治，因此更加直接地对领土行使权力；第二，殖民帝国和"非正

1　关于日美在开发援助委员会（DAC）加盟国之间的 ODA（net）整体占比及援助额，参照各年度 OECD 数据。

2　"拥抱"这一用词的灵感出自以下著作：John W. Dower, *Embracing Defeat: Japan in the Wake of World War II* (New York: W. W. Norton & Co., 1999).『敗北を抱きしめて』（三浦陽一，高杉忠明，田代泰子訳）上・下，岩波書店，2004 年。

3　前载拙著：『冷戦と「アメリカの世紀」』序章。以下最新研究着眼于"密约"与"从属"的不可分割性，刻画了"对美从属的结构"。古関彰一『対米従属の構造』みすず書房、2020 年。

4　如上所述，根据布莱克曼和卡普兰的研究，美国为了达成政治目的，从 1946 年到 1975 年期间使用了 215 次军事力量。Blechman and Kaplan, *Force without War*, op. cit., p.23, p.33.

式帝国"一样，在进行统治的时候需要与当地精英合作[1]。但是，由于殖民帝国会通过从本国派遣的总督行使权力，因此很容易按照帝国的意愿对当地精英的抵抗进行镇压。如果不能与当地精英势力建构和谐关系的话，统治的成本会升高，统治也不稳定，会使维持帝国的统治变得很困难。

笔者关于战后日本外交的看法，与文安立在《给日语版的序章》（2010年）中的论述不谋而合。即"1945年日本投降后被美军占领了。日本的精英为了保住权力，不得不服务于美国在亚洲的目的。根据从占领时期孕育而生的日美安全保障条约，日本失去了在国际问题上作为独立行为体的地位，在冷战中为美国服务成了其职责"[2]。

芝加哥大学历史学教授布鲁斯·卡明斯的表述非常直接，很好理解。他在1993年的论文中，就笔者所说的"合作伙伴政权"的性质和行为这样阐述道：构想了战后秩序的美国决策者们所希望的是，"在美国构想的世界体系中定位日本，然后促使日本即使没有指示也能做好该做的事。出于这样的动机，他们设定了将日本的行动束缚在一定范围内的框架。然后这一规则的框架至今都在持续地发挥效用"[3]。"没有指示也能做好该做的事"，这就是合作伙伴政权的特征。

战后日本作为美国合作伙伴的关系架构形成于占领时期，其实质是在经济层面上的不对等的相互依存，以及战略层面上的"支配与从属"关系。前者是将日本纳

1　罗宾逊和道尔都主张"帝国"（正式帝国）需要合作伙伴。但是，道尔虽然认为"非正式帝国"是通过"对在法律上独立的周边国家的政权的内政外交"使用间接的手段进行支配的，但并没有提及合作伙伴的有无。同时他提出，为了与"非正式帝国"区别开来，所谓的霸权权力是"局限在对外政策的支配"上行使的。Ronald Robinson, "Non-European foundation of European imperialism: sketch for a theory of collaboration," Roger Owen and Bob Sutcliffe, eds., *Studies in the theory of imperialism* (London: Longman, 1972), p.130, pp.132–133. 虽然将冷战时期的美国定义为"非正式帝国"的研究有限，但以下研究也吸引了笔者的注意。前载，Darwin, *After Tamerlane*, op. cit.; David Reynolds, "American Globalism: Mass, Motion, and Multiplier Effect," Hopkins, op. cit., pp.244–263, esp. p.251. Michael Doyle, *Empires* (Ithaca: Cornell University Press, 1986), p.40, p.341.

2　前载，ウェスタッド『グローバル冷戦史』、6頁。

3　ブルース・カミングス「世界システムにおける日本の位置」アンドルー・ゴードン編『歴史としての戦後日本』上、みすず書房、2001年、92—93頁。约翰·道尔也在『吉田茂とその時代』（日语版题目）的1988年版中阐述道，日本政府独立后的三十多年间都"心甘情愿地从属于美国"，刻画出合作伙伴政权的性质。"Yoshida & the 1980s: A Preface to the Paperback Edition," John W. Dower, *Empire and Aftermath Yoshida Shigeru and the Japanese Experience, 1878–1954* (Cambridge, Massachusetts: Harvard University Press, 1988), p.xviii.

入自由主义世界经济体系，日本通过加入由美国主导创建的 IMF（国际货币基金组织）、GATT（关税贸易总协定）体制，旨在促进日本的复兴与政治稳定，并且为此需要加强与东南亚非共产主义各国的合作关系。美国推动日本分别在 1952 年加入了国际货币基金组织和世界银行，接着在 1954 年 10 月加入科伦坡计划，1955 年 9 月又加入了 GATT。而且正如前文已经指出的那样，在 1966 年 8 月，为了创建亚洲开发银行，日美筹措了等额的基金。接着进入 20 世纪 70 年代以后，日本的 ODA 急速增加，通过回应美国提出的增加对东南亚提供援助的要求构筑了"日美合作"的基础[1]。

另外一个关系就是安保、媾和及宪法体制。这一战后体制的一个重要支柱就是安全保障和媾和体制。这个支柱以象征天皇制（宪法第一条）、日美安保条约、旧金山对日和约三部分构成。另一个支柱应该说是宪法及（宪法）第九条体制，因为其体现出了宪法第九条的和平主义、国民主权、尊重人权和民主主义等价值观。

在安保与媾和体制中，象征天皇制是为了避免在东京审判中起诉天皇而结合宪法第九条成立的。也就是说，麦克阿瑟一方面将结束了战争的昭和天皇打造成一个和平主义者的形象，另一方面在东京审判中不起诉天皇的同时展开了军部责任论，通过将第九条编入新宪法，创造出了一个非武装国家、和平国家的日本形象[2]。

在这期间，由于发生了冷战，日美两国从遏制苏联的观点出发缔结了日美安全保障条约，填补了宪法第九条非武装规定的缺陷，并以此来负责日本的防卫。但是，以日本重新军备为前提缔结的日美安保条约并没有更改宪法第九条的条文，这使得两者之间出现了矛盾。也就是所谓的"安保与九条体制"的扭曲。1951 年 9 月 8 日，日美安保条约与旧金山对日和约于同一天签订，包含着矛盾和扭曲的战后体制就这样以条约的形式在国际间确立下来并得到了承认。旧金山对日和约的第六条作出了如下规定，即以缔结日美安保条约为前提，承认准许外国军队驻扎的双边协定的签订；第十一条接受了天皇免于起诉的东京审判的判决；第三条规定了美国

1　拙论「『非公式帝国』アメリカとアジアの秩序形成 — 1945～1954 年」宇山智彦編著『ユーラシア近代帝国と現代世界』ミネルヴァ書房、2016 年、201—202 頁。前載、拙著『冷戦と「アメリカの世紀」』、第 3 章。

2　『冷戦と「アメリカの世紀」』、196—199 頁。

对琉球及小笠原群岛的施政权。

　　日美安保条约是确保日本成为协助美国冷战政策的"亲美政权"（合作伙伴政权）的重要手段。该条约有"双重遏制"的意图，既遏制苏联，又阻止日本军事的大国化和外交的中立化。因此，日美安保条约在保护日本安全的同时，也保证了美国对日本的霸权统治[1]。

　　内含着矛盾和扭曲的媾和、安保及宪法体制的这一战后体制，首先是从苏联与共产主义的威胁下保护天皇制、确保日本的安全，同时保证亲美的保守统治阶层维持权力的体制。1946 年 2 月 13 日，盟军总司令部的民政局长考特尼·惠特尼到访外相办公室传达无法接受日本政府的宪法改革方案（松本案）时，在座的日方相关人员"露出了愕然的表情"。特别是吉田茂外相的脸上"露出了惊愕与忧虑的神情"。但是，惠特尼将军说道，麦克阿瑟"下定决心要在其他国家要求将天皇作为战犯进行调查的压力中保护天皇"，所以"如果能接受新宪法的各种规定的话，从现实问题出发，可以让天皇得以安泰"，这才使吉田等人理解了麦克阿瑟的意图，并接受了盟军总司令部的决定。接着惠特尼又说道："麦克阿瑟将军认为，这是被多数人视为反动的保守派保留权力的最后机会，而这只能通过你们激进一点（接受这个方案）才能实现。（中略）接受这个宪法草案是你们能期待留在（权力的宝座上）的唯一道路（中略），关于这一点，无论怎样强调都不为过。"[2] 惠特尼的发言说明了日本的保守统治阶层（还有甚至被称作国家主义者的人们）在对美交涉时无法提出自己主张的原因。

　　关于日美安保条约的"支配与从属"的关系，还可以从其他角度来看。比如，该条约虽然是双边条约，但在情报收集能力、军事力量和外交能力方面都处于压倒性劣势的日本，无法在与他国进行合作或实施援助的同时，与美国进行交涉。（顺便一提，特朗普政府放弃了多边主义而重视双边主义，也是出于同样的理由。）在这一点上，与在北大西洋公约组织（NATO）这一多边防卫条约中的美德关系有着决定性的差异。

1　『冷戦と「アメリカの世紀」』、199—201 頁。

2　GS「憲法草案手交の会談記録」1946 年 2 月 13 日，大嶽秀夫編・解説『戦後日本防衛問題資料集』第一巻，三一書房、1991 年、75—77 頁。

要说为什么日本处于与德国不同的境况，是因为美国当初构想的包含日本在内的亚洲集体防卫组织（"太平洋协定"构想）遭到了亚洲各国对原敌国日本的强烈抗拒而未能实现。这导致亚洲"自由主义阵营"的安全保障秩序只能以美菲同盟、日美安保条约和太平洋共同防卫组织（ANZUS）条约这几个以美国为轴心展开的双边、三边条约组成的网络来支撑[1]。美国在1955年4月的国家安全委员会（NSC）文件中也提到，要"尽快"创造出能把日美安保条约纳入由马尼拉条约（SEATO，1954年9月8日）和ANZUS条约联结构成的"西太平洋集体防卫协议"中的各种条件[2]。但是这并未得以实现，最终形成的是被称为"轴辐同盟体系"的同盟网，该同盟网延续至今。

还应该注意的是，日本还未在亚洲建立外交的立足点时就已经独立了，这是旧金山对日和约不是全面媾和，而是片面媾和（单独媾和）的结果。在冷战格局之下，美国承认"中华民国"为"正统政府"，而英国承认了中华人民共和国，与美国步调不一致，因此日本的媾和会议没有邀请中华人民共和国参加。韩国虽然同意了以列席代表的身份参加会议，但韩国不是战争当事者这一理由阻碍了其缔结旧金山媾和条约。再加上美苏对立的影响，苏联拒绝签署媾和条约。其结果就是，日本在没有与亚洲的共产主义各国和韩国之间确立外交关系的情况下回归了国际社会。另外，吉田内阁受到了艾森豪威尔政府国务卿杜勒斯的强大压力，被要求承认"台湾当局"而非中华人民共和国为中国的"正统政府"（"吉田书简"），因此独立后的日本无法与中华人民共和国建立正常的外交关系，这一情况一直持续到1972年中日邦交正常化的时候[3]。

日本是冷战的受益者。通过"宽大的媾和"，日本基本上被免除了战后赔偿。

---

1 以下拙著对这一过程进行了详细考察。『米ソ冷戦とアメリカのアジア政策』ミネルヴァ書房、1992年、第5章。

2 NSC 5516/1, "U.S. Policy toward Japan," April 9, 1995. [enclosure] "Statement of U.S. Policy on Japan Proposed by the National Security Council," *Foreign Relations of the United States*, 1955–1957, Vol. 23, pt.1, Japan, p.58.

3 关于日本在亚洲没能构筑外交立足点的经过，参考以下拙论："Japan-United States Relations in the Postwar Years: The Dilemma and Problems of Postwar Japanese Diplomacy and their Implications for the East Asian Order," Hugo Dobson and Glenn D. Hook, eds, *Japan and Britain in the Contemporary World* (London/New York: Routledge Curzon, 2003), pp.53–81。

但是，亚洲各个受害国对此表达了强烈不满，因此媾和会议允许这些国家（缅甸、菲律宾、印度尼西亚、越南等）以特例的形式与日本进行两国间的赔偿交涉。在东京审判中，昭和天皇被免于起诉，军部责任论被提起，日本国民被认为没有责任，日本对朝鲜半岛和台湾的殖民统治也没有被追究，这些都导致战后日本与德国相比，其战争责任意识未能在国民心中扎根。

进入 20 世纪 90 年代以后，日韩和日中之间的历史认识问题开始突显出来。日韩两国通过 1965 年缔结日韩基本条约和请求权协定，实现了关系正常化。但是，围绕着殖民统治问题，韩国主张 1910 年的日韩合并条约从一开始就是违法的，而日本则认为当初并没有违法，两者的认识完全处于平行线，导致问题无法解决。文在寅政府执政后，日韩两国又因慰安妇问题和劳工问题再次展开了历史认识论争 [1]。中日两国于 1972 年宣布了《中日联合声明》，实现了邦交正常化，但与日韩两国间的情况相同，历史认识问题始终得不到解决 [2]。

如上所述，战后日本除去与东南亚各国的关系之外，没有在东亚建构起外交的立足点，而在与美国交涉时，除了在国际经济领域进行多边谈判的情况外，很难在日美两国间的交涉中展开自立外交，这种情况至今存在。特别是在安保领域，由于日本依赖于日美安保条约和美国的"核保护伞"，战后日本的外交自由被大幅束缚，日本政府只能作为美国的合作伙伴展开行动 [3]。

结语

至此，笔者基于已有的冷战史研究，阐述了自己对"冷战是什么"的看

1　拙论「日韓歴史摩擦と『65 年体制』のきしみ」拙编著『冷戦変容と歴史認識』晃洋書房、2017年、169—197 頁。拙编著『競合する歴史認識と歴史和解』晃洋書房、2020 年所收的各论文。

2　青山瑠璃「日中関係における『歴史問題』」『競合する歴史認識と歴史和解』2020 年、141—167 頁。

3　战后日本的自民党政权作为合作伙伴，起到了补足美国冷战政策的作用。在一点上，作为个案研究，除了对蒋介石当局、吴庭艳政权、尼赫鲁政权以外，还以韩国和印度尼西亚为对象进行了详细的考察：「冷戦秩序の変容とジョンソン政権のインドネシア政策 — 1964〜68 年」前载，拙著『冷戦と「アメリカの世紀」』第 6 章；「アメリカの対韓援助政策と朴正煕政権の対応、1960 年〜1970 年代初頭」前载，拙著『冷戦期アメリカのアジア政策』第 5 章。

法，但本文还有未谈及的课题，比如关于时期划分的问题。如果从 2001 年的论文《冷战的终结与 60 年代特性》中提到的 "冷战的终结" 的视角来说，时期划分当然是不得不讨论的一个主题。上述的论文中也设了 "冷战的时期划分与冷战的终结" 这一小标题，指出了讨论该问题的必要性。但在当时，只有韩礼德和拉夫伯的研究提到了时期划分问题 [1]，但并没有展开具体的讨论，其实这一状况至今未变。

　　笔者当时指出了在冷战演变的过程中如何定位 "缓和" 的问题。这里有两种研究途径：一是聚焦在国家间的缓和上，考察国家之间由紧张走向缓和的过程 [2]；二是考察 "从下层开始的缓和"（"社会缓和""民间缓和"）。前者重视的是防止战争、管理军备和东西对立的视角，而后者重视的是社会之间的缓和。其理由在于，正如 20 世纪 70 年代所显现出来的那样，美苏通过对核武器的垄断，在维持各自阵营内的统治时看到了能获取利益的一面，因此就这一点来说，很难将缓和与打破以美苏为中心的冷战体制联系到一起 [3]。玛丽·卡尔多的《想象中的战争》就关注了美苏关系的这个方面 [4]。她提出，如果通过 "新社会运动" 形成市民社会的动向没有在西欧、美国、苏联和东欧形成的话，冷战体制就不会崩溃，这是非常有说服力的论断。在此之后，受到 "社会缓和" 启发的研究也接连出现 [5]。但与此同时，依然没有

1　Fred Haliday, *The Making of the Second Cold War* (London: Verso, 1983). Walter LaFeber, *America, Russia, and the Cold War* (New York: The McGraw-Hill Co., Inc., 1997). 8th edition. 现在已经刊行第 10 版，但从那以后没有再发行改版。

2　以下是其典型案例，在其之后的许多缓和研究都属于这一类型。R. W. スティーブンソン『デタントの成立と変容』中央大学出版部、1985 年。

3　Mary Kaldor, Gerald Holden, Richard Falk, eds., *The New Détent* (London: Verso, 1989). Mary Kaldor and Richard Falk, eds., *Dealignment* (Oxford: Basil Blackwell, 1987).

4　卡尔多认为，相互敌对的两个阵营之间产生的威胁认识能够抑制阵营内的对立，要关注强化阵营内团结的工作，而美苏对立的本质就是 "想象中的战争"。Mary Kaldor, *The Imaginary War* (Oxford: Basil Blackwell, 1990) p.109, pp.113-115, pp.175-176, p.182, p.187. 关于 "社会缓和"，参见カルドー「冷戦を終わらせたのは誰か」『世界』（1990 年 10 月）、59-92 頁。

5　关于 "社会缓和" 的论文参见以下：前载，拙编著『冷戦と同盟』的序章与第一部；Mathew Evangelista, *Unarmed Forces: The Transnational Movement to End the Cold War* (Ethaca: Cornell University Press, 1999); Robert D. English, *Russia and the Idea of the West: Gorvachev, Intellectuals and the End of the Cold War* (New York: Columbia University Press, 2000); 前载，拙论「覇権システムとしての冷戦とグローバル・ガバナンス」中论述了 "社会缓和与冷战治理的终结"。

见到真正讨论了时期划分的研究，这也是笔者今后要研究的课题[1]。

　　与冷战终结的视角相关，还有一个今后可做的课题，就是探讨全球化与冷战的相互作用的问题。关于这一点，在第二部分讨论的入江的观点，即从将冷战相对化的观点出发，尝试把冷战置于更加长期的全球化的历史脉络中进行讨论，这一观点极富启发性。入江把第二次世界大战之后的时期分为以下三个阶段：第一阶段是 1945—1970 年的去殖民地化时期；第二阶段是 1970—1990 年，以"国际主义与全球化"为特征，在经济、社会和文化领域中的非地缘政治学现象的重要性增加的时期；第三阶段则是 1990 年到现在，以"再全球化"（re-globalization）为特征。具体来说，就是全球化加速，相互依存与相互连接（interconnectedness）进一步发展，多国籍企业和各种各样的非政府组织（NGOs）井喷式出现的时期。这些跨国家的非国家行为体，作为"历史变化的真正的主体"得到了重视。强调从全球化是"比冷战更加重要的、持续的历史现象"的观点出发，讨论作为历史变化动因的全球化的论点，从某种意义上来说，关注的是本文探讨过的"社会缓和"的主体，这与对冷战的演变和终结的论述有重合的地方[2]。另一方面，不要把冷战作为"历史的一个注脚"进行碎片化处理，而是有必要集中探讨冷战时期，并做一个时期划分。20 世纪 70 年代末到 80 年代的"新自由主义回潮"，是通过缓和限制来促进资本自由化极速发展的时期。以美国为首的西方发达工业各国在这一时期中，虽然伴随着资本自由化的阵痛，但通过调整工业结构和技术革新，总算是应对好了两次石油危机的冲击和国际经济结构的变化。同时，发展中国家的亚洲新兴工业地区（NIEs），以及接下来的东南亚国家联盟（ASEAN）各国，都通过从进口加工型工业向出口导向型工业的开发战略的转变开拓了新的发展路径。中国也于 1978 年底采用了"改革开放"路线，并持续至今[3]。但是，苏联和东欧各国的经济体系在应对这样的变化时失败了，不得已转换了体制。特别是苏联与东欧各国面临了巨大的

1　在以下的拙论中，秉持着对时期划分的思考，考察了在美苏霸权体系内包含的矛盾逐渐变大的过程中，冷战出现了怎样的变化而导致了终结。「覇権システムとしての冷戦とグローバル・ガバナンスの変容」前载，『グローバル・ガバナンス学』Ⅰ、104—126 頁。

2　上英明『外交と移民　冷戦下の米・キューバ関係』名古屋大学出版会、2019 年。

3　关于这一点参见以下：秋田茂『帝国から開発援助へ』名古屋大学出版会、2017 年；渡辺昭一编著『冷戦変容期の国際開発援助とアジア』ミネルヴァ書房、2017 年。

经济困难，促使东欧各国从西方银行接受了巨额融资而又陷入了无法偿还债务的境地，这一点与冷战的结束有着密切的关系。从这一点上来看，将冷战置于全球化之中来探讨两者的相互作用，正是冷战史研究者今后应该致力研究的课题[1]。

---

1 关于这一点，以下的研究富有启发性：Charles S. Maier, "Thirty Years After: The End of European Communism in Historical Perspective," Juliane Furst, Silvio Pons and Mark Selden, eds., *Endgames? Late Communism in Global Perspective, 1968 to the Present* (Cambridge: Cambridge University Press, 2017), pp.600−621; Stephen Korkin, "The Kiss of Debt: The East Bloc Goes Borrowing," in Niall Ferguson, Charles S. Maier, Erez Manela and Daniel S. Sargent, eds., *The Shock of the Global: The 1970s in Perspective* (Cambridge, Massachusetts: Harvard University Press, 2019), pp.80−91。

构建东亚共同体的可能性
—— 如何研究东亚共同体？

毛里和子[*]

引言

最近几年，东亚共同体广受关注。本学会（亚洲政经学会）是日本最大的区域研究学会，以当今世界上最活跃的亚洲地区为研究对象。此次本学会的全国大会以东亚共同体为主题举办共同论坛，一定会有政治、经济、安全保障等各领域的研究人员提出各种各样的问题，并进行分析和展望。

一、有关"亚洲"的六种研究路径

作为全国大会共同论坛的组织协调人，我们不希望就东亚共同体进行讨论时仅停留在时事评论水平或者是狭义的政策性讨论上，我们也不希望讨论没有焦点，漫无目的。为此，就东亚共同体问题我们提出了几个研究路径，设定了几个问题，希望与与会者和报告者共享。这样就能使东亚共同体学术讨论会更有深度，这正是我们组织协调人的期待所在。

---

[*] 毛里和子，早稻田大学名誉教授，华东师范大学顾问教授。

冈仓天心在游学印度时曾说："亚洲是一个整体。"之后，百年过去了。然而，亚洲从未实现过"一个整体"的愿景。尽管如此，在亚洲，一直就有人在尝试研究亚洲共同体形成的问题。关于这一问题的知性探讨，现阶段可归纳出以下六条研究路径。

第一，"虚构的亚洲"。这是经过各种构思、想象、记忆而形成的。尽管是虚构的，但虚构必然会作为现实对人类的生存处境发生作用。近代以后，亚洲各地讲述了各种各样的"虚构的亚洲"。

第二，作为政治及国家的象征的亚洲。日本军国主义的思想家在1945年日本战败之前，使用了"作为象征的亚洲"这个概念，其目的是保障日本在亚洲地区的势力范围和日本军国主义统治的正当性。今后，谁都不能保证不会在这一语境中使用"亚洲"这个词。亚洲在作为国家的象征使用时，会伴随各种各样的风险。这一点历史已经告诉了我们。

第三，作为人员、商品、财产、信息流动的空间的亚洲。亚洲在地理上容易在陆地和海洋上构成各种各样的网络。这就是"作为流动空间的亚洲"。

第四，作为表达身份认同感的亚洲。这是认为亚洲各国在传统、风俗习惯、文化上有共性，在个人、集体、国家的关系等政治文化上也具有共性，在根本上承认亚洲存在身份认同感的观念。

第五，可称之为"功能性的亚洲"，是一种有意识地创造出来的亚洲。比如自由贸易区设想、共同的能源储备框架或者安全保障共同体等，在就某个问题领域组成合作共同体或者框架时，使用的亚洲这个概念。经济学家末广昭曾经指出："亚洲这个市场是一个有限责任公司，亚洲各国或者大企业都是其股东。"这句话非常典型，切中肯綮。

第六，在"功能性亚洲"发展的基础上构思出来的"作为制度的亚洲"。比如在提倡构建"东北亚共同的家园"（由姜尚中等人提出）时，其基础就是对亚洲的身份认同感。即便如此，亚洲内部的身份认同感并不完全一样，必须通过某种制度来予以保障。在遥远的将来，亚洲要建立近似欧盟的共同体时，会需要多个种类及数个层次的"作为制度的亚洲"。

各领域研究者都会按照自己的标准从上述的六条研究路径中选择一个，由此得出的结论也会有所不同，从各自领域进行各种各样的展望。现在最为要紧的是要就如下问题作出回答：在思考当今的东亚问题时哪种研究方法更为有效？东亚现在处于共同体形成过程的哪个阶段？

二、促进和阻碍共同体形成的要素

接下来应集中讨论的问题是东亚打算构建怎样的共同体？促进东亚共同体形成的要素是什么？阻碍东亚共同体形成的要素又是什么？

毋庸赘言，东亚共同体的模板就是欧盟。众所周知，就东亚的现状而言，在合作、身份认同、统一的成熟度等方面，与欧盟无法相提并论。尽管如此，我们亚洲人之所以讨论东亚共同体，是因为期待东亚共同体的形成。

那么，在讨论共同体时至少需要在逻辑上搞清楚下述问题：

第一，什么叫共同体？处于怎样的水准，有怎样的功能？这是需要研究的问题。

第二，共同体有可能是复合的、多层次的。在这种情况下，必须要搞清楚"复合"和"多层次"是什么意思？可以设想，在以某个区域的各个国家为主体的共同体中存在经济共同体、政治共同体、安全保障共同体和文化共同体。果真如此的话，将这四个共同体整合在一起就能在亚洲形成欧盟式的共同体。但是，可以只形成经济共同体吗？或者，如果不统一各个领域的话，各个领域的共同体就不能作为共同体发挥作用吗？换句话说，像亚洲这样区域和次区域尚未定型，仍处于形成新区域过程中的区域，应该思考区域共同体和次区域共同体之间的关系。

第三，如上所述，不论是统一的共同体还是各领域的共同体，促进共同体形成的要素是什么？阻碍共同体形成的要素又是什么？这些问题都有必要进行分析。特别是由于东亚近代长达 150 年的历史中，东亚地区相互不信任、互相警惕以及猜忌厌恶的情感根深蒂固。另外，在近代 150 年，特别是在第二次世界大战后的 50 年，东亚各国都有强烈的民族主义，这割裂了亚洲。东亚地区的各国在经济实力、政治实力、军事实力及其影响力上都存在着显著的差距和非对称性。毋庸赘言，这三个要素是阻碍形成共同体的要因。在这种情况下，东亚共同体的形成困难重重，而且也不得不具有"东亚的特性"。

三、对上述讨论进行暂定性总结

笔者就亚洲政经学会全国大会的共同论坛提出如上的讨论议题，在此梳理一下笔者的思考。首先，日本国际问题研究所的宫川真喜雄曾在日本外务省工作，参与了推进自由贸易区的谈判，他为我们介绍了东盟、韩国、日本建构东亚共同体的动向。如果以东亚的传统和价值观为基础构建东亚共同体的话，可有助于解决区域内的纷争，日本作为发达经济体系的模板可以作出贡献。庆应大学的小岛朋之教授强调，即便存在阻碍东亚共同体形成的因素，共同的利益以及区域的安全保障也会促进东亚共同体的形成，日本和中国在这方面应该承担起重任。

法政大学的铃木祐司教授是研究东南亚问题的专家，他从其他角度对东亚共同体研究热潮提出了疑问："东亚共同体的主体是居民还是国家，是共同的家园还是共同的堡垒？如何与强烈的民族主义共存？"东京大学的深川由纪子教授从国际经济学角度指出，日本和亚洲四小龙、东盟和中国沿海地区、越南等和中国内陆地区构成了三重经济统一体，而东亚正在走向这个三重经济统一体的统一体，从功能性统一体的角度对东亚共同体做了一个令人期待的展望。

共同论坛上讨论非常热烈。东盟、亚太经合组织、东盟地区论坛等既有的组织与东亚共同体是什么关系？未来东亚共同体的共同的价值观、理念、组织原则是什么？中日韩等各国有着强烈的民族主义，这些国家能形成区域共同体吗？共同体的主角只是国家吗？东亚地区各国的国力、经济实力上存在着很大的差距，在这样的地区构建共同体会不会导致区域的霸权争夺？所有这些讨论的焦点都是关系到共同体本质的重要问题。

笔者对共同论坛的讨论进行了总结，概括为以下五点：

第一，以前并未存在过"一个亚洲"，但是在功能层面正在朝着"一个亚洲"的方向迈进。这一点已经得到肯定。

第二，东亚共同体的动向，以1997年爆发的金融危机的经验教训，以及东盟长达30年的历史性经验为基础。东盟虽然在相互猜疑中诞生，但在最近30年间发展成为一个成熟的合作机制。

第三，当然，对区域共同体来说共同的理念、目标以及组织机构的基本原则是不可或缺的，在这些方面达成协议还需要花很长的时间。

第四，如果不考虑日美安全保障条约、台湾问题、领土问题等安全保障上的因素而只谈东亚共同体的话，讨论本身也就会成为空谈。

第五，如果不把国家以外的非国家主体（包括台湾）列入区域共同体成员的话，共同体的功能就会受到限制。

四、今后的课题

近年各国间就东亚共同体的构建所开展的政治活动非常频繁，2005 年还召开了"东亚峰会"。然而，将这些活动放到学术领域来思考的话，今后亚洲研究者应该考虑下述这些问题。第一，与共同体的原理有关的问题。东亚共同体单单是为成员国谋取共同利益的组织，还是要以和平、人权等较高层次的价值观作为目标原理？当前主要还是讨论前者，但是，要构建真正意义上的区域共同体，成员间共享的价值观和目标就是不可或缺的。不过在此之前，亚洲还有很多国家处于民族国家形成的过程之中，经济上仍然还处于欠发达状态，所以也可以设想建构一种以互帮互助为原理的、共同体式的集团。

第二，以什么作为共同体的基础？这是一个重要的问题。也就是说，只是谋求当下的共同利益就足够了吗？能否以将来的共同目标为基础？从上述这些因素中选择哪一个作为构建共同体的基础？诸如此类的问题。

第三，共同体的功能的问题。共同体仅是区域的成员国聚集的"共同空间"吗？抑或是一个保持一定的关系和秩序、能够遮风挡雨的"共同家园"？还是应对地域危机和共同外敌的"共同的堡垒和要塞"？或者是根据不同的问题，有时成为共同的空间，有时形成共同的家园，还有时成为共同的堡垒？

第四，共同体的成员资格问题。是由国家构成共同体，还是由各国国民构成，抑或是由本地区的居民构成共同体？在全球化的背景下，台湾问题、难民问题、环境灾害、恐怖主义等问题仅凭主权国家是无法应对的，应该考虑采用其他可以解决问题的方式。

在地理上如何划分东亚的问题也与成员资格有关。东亚是否仅限于东南亚和狭义的东亚呢？2002 年 1 月小泉纯一郎首相在新加坡提出了将澳大利亚、新西兰也包含在东亚范围内，那么是否能够采用这个分类方法呢？另外，是否要把印度等国也包括在内呢？对东亚来说，最重要的域外势力就是美国，那么东亚与美国应该结成怎样的关系呢？

第五，"两个历史"的问题。迄今为止，在绝大多数情况下，一般都将到第二次世界大战结束为止的近现代史作为东亚的历史来讲述。不过，"二战"结束后到现在也有 50 年的历史了。"二战"后 50 年的历史资产是非常丰厚的。虽然冷战和民族主义割裂了区域，但另一方面，"二战"后的 50 年也是民主化和经济发展的 50 年。东盟不断成熟起来，通过东盟方式在东南亚实现了一体化，1998 年日韩之间在历史问题上达成和解，这也属于重要的资产。"二战"结束后至今，日本经济在和平的环境中得到了飞跃发展，为东亚的稳定和发展作出了贡献。如何将这相反的"两个历史"经验应用到共同体的构建上至关重要。

由于历史的原因，东亚各国之间相互猜忌，民族主义根深蒂固。加上东亚各国的国力、国土面积差异很大，具有非对称性，可以说阻碍东亚共同体形成的因素很多。经过百年的纷争，而今东亚各国之间形成了国与国之间的平等关系，人们开始讨论构建东亚共同体的问题。我们重新审视这件事情的意义非常重大，现在已经到了我们以新的模式来思考构建适合东亚特殊情况的区域共同体的时候了。此时此刻，我们不应仅仅站在国家的立场上，还应从一个地区、非政府机构、市民等等的视角来考虑这个问题，这一点至关重要。

（本文原刊于『アジア研究』51（2）2005 年 1—5 页）

区域研究的最前沿：回顾
"创立现代亚洲学"的奋战历程

毛里和子[*]

引言

早稻田大学的 20 多名研究现代亚洲的学者同仁，自 2002 年 11 月至 2007 年 3 月，共同推进了"现代亚洲学的创生"（CAS, Contemporary Asian Studies）研究项目。这是日本文部科学省推行的教育改革计划——21 世纪 COE（Center of Excellence）的研究基地之一，旨在建立全国性科研教育中心。五年来，"现代亚洲学的创生"这一研究基地，经过大家的共同努力，在科研和教学上取得了丰富多样的成果。本文在对我们的研究意图、研究内容、具体的科研教学成果进行整理的基础上，提出几个研究现代亚洲的新课题。

一、COE-CAS"现代亚洲学的创生"的目标

为了突破传统区域研究的框架，致力于建立现代亚洲学，我们着重探讨了下述两个问题：其一，"亚洲"是指什么？亚洲是地理空间还是思想空间，是具有实体

---

* 毛里和子，早稻田大学名誉教授，华东师范大学顾问教授。

的区域还是虚构的区域；其二，找到解析现代亚洲的方法和切入点。

对此我们得出了如下认识：进入 21 世纪以后，新区域"亚洲"既不是单纯的区域空间，也不是单纯的思想空间，而是作为具有实体的整体区域而出现的。在此基础上，我们进一步提出了下述问题：作为分析这个"新亚洲"的方法，是否将迄今为止按照国别进行的区域研究成果叠加起来就可以，各种学科方法单纯地凑在一起就可以？我们想要摸索出一套全面阐明亚洲的有效的方法。

为了深化"现代亚洲学的创生"这一研究项目所采取的第一个步骤就是对"东亚共同体"的构想进行了深入的讨论。究其原因，东亚的区域化、区域主义以及建构东亚共同体的尝试，不仅能够很清楚地反映出在东亚地区所发生的巨变，而且还是旨在全面分析"现代亚洲学"的最佳和最合适的研究对象。

二、区域是什么？ 区域是创造出来的

为什么主张"一个亚洲"论是有必要的呢？这是因为我们的理论前提是："区域并非是作为上天所赐予的东西而存在的，里面包含着可伸缩的创造性，如同可以用铅笔来勾画，再用橡皮给擦掉一样。"换言之，我们的立场是："区域是由人们的手创造出来的。"

我们可以将区域的定义大致分为以下三类：其一，从"以世界为单位"的观点来看；[1] 其二，从"亚洲经济学"的角度来看；[2] 其三，从国际关系论的角度来看。[3] 我们采用了第三个立场，认为区域是关系的累积。特别是我们将地理上实际存在的区域和"区域国际社会"加以区别对待，"区域国际社会"在以关系为基础的制度和规范下共享相互作用和一定程度的共同理解。张寅性提出了"国际区域公共圈"的概念，[4] 我们赞成他的这一立场。

---

1 高谷好一「地域とはなにか」、1993 年。
2 原洋之介『エリア・エコノミクス』、1999 年。
3 山影進『対立と共存の国際理論』、1994 年。
4 张寅性：《近代东亚国际社会的公共性和万国公论》，2004 年。

　　我们认为"现代亚洲学"的立脚点有以下三点：第一，到了 21 世纪，世界进入了全球化时代。在这一背景下，基于内发性的需求和欲望，亚洲作为一个整体区域逐渐成形，特别是东亚正处于新区域形成的过程之中。我们应该挖掘并确立阐述"一个亚洲"的新学问。

　　第二，在研究亚洲时我们不采用"他者研究"的立场，即清晰区分研究者方和被研究者方的立场，而是采用自亚洲内部出发的"自我研究"的立场。

　　第三，"现代亚洲学"能够创立的原因有二：其一，截至现阶段，亚洲有着共同的历史和传统；其二，亚洲国家有共同的目标和课题。我们认为第二点更重要。近代亚洲国家或者面临欧洲列强的入侵和吞噬或者被殖民统治，亚洲国家都有着应对或者对抗列强殖民统治的历史。"二战"后，亚洲国家认识到了自己的落后，想早日摆脱落后局面追赶欧美，这是亚洲国家的共同目标。进入 21 世纪，全球化浪潮席卷全世界。亚洲国家深受影响，纷纷用民族主义和区域主义来应对全球化浪潮，这是亚洲国家的共性。亚洲国家的这一共同目标让亚洲成为"一个亚洲"。

三、现代东亚的亚洲性（asian-ness）

　　"亚洲性"是指亚洲的政治、经济、社会、国际关系的特性。我们就亚洲性做了以下阐释。此外，我们这里所说的亚洲实际上是指东亚，这是因为南亚本身具有其固有的特性，而且实际上在 COE-CAS 团队中没有包括南亚的研究人员。

　　第一，通过与欧美对比，可以假设东亚在政治和社会层面都具有"公共领域和私人领域相互渗透"、政府及执政党体制与企业及经济相互关联（政治经济不可分）等特征。

　　第二，欧美社会关系属于"契约"关系。与此相对，我们把"关系网"设定为阐释亚洲性的一个突破口。没有经历过市民革命的东亚各国，有着相同的近代化道路，且都要应对现代的诸多课题。

　　第三，东亚人有相同的政治文化和权力观，也就是存在着集体主义与人情依赖、赞助者与客户间相互依存的关系。

第四，受亚洲形成的历史过程的影响，亚洲社会、亚洲区域关系有浓厚的混合性，这使得亚洲国家对不同的文化、不同的价值具有宽容性和包容性。这也是亚洲国家的共同特征。

第五，亚洲各国是在主权国家建构过程中追求区域的形成，因此亚洲各国的国际关系极具亚洲特色，东盟模式（ASEAN Way）即为典型，它所体现的是具有普遍性的规范、决策方式、外交政策和"亚洲价值观"。

第六，在东亚新区域的形成过程中，国力不算强大的东盟（ASEAN）各国发挥了主导性作用。这一点是重视国家的作用和实力的现实主义者所无法理解的，而结构主义者（constructivists）却可以理解，因为结构主义者认为国际关系是基于社会性构成的认识体系而形成的。东亚的尝试为国际政治理论提供了新的素材，为构建亚洲型国际关系理论提供了可能性。

四、东亚共同体研究团队（EACRG）的研究

我们成立了"东亚共同体研究团队"，由四个研究小组组成，研究如何为构建东亚共同体的合作研究作贡献，为东亚共同体的构建进行学术设计。

第一小组是"新区域形成"研究，代表人物是山本武彦和天儿慧。第二小组是"对经济共同体的展望"研究，代表人物是浦田秀次郎和深川由起子。第三小组是"跨国流动和社会变迁"研究，代表人物是西川润和平野健一郎。第四小组是"图说东亚关系网解析"，代表人物是毛里和子和森川裕二。

研究成果为《东亚共同体的构建系列丛书》（全4卷），由35人执笔撰写，岩波书店以相同书名从2006年12月至2007年9月陆续出版。

东亚共同体研究团队（EACRG）的研究成果的主要特征如下：

第一，第四研究小组动员了近百名年轻的研究人员，收集了东亚13国、相关的域外6个国家共计19个国家的有关经济、政治、军事、社会、文化各领域的大量数据和信息，将其量化，并在此基础上对东亚固有的"复合型关系网"进行了考察。毫不夸张地说，这项研究在日本是首次尝试，硕果累累。

第二，对东亚共同体的概念作了下述阐述：其一，是国家、各民族以及居住在那里的"人们"所构成的共同体；其二，在全球化的背景下，作为具有特色的区域化的共同体，其属于多层次型共同体——在某些领域属于共同的空间，在某些领域属于共同的家园，在某些领域构筑共同的"堡垒"。

第三，东亚各国的民族主义错综复杂，因此区域内各国的合作活动不可或缺，有必要共享"区域公共产品由区域提供"这一概念。

五、东亚共同体研究团队的主要研究成果

东亚共同体研究团队的核心是对东亚区域的形成进行量化研究的第四研究小组——"图说东亚关系网解析"研究小组。自 1980 年至 2004 年的 25 年间，以狭义的东亚（"东盟 +3"）、相关域外国家（印度、俄罗斯、蒙古、澳大利亚、新西兰、美国）共计 16 国为对象，将其政治、安全保障、经济、社会文化各领域的各种关系进行了数据化，运用社会学的关系网络解析法进行分析，发现东亚地区处于下述状况。

第一，军事政治领域除外，20 世纪 90 年代后半期以后，东亚地区已经出现了"复合型关系网"。特别是在社会、文化领域，区域内经济相互依存度增加，相互之间的关系越来越紧密，整个区域内的交流不断进展。

第二，在东亚地区，关系网正在向非阶层性的分散型过渡，而在军事、政治领域，仍处于阶层性构造的"分极型"和非阶层性的"分散型"的中间位置。

第三，从所有领域来考察，东亚的各种关系出现了两个趋势：其一，区域内的关系不断深化；其二，向区域外扩散。从这个意义上说，东亚的境域尚未定型。

第四，在狭义的东亚关系网中，能够观察到中心的移动和中心的复数化倾向，关系尚不稳定。

第五，东亚经济实现了事实上的统合，在社会文化领域先于政治领域观察到了区域化、东亚化趋势。东亚很可能从经济共同体向政治共同体，再向社会文化共同体过渡。这一进程与通常的功能主义的研究结论有所不同。

我们将东亚的区域化和区域主义与迄今为止的区域主义和区域制度及共同体从理论上进行了比较，将它分为下述类型：其一，历史上的亚细亚主义，其典型就是日本的"大东亚共荣圈"。其二，欧盟，它是最先进的区域共同体，制定了共同体宪章，形成了"欧洲市民"。其三，在不久的将来要构建成"共同体"的"东亚新区域主义"，我们正在就此进行学理分析。我们将上述三个类型用区域内的关系和结构、形成区域的原理、与外部的关系、奉行的价值观、区域认同以及国际体系的性质等来进行区分，可归纳为如下表。

区域主义的比较概念表

	历史上的亚细亚主义	欧　　盟	东亚新区域主义
结构原理	霸权、垂直型	水平型、对称型 社会型	水平型、非对称型 权力/社会型
对外关系	权力型 对抗性	共存性 共通	开放性 多元
价值认同感	一元化	政治、文化认同	市场认同、文化认同
国际体系	帝国秩序	后威斯特伐利亚	新威斯特伐利亚

东亚新区域即将走向"新威斯特伐利亚体系"，相信今后亚洲的研究人员会进一步将这一问题理论化。

六、从 COE-CAS 的经验得出的启示——新课题

通过研究，我们取得了丰硕的成果，详情如下：第一，作为研究成果，我们出版了《构建东亚共同体系列丛书》（岩波书店，2006 年 12 月至 2007 年 9 月出版），英文成果是出版了书籍一本 *A New East Asia: Toward a Regional Community*（《走向区域共同体的新东亚》，新加坡国立大学出版社），还有 45 种研究报告；第二，在研究现代亚洲学的早稻田大学的研究生中，5 年间共有 34 人获得博士学位，为各

地输送了很多研究人才；第三，与亚洲各国的研究生院在亚洲研究方面构建了教育网络。详细情况我们将会在最终的成果报告书中予以详述。在此，特别指出今后还有一些课题有待解决：

第一，有必要在理论上获得突破。从整体上分析亚洲的视角不可或缺，需要继续摸索方法论，有必要进一步进行磨练。亚洲经历了较快的发展，可以在理论上对社会科学、人文科学的发展作出贡献。在这种情况下，研究亚洲、研究区域的科研工作者和理论研究人员进行合作研究，从而创造出新知识，日益重要。而今，通过大学间的竞争，以大学为单位成立了研究基地，即21世纪COE、Global-COE，这种方式是否最合适？这还有待研究人员、教育以及研究机构进行认真验证。在本研究基地项目中没有就东南亚和东北亚的合作进行充分的分析，也没有对南亚的区域变化和亚洲化的状况进行充分阐述。究其原因，是限定于某一大学的"研究基地"难以突破一个大学内的研究人员的资源框架。

第二，有必要构建全国范围内的、相对松散的年轻人才的培养机制。要培养在世界范围内开展研究工作的亚洲研究人员以及区域研究人员，有必要打破大学以及研究生院的界限，构建全国范围内的相对松散的人才培养网络和机制，至少应该在田野调查培训中心、语言培训中心、就业培训中心等机构中培养全国性人才，送往全国。这一点也是以大学为单位建立研究基地的COE方式的不足之处。

第三，为了进行区域研究，需要收集数据和信息，需要在亚洲范围内制定数据基准。我们在研究过程中遇到了一个难题，比如有关现代亚洲的各领域中具有中立性价值观的信息和数据极度缺乏。价值中立是指能够作为依据并具有普遍性的标准。今后，这一难题应由亚洲研究者及研究机构来解决。为了收集信息、产出数据，亚洲地区的年轻研究者们（不论国籍），应该通过合作，共同推动项目研究的进行。

（本文原刊于『学術の動向』12（6）2007年13—17頁）

探索实现东亚地区和谐的研究方法：
从国际理论和跨学科对话的视角

森川裕二*

引言

从地缘政治学和政治力学的角度来看，东亚地区迎来了动荡时期。迄今为止，东亚地区一直维持着和谐的国际关系，而今这一和谐关系出现了变数。美国开始衰退，中国开始崛起，两者形成鲜明的对比。因此，东亚地区正立于维持过去20年间的和平还是走向对立的十字路口。和解是东亚地区构筑东亚和平的关键词，所以我们应该基于怎样的研究路径，来摸索出为东亚稳定作出贡献的研究课题呢？当前日本在政治上、经济上停滞不前，一直没有给过去的历史画上句号，偏离了创造新历史的轨道。中国成为超级大国，是维护东亚乃至世界和平的重要力量。两者分别是东亚的新旧盟主。基于这一认识，本文将就以下几个新的对话课题进行梳理分析。

一、东亚"下意识的自我形象"之间的对话

迄今为止，学界从各个领域对东亚地区进行了广泛研究。区域研究中的"区

---

* 森川裕二，长崎大学多文化社会学部教授。

域"是指其本身拥有存在意义的范围，亦即住在该区域的人们拥有共同的世界观的范围。确定区域的地理界限是很困难的，因而对有相关性的区域认识进行了研究[1]。也就是说，迄今为止分别就作为存在的亚洲和作为应该如何认识的分析对象的亚洲进行了研究。一直以来，学界把亚洲既作为虚构的形象，也作为现实的存在的研究对象进行了各种各样的研究。

　　学界把东亚看作实际存在的区域，将"亚洲是什么？"这一存在论和"如何认识亚洲"这一认识论作为连续的研究活动来看待。如此，研究主体和国际关系的问题就变得密切。这一研究视角对研究亚洲不可或缺。特别是从主体性上而言，不能排除主观上的感情因素。日本（或者包括中国、韩国及各地区）这一主体是如何讲东亚的、是如何理解东亚的？要搞清楚这个问题需要思考如何将作为主体的日本人放进东亚。一方面，亚洲有其独特的历史与传统，另一方面，东亚随着国际形势的变化而变化。换言之，研究主题因研究的场所和时间而变化，东亚独特的要素和从亚洲研究中推导出的具有普遍意义的要素密切联系在一起，也时常发生着变动。[2]

　　在全球化背景下，日本、中国、韩国，东南亚各国心目中都有各自的东亚，在各国国内存在着政治、历史、社会文化的"研究市场"，比如在论及东亚的日本时，存在一种只限于国内的研究空间。在这一研究空间中，通过特殊的研究路径在东亚勾勒出下意识的本国的自我形象。[3]不存在他者的亚洲乃至东亚中，存在着各种各样的民族国家。如何将作为主体的各个国家以及生活在那里的人们纳入东亚？可以说，正是为了回答这一问题，日本才顺应时代的要求和国内的问题就自我形象进行了种种探索。

二、与三个课题进行对话

　　这样，为了实现从探索"下意识的自我形象"这一研究路径向构思和创造东

1　毛里和子「アジア共同体を設計する」山本武彦・天児慧『東アジア共同体の構築 1 新たな地域形成』岩波書店、2007 年、1—34 頁。

2　森川裕二「アジア共同体」幻影と＜共生＞の秩序観」佐藤幸男、森川裕二、中山賢司編『＜周縁＞からの平和学』昭和堂、2019 年、311—329 頁。

3　辻本雅史、徐興慶編『思想史からアジアを考える』臺大出版中心、2016 年、1—5 頁。

亚的研究路径转换，本文列举了下述三个课题。第一，从（日本和中国等的）"外部"就主体性与东亚的关系进行对话。通过这一方法，阐明东亚地区的特殊性和普遍性。这并不是否认在民族国家范围内进行自我形象探索的日本研究、中国研究和韩国研究，而是为了跳脱出各自的"下意识的自我形象"的构筑，将在日本国内进行的自给自足式的日本和亚洲研究，与以中国为首在东亚区域内通过国际合作进行的日本研究和亚洲研究作为主题进行对话。同样的课题也适合于中国研究以及韩国研究。

分别从大陆与台湾的角度看日本和东亚进行的日本研究，与日本人为回应日本的"研究市场"而进行的研究之间存在着意义不同的文脉，因为他们各自对东亚都有特殊且固有的认识。大陆与台湾，以及韩国各自对东亚的特殊认识，都是根据他们对日本历史的认识与同时代和日本的关系得出的。在东亚乃至全世界的语境内，通过观察、研究日本的存在方式以及中国等其他各国的存在方式之间的相互关联，就可以找到构思区域和思考历史的研究路径。

如果用现代东亚的案例举例的话，可以发现2019年新型冠状病毒的应对为新的对话提供了可能性。美国、欧洲各国和日本等民主主义国家在应对2019新型冠状病毒的危机中频频受挫，而中国在共产党的强有力的领导和监管下，成功地克服了2019新型冠状病毒的危机，并向国外提供疫苗，在世界上发挥了重要作用。这在很大程度上改变了新冠后的世界政治经济格局。一方面，这促使日本学界重新从霸权循环论、霸权稳定论的角度展开了争论，另一方面格外强调日本在政治和经济领域的萎靡不振。他们指出："与民主主义社会秩序相比，中国共产党领导下的社会主义体制在国际上占了优势。"[1]越是运用简化的对立逻辑模式来研究东亚乃至全球的未来形势，就越能发现现在的政治和经济前景有发生大变动的征兆。迄今为止，各个自由主义国家都打算通过民主主义体制下的合理的治理方式来规避新冠病毒造成的危机。但无论是哪种研究方法，都不适用于新冠病毒危机影响下治理世界

1　ウエスタッド・オッド・アルネ「中国はアジアのリーダーになるか」ジェニファー・ルドルフ、マイケル・ソーニ編『中国の何が問題か　ハーバードの眼でみると』藤原書店、2021年、79—84頁。Westad, Odd Arne. "Will China Lead Asia?" in Rudolph，Jennifer and Michael Szonyi. *The Chinese Questions: Critical Insight into a Rising Power*. Harvard University Press, 2018.

的二选一的理论。

就国际秩序而言，世界话语权正从美国向中国转移。[1] 当前，全球正面临紧迫的政治问题和社会问题。在东亚地区，日本、中国及韩国正在自觉、自省地进行"国家形象"的构筑，这正是通过东亚各国之间的研究对话实现的。中国研究日本，日本研究中国。将各自从"外部"观察到的自我形象重叠在一起，就能从历史的文脉和关联性中找出特殊的自我意义和东亚内在的普遍要素。这样就能在东亚地区内部通过各自自我形象间的对话以进行新型的日本研究和东亚研究。

第二是政治学、社会学和历史学之间的对话。不可否认，学界对研究者之间以作为社会科学的国际政治、政治学的诸理论和历史学之间的双向对话为目的的国际网络的平台建设相当滞后，其研究积累也不是作为组织性的成果，而是多局限于个人学术性的研究积累。历史学是通过解读第一手资料或者史料而写就事实的研究。事实上，在政治学的理论研究中也灵活运用历史学研究的成果，但这通常仅停留在对方法论的讨论上，所以历史研究和理论之间的非对称性十分明显。为了从总体上研究东亚地区，以获得人文社会科学固有的高屋建瓴式的专业知识为目标的跨学科方法论的有效性得到了广泛认可，进入 21 世纪后东亚各国设立了各种各样的研究项目。然而，"跨学科"这个术语的实际情况，有不少是不同学问领域的研究人员独立展开互不相关的讨论，而实质上的对话是断绝的。

要解决迫在眉睫的各种问题，各国各个领域的研究人员之间的对话和沟通越来越重要。日本、中国、韩国等国家为了解决迫切的现实问题，需要不断实践，针对"亚洲是什么"这个具有哲学意味的设问摸索答案。这个哲学设问包括存在论（什么存在？）、认识论（能够知道什么？）等学问的基本要素。人文社会科学各学派的理论由存在论、认识论、方法论三要素构成，已经形成理论体系。特别是国际政治学领域的主流理论和其他社会科学一样都是出自美国，但业已停留在继承 16—17世纪的牛顿和笛卡尔，以及 18 世纪的康德原有的存在论和认识论的状态。意识领域对国家和人的道德规范，以及世界的存在方式的研究已经脱离了旧有的存在论的

1　閻学通『世界権力の移行　中国の道義的現実主義の道』晃洋書房、2020 年（阎学通：《世界权力的转移》，北京大学出版社，2015 年）。

空间概念，被置于科学认识的对象之外。[1]

在地方、区域和全球这多层次的国际关系中，在历史问题、社会保障和公共卫生等各领域出现了各种各样的问题，而历史学对这些问题的考察为国际理论的应用与实践提供了启示。为此，针对"亚洲是什么"这一设问，需要从政治学、历史学、社会学的跨学科的角度重新考虑存在论和认识论的课题。

第三是感情记忆和历史事实的对话。仅限于历史研究和政治学而言，一直以来研究人员个人将历史学研究成果应用于验证政治理论上，但是很少有人将政治学研究成果应用于历史学研究中。[2]特别是关于朝鲜半岛的分裂、台湾海峡两岸的关系问题，都是冷战时期的遗留问题。在东亚地区，伴随着苏联解体，意识形态的对立消失，出现了"被剥夺了意义的世界"，围绕与民族意识联动的历史记忆的争论作为政治问题浮出了水面。针对这一情况，在过去20年间，日本、中国、韩国的历史研究人员以东亚为题，跨越国界开展了合作研究，成绩斐然。2002年，日韩开始合作搞历史研究，2006年，日中也开始推进历史共同研究，在各自政府的资助下，研究人员摸索实现和解的基础条件。经过不懈的努力，以日本的亚洲侵略和殖民地为题，为确认事实关系而共享史料和史实的研究，取得了一定的成绩。但是，政治学的各种理论，特别是国际关系理论一直处于袖手旁观的状态。实际上，历史问题上的对立和摩擦不仅在国家间的政治层面，也在各国人民的历史记忆中盘根错节，纠结不清，导致了各国人民感情的恶化。国际政治学的理论对各国人民的和解未能作出应有的贡献，东亚的历史问题时至今日一直未能得到解决。

国民感情与"记忆"和一直被作为历史研究对象的"史实记录"关系密切。那么东亚研究应该如何对待这两个要素呢？这是一个通过和历史学的对话作出实践性贡献的重要课题。就此三木清写道：

……二、历史性问题的选择有其现在的基础。（中略）历史叙述伴随着所

1 森川裕二「国際関係理論の＜社会科学＞化への課題」『多文化社会学研究』3号、2017年、105—116頁。

2 保城広至「歴史と理論：古くて新しい緊張関係」『歴史から理論を創造する方法 社会科学と歴史学を統合する』勁草書房、2015年、3—24頁。

谓的视角主义（Perspektivsmus）的种种危险。我们之所以能够立足于现在，并认识到各个时代的独特性及其之间的本质性差异，是因为现在并不是现代。因此，历史认识并非通过现代和之前的时代相比较而获得的外在的表层的东西，而是包含着统一性的东西。三、要形成真正的历史认识需要赋予一个整体。赋予这个整体的就是现在……（三木［1932］，2012：20）[1]

这是三木清表达历史哲学的一段话。三木清是 1945 年日本战败前的哲学家。据三木清讲，历史可以分为以下几种：其一，"存在的历史"，即发生的事情；其二，叙述发生的事情，即作为逻辑语言的历史；其三，作为事实的历史，指创造历史的行为本身（三木清著《构想力的逻辑》，1943 年）。也就是说，事实的历史是以现在的视角写成的。修史是一种实践活动。"事实的历史"是一种历史观，整合了掺杂感情记忆的"存在的历史"和用逻辑语言叙述的"作为逻辑的历史"。"事实的历史"不断整合、发展，发挥了构想未来的功能。在研究中日两国的历史认识问题的过程中，作为逻辑语言的政治学及国际政治学的诸理论应该是为"构想作为事实的历史"作出贡献的学问领域。

三木清研究了亚洲的历史哲学，其视角在"东亚协同体论"的构思和理论中得到了体现。三木用"概念性"这个词翻译海德格尔的"实存"（existence）。叙述某件事情就只是讲述自己，而向其他人讲述自己的事情就会成为公共性的东西，这样才能形成作为人类社会的根本的公共性。三木清通过对人类存在的逻辑语言的考察，将其旨在提高建立东亚新秩序的构想能力的东亚协同体论系统化了[2]。

在 21 世纪的现代亚洲和日本，像这样着眼于历史现实来构想未来的能力，从既存的社会科学，特别是从国际政治学中的主流派的各种理论观点来明确讨论的机会并不多。

1　三木清『歴史の哲学』、1932 年（『三木清歴史哲学コレクション』書肆心水、2012 年に所収 ）。

2　「新日本の思想原理 統編 協同主義の哲学的基礎」昭和研究会、1937 年（『三木清　東亞協同體論集』こぶし文庫、2007 年に所収 ）。

三、从东亚思考普遍性——中国学派和日本的国际政治学

国际政治学家斯坦利·霍夫曼指出冠以国际的学问就是美国的社会科学。的确如此，社会科学中国际关系学几乎所有的流派和理论都源于美国。[1]美国主流派理论以国家角色为中心的力量理论为特征，因此如果一味追随美国的主流派理论的话，东亚的国际关系和政治的特殊性就被相对化了。这是理所当然的。特别是亚洲的多数国家并非国际关系的主体，而是被定位为客体，各个国家和地区都不得不屈居于周缘的地位。因此，在主流派科学的客观主义的"伪装"下构成的国际关系理论，像之前提到的那样，无论是对以理解生活在这一区域的人们与亚洲这一主体的关联性为目的的亚洲研究，还是在导致国民间感情恶化的历史问题上达成和解的贡献都是有限的。

长期以来，亚洲学者在研究过程中一直追随美国的理论。进入 21 世纪后 20 年间，这一状况悄然发生了变化。美国发动了阿富汗战争、伊拉克战争，掀起了国际纷争。雷曼兄弟破产引发了世界性的金融海啸，这也是源自美国。特朗普上台后强调优先美国利益，消极参与国际事务，国际协调开始弱化。在这一过程中，美国失去了在国际上维持霸权的优势。而主流派的国际理论的基础是以主权国家为主体的威斯特伐利亚史观。而今，这一史观开始发生动摇。一直以来，西方社会的自由主义价值观主导着近代市民社会，而今衰相毕现，在欧洲政治中开始出现民粹主义的动向，以民族国家为中心的国际秩序及其统治走到了尽头，构想能力也开始下降。美国的国际政治理论随着对民族国家鼎盛时期的怀念开始褪色。

在这一背景下，东亚的特殊性和普遍性之间出现了"可变性"，在这一"可变性"中可以看到探索新理论的动向，这就是所谓的中国学派的国际理论。根据中国的学术数据库 CNKI（中国知网），从 20 世纪 90 年代后半期到 2021 年 3 月末期间，在知网上检索中国学派这个关键词，可以检索到 2 242 篇学术论文。其中，与作为社会科学的国际政治理论有关的论文大半集中在 21 世纪以后。过去以马克思主义政治哲学为基础的中国国际理论开始降温，经过翻译研究英美的国际政治学的

---

1 Hoffman, Stanley, "An American Social Science: International Relations," *Daedalus*, Vol.106, No.3, 1977, pp.3–21.

阶段，2001 年以后，提倡构筑中国学派的中国学者不断涌现。这是将中国的传统思想和外交领域的历史经验视作形成独特的国际政治理论的"丰富资源"的趋势。换言之，"中国学派"就是以中国的历史经验和传统思想为基础构筑符合国家利益的理论为目标的研究群体的总称。

秦亚青是中国学派的代表性政治学家。据秦亚青讲，中国学派的国际关系理论被定位为以中国的政治外交为基础的经验主义科学。美国的国际理论研究所关注的是维持美国的霸权。相比之下，中国学派所探索的核心命题是"中国应该如何以和平的方式参与国际社会"。[1] 美国的主流派国际理论是以通过以霸权国家为中心的力量和规范维持一元化国际秩序为前提的。而中国学派的理论前提是以多元化价值和规范为基础的国际秩序观。中国作为大国开始在世界上崛起，为世界提供了以中国的传统思想为基础的国际秩序的价值和规范，为构筑多元化的国际社会作出了贡献。美国主流派国际理论的国际秩序观是以西欧固化的二元对立关系的思维模式为背景的。而强调以王道和道义为代表的中国的思维方式是和谐的，即是现实主义政治，也是引导中国的国际理论向好方向发展的知识资产[2]。中国学派的挑战，是能否追随（从属）中国政治的现实，将中国独有的"作为存在的历史""作为逻辑的历史"和"作为事实的历史"结合起来，发展为构想世界的能力。中国的研究人员具有追随现实政治的倾向，他们以中国的传统思想和经验为基础探索世界通用的具有普遍性的科学见解，是在理解英美理论的基础上对新型理论的探索，这一尝试可圈可点。

美国的国际政治学围绕理想主义和现实主义共计进行了四次论争，之后在后现代主义的影响下从以权力和国家利益为中心的物质主义理论演变为重视规范和意识等理念的建构主义，在今天依然盛行。[3] 美国的主流派理论通过围绕现在的建构主

1　秦亚青：《中国国际关系理论》，王逸舟编《中国对外关系转型 30 年（1978～2008）》，北京：社会科学文献出版社，2008 年；《中国外交实践对国际关系理论的贡献》，World Affairs, 2014, 18. pp.24-25；《国际政治的关系理论》，《世界经济与政治》2015 年第 2 期，第 4—10 页；《中国国际关系理论的发展与贡献》，《外交评论》2019 年第 6 期，第 1—10 页；《全球国际关系学与中国国际关系理论》，《国际观察》2020 年第 2 期，第 27—45 页。

2　閻学通『中国の道義的現実主義の道　世界権力の移行』晃洋書房、2020 年。

3　田中明彦「序章　日本の国際政治学」日本国際政治学会編『日本の国際政治学』有斐閣、2009年、1—19 頁。

义主导的后实证主义展开论争来保持活力。以中国学派为首的非西欧的研究人员对美国的主流派理论进行批判，称其是"披着探索普遍性的实证科学的外衣的伪科学"。不仅如此，在美国国内对主流派理论的批判也成为争论的焦点。中国学派的水平不断提高，已经达到和美国主流派内对国际理论的争论相同的水平。从这个意义上讲，当今世界已没有了占统治地位的国际理论，处于一片混沌之中，这就是国际理论的现状。

第二次世界大战后，日本的国际政治学重视实证研究，其目的不是建构理论，而是为政治史、外交史研究提供相关的知识和资料。[1] 在日本的国际政治学会并未出现对美国的主流派进行批判的论争，也未依靠以英美的实证主义理论为基础的研究框架。国际政治学领域的日本研究人员打算通过涉足亚洲研究这一学问领域而获得普遍性。[2] 在方法论上，日本的研究人员和实证主义的研究方法不同，不仅着眼于国家力量和国家利益在国家间关系的变化，而且将一直以来被排除在国际政治学的理论对象之外的政治家、官僚、政党等国家内部的各种政治主体的意志和价值观，根据事实关系和第一手资料采用历史实证主义的方法进行了跟踪研究。因此，日本的国际政治学较少受到成为现在的争论焦点的建构主义的新冲击，独自完成了进化。在这一过程，日本的亚洲研究本身与国际政治学理论、政治史、外交史及区域研究犬牙交错，形成了日本国际政治学特有的跨学科研究方法。

中国学派将中国特有的传统思想文化作为重要资产之一，与美国的理论抗衡，将研究重点放在了保障普遍性的国际理论的建构上。而日本的国际政治学、区域研究或与源自美国的理论研究保持距离或依靠理论的输入，把研究重点放在了理解东亚中的日本上。中国和日本的学术方法有很大的不同。但正因为如此，两者在学术上进行对话的意义才越发重大。

中国学派及日本的国际政治学的研究人员跨国进行对话，这会在一定程度上重塑中日两国的自我形象。通过日本和中国及亚洲各国围绕国际理论、区域研究进行

1　猪口孝「第 6 章　日本の国際関係論の系譜」『国際関係論の系譜』東京大学出版会、2007 年、157—188 頁。

2　平野健一郎討論報告、長崎大学多文化社会学研究科発足記念シンポジウム「新日本学・アジア学の創成」2018 年 8 月 4 日、長崎大学文教キャンパス（「企画特集「新アジア学・日本学の創成」」『多文化社会研究』2019 年 5 号、297—299 頁）。

的对话，能形成亚洲历史构想能力的源泉。尽管在西方语境下亚洲是作为西方的客体而形成的，但不妨碍亚洲学者追踪亚洲成为主体的历史过程。为了达到这一目的，需要解决的课题是思考建构由"作为事实的历史"来印证的理论框架。以超越政治学和历史学国境的研究对话为主题，为了找出与包括日本在内的周边各国之间可以共享的研究价值和概念，需要寻求新的研究路径。

四、基于周缘之间的主观性的国际秩序与帝国——摸索新的研究路径

在特殊性和普遍性之间研究东亚地区和国际关系新路径的关键词之一就是"周缘"。冷战结束后，全球化现象日益显著，时空产生了剧烈的变化。在东亚地区的水平维度上，人、商品和信息的跨境流动大幅增加。但和冷战时期一样，存在地缘政治学上的国家间对立的同时，也存在围绕着历史记忆产生的国家间对立。面对国际秩序开始发生的变化，被以大国力量为中心概念的既存理论所引导的东亚，不是只浮现出了建立在对立或协调两项关系上的非黑即白的单纯世界。基于周缘之间的主观性的国际秩序，不是只以国家为主体建构的历史观和秩序观，而是由包括社会弱势群体、边缘者和少数族群等作为主体的历史观重新建构的国际理论的总称[1]。

"周缘"概念主要关注以下两点：

第一，以东亚的国际关系为对象，从周缘主体入手重新审视区域和国家的关系，探索基于周缘之间的主观性的国际秩序的可能性，提出能替代以大国为中心的国家利益观的国际秩序。和周缘类似的概念是周边。将权力的主体置于中心，将权力的客体置于周边就是所谓的"中心与周边"的视角。这一视角在历史学上和物理学上都是生态学概念。萨义德主张的东方主义，以及由此派生出的殖民地学说的内容并非探索周缘性，而是在建构"周边"。在近代世界中的周边是被位于中心的主体所支配的客体。在原有的国际理论中位于中心的世界政府是不存在的，因此政

1　佐藤幸男、森川裕二、中山賢司編著『＜周緣＞からの平和学』昭和堂、i-iv。

治、经济、社会和文化上处于领先地位的大国的权力会被置于世界的中心。与之相对，位于周缘的社会弱势群体、边缘者和少数族群并非是作为地理学和物理学概念上处于夹缝中存在的固定的集团，而是位于中心和周边这一时空之间的存在，是一个变动的动态概念。因此通过和权力关系不同的争论焦点的领域观察周缘的主体性，能够向周缘这一国际秩序的研究提供新的视角。

第二，着眼于产生周缘的社会结构和促使这一社会结构发生变革的周缘的主体性的细微力量，来探索国际秩序的研究路径。长期以来，亚洲被定位为：亚洲是西方创造的客体。作为客体，亚洲不是实际存在的，而是在与西方的对比中存在的虚构。因此，给亚洲下一个统一的定义是很困难的。但是，东亚这个区域单位并非虚构，在政治、经济、社会和文化各领域是实际存在的，且正在成为主体。而今，观察这一历史的研究路径越来越清晰。而且，作为认识的主体的东亚，并非一张白纸，它背负着沉重制约的历史包袱。而今学界采取的研究方法是通过让东亚认识到自己是周缘的主体，将东亚对象化，并要双向的反复研究作为认识主体的周缘的亚洲和作为对象的亚洲，从一个新的角度观察亚洲和世界。可以说，就是要通过主观对主观的关系，亦即主体间的主观性来探索国际秩序以支撑周缘的概念。

在当代东亚地区，研究人员正在从正面将帝国和周缘作为课题开展研究。在研究过程中，不仅对由大国的力量维系的均衡机制进行了批判，而且从存在论、认识论的角度对浮现的民族主义和东亚中的日本进行了研究。如上所述，中国学派在研究过程中既重视中国的传统历史观又将国家和实力作为主要的变数。在这一点上，可以认为是从反向来看待此前的中心与周边。明清时期的中国、第二次世界大战结束前的大日本帝国、现代美国等新旧帝国秩序的反复交替，与岛屿周缘地脱离前近代的帝国秩序后重组到列强统治之下的历史交织在一起。我们将这些岛屿作为存在于帝国秩序中的主体来分析周缘，根据周缘中的主观性明确秩序的所在。这一研究路径意味着要对帝国这一空间范围比较明晰的国际秩序和以周缘为关键词的东亚的主体性重新作出阐释。将中国台湾和冲绳定位为周缘的主体就意味着认识到了曾经位于帝国秩序中心的日本的存在。迄今为止，日本的政治、近代史的范围主要限定在日本的四个大岛上。这也是对"忘却了帝国"的日本的国际秩序观进行重新审视。一直以来，在研究实际存在的现代的东亚这一地区的过程中都有意无意地规避了帝国这一印象。特别是在研究现代国家政治的过程中，很少考虑新旧帝国这一历史连续性的含义。对日本人来说，忘却帝国可以说是第二次世界大战后的政治上的意识形态，这一意识形态是与"作为事实的历史"相悖的。

如果着眼于中国台湾和冲绳的特性，就能从国际政治学及历史学的角度分析周缘间的主观性是如何与大国通过实力构筑关系，进而形成秩序的。各种各样的族群接触并融合，基于主体性而创造出新的社会空间。通过人与人之间相互的主观行为，在帝国、民族的夹缝中形成社会关系。从这里创造契机，在亚洲发现新的周缘间的区域秩序，形成不同于国家特别是帝国的秩序。这就是周缘间的主观秩序。

作为与帝国、大国相比处于相对劣势的周缘主体的区域和族群，为了避免从属于中心（日本、美国、中国），一边要考虑避免与以大国为中心的国际秩序的冲突，一边也要由当事人摸索出所有人都能够接受的力量的均衡。比如，在前近代的清朝和琉球、日本对马和朝鲜之间存在着一种国际秩序。这种国际秩序与西欧近代型的帝国秩序不同，在这一帝国秩序中存在着周缘的国际秩序。清朝—琉球—日本就是一个显著的例子。在这个例子中存在着公认的国际秩序认知，但周缘在这一认知中仅停留在客体层面，并不是被殖民地化或被支配的国际秩序。帝国一方面对弱国小国具有包容性，另一方面又同时存在着周缘成为主体的自律性秩序。虽然在这里不再赘述，但在近世初期，平户、长崎属于同样的案例。

关于在前近代的东亚秩序中包括了周缘的问题，滨下武志在《朝贡体系和近代亚洲》（1997 年）中进行了论述，是代表性的研究成果。在书中，滨下武志指出清朝制定了公认的同心圆式的朝贡体系，而清朝就位于同心圆的圆心。这与佛洛斯汀在《近代世界体系论》（1961 年）中指出的从一个中心开始建构朝贡体系的视角不同。也就是说，东亚建构了独自的融合的区域秩序。毛里和子在《从周缘看中国——民族问题和国家》（1999 年）中通过历史实证研究和政治学对话指出，前近代的东亚秩序是周缘和帝国的融合。毛里和子将近现代中国政治定位为一个政治体系，在这个政治体系中包括了中心与周缘。对于这些前辈们的优秀研究，应该重新提出的一个关于前近代东亚的国际秩序的观点，是帝国的国际秩序的统一是片面且形式的，而"周缘"发挥主体性创造的秩序和实际状态之间存在着差异。

通过帝国来参照东亚国际秩序的历史，就能够明了近代以后由"间主观性"创造的共存的秩序的内涵。琉球的"万国津梁"是冲绳县政府提出的口号，这是在主权国家内部的民族关系中形成主体性的案例。而今，冲绳位于处于制衡关系的日、美、中的中心位置，堪称周缘的典型案例。

结语

本文就跨学科研究对话和研究亚洲的新路径进行了探索，其目的是探索如何建构和谐的亚洲，这是人文社会科学工作者的使命。各国的亚洲研究并未停留在探索"下意识的自我形象"上，而是在寻求如何建构"自我形象"之间的对话机制，以此来开创亚洲研究的新局面。本文提出以历史学、政治学、社会学的互动对话，以及从存在论和认识论等角度研究亚洲，尝试在学术层面上建构亚洲共同的价值认识，这与建构亚洲共同的知识平台紧密相连。

其中，周缘的"间主观性秩序"被埋没在大国间的秩序中，这一间主观性秩序不仅能与对立的外部力量谋求和解，还拥有促进与内部弱势群体进行对话的力量。因此，从中可以感受到与欧美不同的多元化民主主义、人权意识和民族主义融合的积极思考。基于"间主观性"对周缘秩序进行的探索，作为将周边和中心的对立关系引导至和解与和平的研究路径，包含着构想历史，并创造新的亚洲研究和日本研究的对话的可能性。

（本文原刊于『21世紀東アジア社会学』11号、日中社会学、2021年9月、21—30頁）

《日本外交文书》编纂刊行事业的80年

波多野澄雄[*]

一、离开过去就没有现在

在距今80年前的1936年6月，日本外务省刊发了《大日本外交文书》的第一卷第一册（自庆应三年十月至明治元年六月）。这是在中日战争（日本全面侵华战争——编者注）爆发前一年，广田弘毅任外相时的事情。自那时起，除了战争期间的一段时间外，日本外务省每年必然编纂出版一册以上的《日本外交文书》。2016年，日本外务省出版了明治初年至第二次世界大战结束这一段时期的《日本外交文书》，数量达到216册，现在正在着手"二战"后的外交文书的编纂。

在刊行出版第一卷第一册时，外务省政务次官松本忠雄说："离开过去就没有现在，不知道历史就无法预测未来。本书是日本人加深外交认识的材料，也是培养有能力有见识的外交官的材料。"这指出了本书的意义。

正如松本忠雄次官所说，编纂并刊行外交文书对加深日本国民对外交的认识和培养优秀的外交官大有裨益。1920年10月，第一次世界大战刚刚结束不久，日本外务省常设机构——制度调查委员会在讨论中也提到了同样的认识。当年有田八郎、重光葵、堀田正昭等年轻的外交官参加了巴黎和会，痛感日本外务省的信息宣传活动滞后，准备不足，在当地巴黎就倡议革新运动，要对日本外务省进行改革。

---

* 波多野澄雄，筑波大学名誉教授。

回国后，有田八郎、重光葵、堀田正昭等人在外务省内和驻外公使馆散发传单，聚集了近 50 名志同道合者，以有田八郎为核心，组建了革新同志会。在革新同志会的建议下，日本外务省设立了制度调查委员会。

制度调查委员会的讨论话题多种多样，其中之一就是编纂和刊行外交文书。因为要优先解决眼前的人事、预算、待遇等问题，编纂和刊行外交文书事宜就没有付诸实施，而被拖到后面了。另一方面，东京帝国大学教授神川彦松从外部强有力地推动了制度调查委员会的成立，神川教授痛感欧美各国在外交文书编纂方面走在日本前面，向日本政府献计献策，推动政府着手外交文书的编纂刊行。在日本政府开始这项工作之后，神川彦松教授还常常献言献策。

二、"新外交"时代的编纂事业

神川彦松教授强调欧美各国在积极推进外交文书的编纂工作，其中尤其是美国的外交文书集（Papers Relating to the Foreign Relations of the United States of America）走在了世界的最前列。1861 年末，林肯总统把外交文书作为年度报告的一部分提交给议会，这是美国外交文书的起源。欧洲各国政府需要将本国外交上的各种问题及应对措施向议会汇报。为此，从 19 世纪开始，欧洲各国政府开始发行所谓的"彩书"（Color Book），如英国的蓝皮书、德国的白皮书、俄国的橘皮书等，其中，英国的蓝皮书的内容质量非常好。一般来讲，进入 20 世纪以后，外交文书作为历史资料的价值开始下降，特别是由于第一次世界大战前后的外交文书对阐明大战的原因和重建外交没有起到明显的作用。第一次世界大战以后，德国、英国、法国开始有组织地、系统地编纂外交文书。

1919 年，第一次世界大战后不久，战败国德国在副外长考茨基的主持下编纂发行了 1914 年 6 月至同年 8 月爆发萨拉热窝事件之间的外交文书。《凡尔赛和约》规定："导致第一次世界大战爆发的责任在德国及其盟国。"而德国的外交文书对这一观点进行了修正，阐明了第一次世界大战的原因和战争责任的归属。很明显，德国外交文书的政治目的很明确。德国外交部为了阐明第一次世界大战的根本原因，进一步延展了考茨基编纂的外交文书的时期，认为有必要上溯到巴尔干战争时期。于是，德国外交部委托三名学者自 1922 年至 1926 年共编纂发行了 40 卷 54 册的德国外交文书。外交文书字数非常庞大，不论从质上还是量上都打破了此前的彩书的框架，大大促进了欧洲各国外交文书的编纂和发行。

　　1924 年夏，英国的麦克唐纳工党内阁决定委托两名学者编纂发行外交文书（1898 年至 1914 年），阐述第一次世界大战爆发的原因。编纂工作开始于 1926 年，1938 年结束，共编纂了 11 卷 13 册。受到德国和英国的刺激，法国的政治家和学者向政府施压，于是法国政府于 1928 年着手编纂与第一次世界大战相关的外交文书，时间范围从普法战争一直到第一次世界大战期间，在 1929 年刊行了第一卷。

　　由上述可知，欧洲的外交文书聚焦于发动战争的责任问题。在第一次世界大战中，日本并没有直接责任，因此日本没有必要急急忙忙从战争责任的角度编纂和刊行外交文书。虽说如此，1933 年以来，在长冈春一和木村锐市两位大使的主导下，开始制定计划，收集并刊行有关第一次世界大战的记录，名为《与第一次世界大战相关的日本外交文书》，于 1939 年发刊，讲述了欧美及中国的参战经过，以及有关日德开战的外交谈判的经过。不过，《与第一次世界大战相关的日本外交文书》这本书属于机密文件，没有普及，受众面较窄。但《与第一次世界大战相关的日本外交文书》中有关中国参战的记录很多，采用了新的编纂方式，质量上乘，堪称外交史料集的杰作，对之后的编纂工作影响巨大。

　　第一次世界大战后，国际上废除了秘密外交，盛行公开外交、国民外交等新式外交，成为国际潮流。各国的民主主义进程也不断加快。在这一历史背景下，战争责任问题姑且不论，欧美各国开始刊行外交文书集。这在日本外务省内引起了争论。

　　1924 年，币原喜重郎任外相，刊发了有关美国国内的排日移民问题的外交文书，题为《1924 年美国移民法制定及与之相关的日美谈判经过》。美国国内的排日移民问题是当时最大的外交事件，这本书的刊发引起了很大的反响。主要报纸都予以关注，纷纷进行报道，如"为了实现国民外交，公开了喜欢保密的霞关外交"，"外务省开创新局面，——公开外交谈判经过，今后会仿效欧美各国的先例"。外务省举行了省内参事官会议，指出："此次公布的情况与国民利益息息相关，我们选定了一些国民想知道其经过的事件。"这说明日本外务省并不打算把上述尝试作为编纂和刊行外交文书的长期计划的一环来定位。

三、开始刊行与苦难的时代

1928 年，日本外务省开始讨论外交史料编纂计划，将其定位为过渡性事业。最高法院的方案最引人注目，明确提出要求设立"外交史料编纂处"。以第一次世界大战为契机，日本提高了国际地位，日本外务省为此付出了不懈的努力，应该将这一经过写入外务省的记录中，因此要编纂具有权威的明治以来的外交史。这个任务十分紧迫。这样做的目的是：其一，"给后世留下正确的外交史实"；其二，"明确我日本执行的外交政策"，"阐明我国在国际政治中的立场"。虽然后来在外务省内设立"外交史料编纂处"这一目的没有达到，但到 1929 年 1 月，经过吉田茂外务次官的裁定，外务省开始着手编纂事业。1930 年，外交史料编纂工作暂时中断，但同时为了将来重新开始编纂事业，整理记录的工作仍然在继续。

1933 年 12 月，日本外务省新设调查部，经过改头换面后重启中断的外交史料编纂工作，其目的是提高外交知识的普及程度，调查部第一科具体负责这项工作。1936 年 6 月，最初的《大日本外交文书》得以刊行。

但是，支撑编纂刊行外交史料的人员和资金预算都不充分。1937 年 3 月，召开了第 70 次帝国议会预算大会。在会上，芦田均委员指出："现在的编纂速度很慢，完成明治时期的外交史料汇编需要花费 50 年时间，因此需要加强经费和人员的支持力度。"这些意见虽然没有立即得到实施，但是这说明即便在困难的环境中，编纂体制也在逐渐加强。1938 年 9 月刊发了第三卷，之后编纂方针就发生了变化，采取一年分册，从编年体（按日期顺序）变为按照事项编年的方式，另有别册，附有日期索引。

乍一看编纂发行事业进展顺利，但是 1940 年近卫内阁开始整顿行政，编纂刊行事业被认为是非紧急的事业，再次面临中断的危机。神川彦松教授直接和松冈洋右外相交涉，指出："外交文书编纂事业并非非紧急业务，是不朽的业务。"外务省内部希望继续编纂业务的声音根深蒂固。1940 年 9 月，刊行了第九卷之后，这项事业中断了，但是原记录的稿件化和整理工作仍然在持续。

1943 年，太平洋战争进入关键时期，从公布外交文书的意义上讲，有一个重要动向值得注意，详情如下：1943 年 7 月，外务省文书科长等科长级别的官员被召集起来召开会议，主题为"关于准备编纂公布开战责任外交文书会议"。当时，重光葵任东条英机内阁的外相。顾名思义，会议的宗旨就是向国内外宣传开战责任在美国一方。会议的内容概要是：日本外务省对"当时的资料不加任何修饰，向国内外公布，旨在向国内外表明"，虽然日本一方"隐忍自重"，但是美国方面"特别是在经贸关系上向日本施加压力，最终导致日美两国反目成仇"。与此同时，外务省收集公布了电报、公文，以说明从中日战争爆发到日美谈判破裂的经过。

事实上是否按照上述宗旨收集资料尚不明确。1943 年，美国方面公布了《美利坚合众国外交文书集》，讲述了从九一八事变到日美开战的经过。美国的编纂意图是："对内外宣示日美关系破裂的原因和责任在日本。"美国国内的"孤立派"批判罗斯福民主党的对日政策，称是美国挑起了日美战争。美国急急忙忙刊行这批文件，正是为了应对这一批判。

总而言之，日美两国竞相编纂刊行外交记录，旨在宣示本国开战的正当性。欧洲各国编纂刊行外交文书，意在就第一次世界大战的责任问题分别宣示自己的正当性。欧洲和日美两国的做法有着异曲同工之妙，令人深思。日本为了政治目的编纂外交文书并进行公布，这是为数不多的例子之一。日本负责编纂外交文书的人清楚地意识到："从欧洲的案例可以看出，带着政治目的编纂、刊行外交文书的弊端很多。唯有保持政治中立，才是对持续性地编纂刊行外交文书集至关重要的条件。"

四、"二战"后日本重启外交文书编纂刊行事业

"二战"结束后不久，日本重启外交文书编纂刊行事业。科尔·葛洛夫教授是盟军总司令部的法律顾问，在一个偶然机会访问日本外务省，得知日本重启外交文书编纂刊行事业时称赞道："这项工作非常有价值。"1947 年 3 月，外务省开始编

纂《日本外交文书》第二十卷。虽然 1940 年 9 月曾刊行了第九卷，但而今直接跳到第二十卷。这是因为 1942 年 1 月，日本外务省发生火灾，预定收录的明治中期的记录原件和以原件为基础写的很多稿件都烧掉了，因此为了留有编纂这一时期的资料余地，跳过了这些卷，直接从第二十卷开始编纂。

1948 年外务省进行官制改革，由文书科替代调查科接管了编纂工作。1949 年的国会答辩资料中指出：外交文书编纂刊行工作不仅具有学术价值，在政策上也很有意义，原因有三：其一，敦促日本外交当局严肃反省，有利于国内外对日本外交提出意见；其二，有利于在日本国民之间普及外交知识，确立国民外交、民主外交；其三，在外交谈判中，"援引先例，对贯彻本国对对方的要求这一点上具有极其重要的意义"。因此，从平时就有必要编纂刊行外交文书。

上述三点即便在今天也是外交文书编纂事业的指导方针。1951 年，日本很快就要结束战败后的占领获得独立了。一直在思考扩大编纂事业的文书科长三宅喜二郎的手下栗原健事务官就任外交文书编纂室室长，使编纂体制得到了加强，之后继续逐年刊行外交文书。到了 1963 年，采取编年体（按日期顺序）编纂的本卷和别册合起来共计刊行了 73 册，终于结束了明治时期的外交文书的刊行工作。

与明治时期相比，大正时期的时间仅为其三分之一，对外关系错综复杂，因此采用了编年体加分册的方式。大正时期的《日本外交文书》继承了编年体，各年份的第一册中有一般事项（如通商条约、移民、对苏关系等），第二册中有对华关系，第三册中有美国的排日问题、第一次世界大战、国联、华盛顿会议等。经过 24 年的努力，到 1987 年终于编纂刊行了大正时期的《日本外交文书》共 57 册。1970 年至 1971 年，周围环境的变化对大正时期的外交文书编纂事业产生了重大影响。日本外务省设立了《日本外交文书》编纂委员会，新设了外交史料馆，因而外交文书的编纂工作转由外交史料馆负责进行。编纂业务的环境大为改善的同时，要求进一步加强刊行工作的呼声也越来越高，因此外务省开始考虑将大正时期和昭和前期的外交文书的编纂工作同时进行，并开始为此制定编辑方针，做出了下述决定："学术界等关注度高的项目以特辑方式先行编纂刊行。"如此，史料留存状况良好的三个项目优先安排编纂刊行，首先是"九一八事变系列"，在大正时期的外交文书刊行结束前优先编纂刊行（1977 年至 1981 年）。在"九一八事变系列"中，将采

录的文书的文件名由夹杂着片假名的文语体转变为平假名的口语体。接着，1979
年至 1986 年编纂刊行了《日内瓦和伦敦两个海军裁军会议系列》四册。最后，
1990 年编纂刊行了《日美谈判》两册。在海军裁军会议系列中，为了加深对本册
的理解，翻刻刊行了相关的调查报告，这也被算入了《日本外交文书》之中。在编
纂《日美谈判》时，还收集、调查了下述文件：（1）作为远东国际军事审判的证据
文件提交，但在之后零散丢失的记录；（2）从美国国会图书馆、国际军事审判相关
文书（IMT）或从阳明文库补充的文书。《日本外交文书》基本上采录了日本外务
省收藏的外交记录，如果缺失重要记录的话，也会采录其他机构收藏的记录来作为
补充。不过，这种情况比较例外。

除了上述特辑形式之外，还讨论了"二战"结束前的昭和时期的外交文书的编
纂工作。值此之际，需要克服的课题是许多重要史料在战乱中丢失了。在日本与欧
美关系的外交文书中，有关德意日防共协定、三国同盟、诺门坎事件、日苏中立条
约等的大部分重要文件都已经丢失。因此按照之前的编年体方式进行编纂已经无法
进行下去，只能在编年体之外，还采用以多个年度为一个单位的多年度形式和特辑
形式并用的方式。通过这种方式编纂了《中日战争》（1937 年至 1941 年）、《第二
次欧洲大战和日本》（包括三国同盟和日苏中立条约）、《太平洋战争》（1941 年至
1945 年）三个系列。此外还刊行了相关报告。

在对华关系方面保留着很多可供采录的文书，原则上维持编年体方式，同时对
以特辑形式编纂刊行的《九一八事变》《中日战争》《太平洋战争》等系列进行调
整，推进后续编纂（收录在昭和时期Ⅰ、Ⅱ、Ⅲ中）。到了 2015 年，战前昭和时期
（1926 年至 1945 年）的外交文书已经全部编纂刊行完毕。

五、为战后时期的外交文书的编纂事业做准备

在此期间，编纂委员会在学术界的强烈要求下开始摸索编纂刊行战后时期的外
交文书。2001 年至 2002 年，根据信息公开法公开了《关于缔结和平条约的调查报
告》，这成为着手编纂战后时期的外交文书的重要契机。众所周知，这五册调查报告

是缔结旧金山对日和平条约时任条约局长的已故的西村熊雄亲自总结整理相关记录而成。在对这一调查报告进行翻刻、刊行（《日本外交文书——有关缔结和平条约的调查报告》共五册，2001 年至 2002 年）的基础上，又于 2006 年开始刊行《日本外交文书 旧金山和平条约》（四册），迈出了编纂刊行战后时期外交文书的第一步。

虽然"二战"结束已经 70 年，但估计在进行编纂刊行战后时期外交文书的工作中还会有很多困难，具体有：其一，日本独立后的外交与"二战"结束前相比，面临着众多课题，文件量也会增大。1972 年以后，实现了中日邦交正常化，冲绳归日本，日本由日美两国外交开始向多元化外交迈进，文件量大幅增加，因此在预算、人员等编纂体制方面需要大力加强，如何编纂刊行系统的、有说服力的外交文书集，对编纂者的能力是很大的考验。

其二，安全保障、领土、历史认识等是当前日本外交所面临的重要问题，这对编纂刊行工作来说是一堵墙。这些也是利用者希望了解的外交事件。编纂者在信息公开法、公文书管理法的约束下夹在公开限制与利用者及读者的需求之间进退两难。编纂者面临的这些问题，会对外交档案专家的权限规定及外交档案专家的培养、其他相关专家的合作方式等编纂体制的改革提出要求。而这又与评价、甄别、编纂、刊行这一系列业务的过程的透明化这一课题密切相关。

其三，公开外交记录的媒体开始多元化。如美国的《美国对外关系文件集》等可以通过互联网来检索利用。在这样的时代，在维持现在的纸质媒体的刊行方式的情况下，如何应对公开媒体的多元化也是一个重要课题。

合理保管、管理、积极公开外交文件是外交民主化的必要条件。积极公开外交文件不仅能够促进外交史和国际政治的研究，还能够刺激有关外交问题的广泛讨论，促进外交活动，增强有关外交关系的说服力。

《日本外交文书》的编纂刊行事业数次面临被废止的窘境，但还是克服了难关，发挥了核心作用。以上我所介绍的 80 年编纂刊行的历史诉说着国民的期待，将把成为"国民共享的知识资源"的外交记录传给下一代，使之代代相传。

参考文献：

日本外务省编：《外务省的百年》下卷，原书房，1969 年。

臼井胜美：《外务省记录和〈日本外交文书〉》，misuzu，200 号，1976 年。

吉村道南：《有关外交文书编纂事业的经过》，《外交史料馆报》，创刊号，1988 年。

吉村道南：《第二次世界大战末期的外交史料编纂计划的性质》，《外交史料馆报》，第十一期，1997 年。

《〈日本外交文书〉七十年的脚步》，《外交史料馆报》，第二十期，2006 年。

小林龙夫：《缅怀〈日本外交文书〉的养育之父——神川彦松先生》，《外交史料馆报》，第二期，1989 年。

细谷千博：《〈日本外交文书〉刊行六十周年寄语》，《外交史料馆报》，第十期，1996 年。

青木要：《外交文书》，外务省外交史料馆日本外交史辞典编纂委员会编《新版·日本外交史辞典》，山川出版社，1992 年。

Mario Toscano, *The History of Treaties and International Politics*, Baltimore, 1966.

强制与自主之间：东方阵营围绕日共武装斗争方针的内部关系（1949—1955年）

松村史纪[*]

一

1950 年 1 月，莫斯科突然对日本共产党（以下简称为"日共"）的和平主义革命路线发表了激烈的批评，要求后者采取更为强硬的路线。此后不久，中国共产党也表明，原则上赞同此批评。这种国际忠告致使日共分裂成两大派系，最终导致了深刻的党内纠纷：宫本显治等非主流派（所谓的"国际派"）开始乘机迅速强烈要求以德田球一、野坂参三为首的主流派（所谓的"所感派"）全面接受苏中的忠告。既然社会主义阵营的领导要求日共重新思考此斗争方式，主流派也不得不改变他们以往所采取的议会斗争路线，而最终决定实行激进的武装斗争方针（所谓的"军事方针"）。不过，这一方针并不适用于当时日本的实际条件，导致日共不仅无法有效地进行反帝斗争，而且丢掉了选民的支持。总之，这个"1950 年问题"成了日共历史上最大的负面遗产。

在对这种负面遗产进行反思时，研究者一定会遇到两大难题。第一个是史料上的难题，即中苏日三方共产党公开的有关档案或资料仍然极其有限。例如，日共不仅不公开最重要的文件，而且由于当时多数最关键的文件原本就刊载在非法的杂志

* 松村史纪，宇都宫大学国际学部准教授。

上，因此研究者难以获取。同时，研究者也不能单凭中苏两党公开的档案下结论，因为这些资料涉及范围极其狭隘。这样，要填补此空白就必须依靠日共相关人员的回忆或者证词，使用他们当时与三党接触中最为机密的部分。第二个难题就是，后世人在评论历史问题时很难避免采取一种错误的态度而陷于一种谬误。对于历史上的人物而言，由于他们当时所获取的信息或情报极其有限，但又必须在有限的时间内被迫做出决断，因此他们在做出某种选择时，无法正确地预测之后的形势，也难以拥有其他更好的选择。而与此形成对比的是，后世人已经深知历史事件的始末，所以不难开辟出避开历史错误的途径。这使得后世人经常以为历史上的人物是在同样拥有自由选择的情况下做出了错误的判断，因此认为他们必须对所犯的错误负全责。但是，历史上的任何事件，几乎都不会是由特定的人物造成的[1]。就日共的"1950年问题"而言，非常难以把问题归咎于某个特定的人物。

这两大难题导致一个更为棘手的问题：越是当事人，越是深知当时党内机密的情况，但越是相关人员，就越是迷失于历史上的实际情况，因为他们会只基于自己的政治立场就把历史问题的责任归咎于某个特定的人物。

以往的研究说明，后世人几乎都难以克服上述的难题。很多相关人员或研究者都认为，日共的所谓"1950年问题"来源于莫斯科或北京对日共进行的批评。换言之，是苏中两党对日共施加的国际压力造成了日共的负面历史遗产。大约在20世纪90年代，日共提供的正式的解释就是这种观点中最典型的，它将其错误归结为三点：第一，苏中两党干涉日共内政，尤其是斯大林的大国主义强逼后者采取武斗方针；第二，日共党内主流派屈服于这种国际压力，违章进行党内改组和强行推进非法活动；第三，处于上述两者之间的日共党内内奸起了作用[2]。至于第一点，日共领

1　例如，参照永井陽之助『歴史と戦略』東京：中央公論新社、［1985］2016年；A. J. Taylor, *The Origins of the Second World War* (London: Penguin Books),［1961］1991。

2　日共中央认为，斯大林通过共产党情报局对日共的评论（1950年1月6日）来企图迫使日共接受武斗方针，控制日共组织及其运动。其实，此评论起源于试图强求日共采用武斗方式的干涉作战。作为"苏联秘密工作者"的野坂参三，也是干涉作战的必要条件。此外，包括他在内的主流派在海外建立的日共海外支部成为其干涉的途径，以便将在中苏写成的武斗方针带入日本（日本共産党中央委員会『日本共産党の八十年　1922～2002』日本共産党中央委員会出版局、2003年、101—102、108頁）。在莫斯科干涉日共时，最大限度地利用的日共党内人物就是野坂（不破哲三『日本共産党にたいする干渉と内通の記録：ソ連共産党秘密文書から』下巻，新日本出版社、1993年、350頁）。

导人认为是斯大林以及苏共"扮演干涉的主角",而中共则配合了其"盟主"苏共的计划[1]。总之,他们认为造成问题的实际原因是以莫斯科为主、北京为辅的对日干涉。

这种解释的主要目的不在于正确地再现历史过程,而在于维护当代党领导层的正统性,避免让其担负过去负面遗产的责任。但是,这一解释包含了两个谬误:第一,在日共主流派最终决定采取军事方针的时候(1951 年秋),宫本等非主流派已重新加入了党内主流派;第二,假如野坂参三被认为是里通外国(尤其是苏联)的人物,那么此解释不能说明他为什么事先不知道莫斯科对日共的批评。

有原党员抨击日共提供的正式解释,指出了这些谬误。当时"国际派"代表人物之一(后来被开除党籍)的袴田里见承认,他在当时也不能抵抗中苏两党的干涉而选择追随了它们[2]。也有包括其他有关人员和研究者在内的很多后世人认识到了这一情况[3],他们对当代日共领导层处理过去事件的态度有所质疑,并认为他们也不能开脱过去犯错的责任。不过,持这种观点的文章作品多半以日文资料为基础,很少利用中苏两党的有关档案。

相对地,专门研究日中或日苏关系的历史学家会着眼于莫斯科或北京对日共施压的历史进程,但针对中苏两党在日共"1950 年问题"上所起的作用则众说纷纭。有人高度重视斯大林对这一问题造成的影响,认为中共也是在莫斯科的强硬态度下不得不选择支持[4],但也有人重视北京的角色,例如斯大林在 1949 年夏季前后对中

1　不破『日本共産党にたいする干渉と内通の記録』下、370 頁。

2　袴田里見『私の戦後史』朝日新聞社、1978 年、3 頁。

3　一个前党员的研究者指出,自 1950 年 1 月起日共党内出现了实质上的分裂,但在 1951 年 10 月,第五次全国协议会举行而正式采纳包含军事方式在内的新纲领时,党内恢复统一。但其后日共中央(以宫本等的派系为首的领导部)不愿公认这个事实,认为在 1955 年 7 月召开第六次全国协议会之后,才恢复了党内统一(宫地健一『検証:大須事件の全貌——日本共産党史の偽造、検察の謀略、裁判経過』御茶の水書房、2009 年、156 頁)。其他前党员也说过对此的证词,称"无论宫本怎么隐瞒也明白了他已提出自我批判",而到 1951 年年底为止,国际派系的党员多半下决心复党,"不管怎样,在党内放下了一年多的分裂和抗争的帷幕"(亀山幸三『戦後日本共産党の二重帳簿』現代評論社、1978 年、160、176 頁)。另外,可参看增山太助「『五〇年問題』覚書(下の一):『四全協』前後から『五全協』まで」運動史研究会編『運動史研究』第 6 号、1980 年 8 月、184 頁;就日共中央试图回避责任的情况,可参照渡部富哉『偽りの烙印:伊藤律・スパイ説の崩壊』五月書房、1993 年;同『白鳥事件:偽りの冤罪』同時代社、2012 年。

4　最典型的研究则是刘建平:《战后日中关系:〈不正常〉历史的过程与结构》,北京:社会科学文献出版社,2010 年。以下研究看重莫斯科转变对日政策的进程,而对北京起到的作用则缺少深入探讨,如和田春樹『朝鮮戦争全史』岩波書店、[2002]2012 年;David Wolff, "Japan and Stalin's Policy toward Northeast Asia after World War II," *Journal of Cold War Studies*, vol.15, no.2, Spring 2013, pp.4-29。

共干部提出了所谓"世界革命分工"的构想时（如建立以北京为首的东方情报局等建议），中共响应了他的号召，高举中国革命武斗方式的旗帜，以便使该构想适用于包括日本在内的东方区域[1]。然而，这类研究并没有对日共内部的情况进行详细的分析[2]，忽略了当时日共还有进行自主活动的余地。

具体说来，这种自主活动的余地有以下三大方面。第一，在亚洲各个共产党推进革命运动时，北京就很看重"自力更生"的原则。中共基于自己的斗争经验，认为东方革命应当是以自力更生为主，以外部援助为辅。尽管无人能否定斯大林的"忠告"有最高权威，但按照中共的观点，即使中苏两党对日共施压，后者在开展具体的革命运动时还是应该有采取自主方式的余地。毕竟无论莫斯科还是北京，他们能对日共提供的军事和经济援助都是有限的，日本共产主义者应该自然而然地追求适合于当地条件的斗争方式。

第二，在接受中苏干涉之前，日共内部已暗藏着意见对立，甚至还出现了进行非法活动的构想。如同后文将专门分析的那样，早在1947年底，日共就已试图准备非法的警戒体制了。虽然最终遭到党内反对，到1949年春时还是有干部计划准备进行自卫和游击战，或编组人民舰队。因此，即使是在接受中苏干涉之后，日共也绝不会把中国的武斗方式直接或全面地套用在日本当地的革命运动之上，必定会对两国之间的差异加以考虑。加之，不管中苏两党对日共如何施压，既然美国占领当局清洗日共干部的同时在朝鲜半岛上爆发了战争，日共为支援朝战后方而进行非法斗争是极其自然的选择[3]。更重要的是，无论日共主流派还是非主流派，都在利用中苏两党的权威和影响排挤对方。从某种意义上说，是日共自身夸大和加强了国际压力的影响。

第三，不管是在中苏两党向日共传达意见时，还是在日共内部自上而下传达既

1　最有代表性的研究是下斗米伸夫『日本冷戦史：帝国の崩壊から55年体制へ』岩波書店、2011年；石井明「アジアの共産主義革命とソ連：スターリンとアジアの突撃隊」和田春樹他編『岩波講座　東アジア近現代通史』7巻、岩波書店、2011年、97—119頁。

2　例外的作品就是，和田春樹『朝鮮戦争』岩波書店、[1995]1996年；同『歴史としての野坂参三』平凡社、1996年。但这两个作品也很少对中共的作用进行分析。

3　当时负责"军事方针"的党员对此事的证词。他回忆称，当时武斗有两大意义：第一，在非法的情况下的抵抗自卫；第二，搅乱朝战后方（大窪敏三『まっ直ぐ』南風社、1999年）。

定方针时，都会出现时空上的障碍或隔阂。日共基层分子在最终接受斯大林的意志之前，一定要经过几个阶段和障碍：首先，在北京的日共支部（所谓的"北京机关"）访问莫斯科之前，要就纲领问题跟中共干部进行协商，并且在日中两党代表访问克里姆林宫接受斯大林的最终结论（新纲领的草稿）之前，还需等待好几个月。然而，在"北京机关"把新纲领传达给日共临时中央（以下简称"临中"）干部时，必须通过偷渡到达日本，因而不能携带太多文件（尤其是最高机密文件的原件）。同时，日共临中于1951年2月开始建立非法的军事组织，但其指挥体系尚未成熟，仍很脆弱，难以把中央的指示正确地传达给基层党员；再加上指挥体系只能用地下组织，从上到下的传达过程需要较长时间，也很容易产生各种误会；更重要的是，"北京机关"其实不能准确把握在日本本国各地推进斗争的实际情况。因此，这些时空上的限制条件必然给基层人员留下了自主活动的余地。

一方面，只有中苏两党对日共进行批评，后者才能认真追求包括武斗在内的新方针。另一方面，只有日共具有自主判断或活动的余地，它才能进行党内权力斗争和逐渐实行新的方针。换句话说，日共的"军事方针"不光是由中苏的强迫或日共的独自行动而单独造成的，而是在这两者之间的互动中形成的。本文尝试描述此方针是在两者之间怎样的互动中形成的。

二

乍一看，如同很多以往研究所认为的那样，到1950年1月为止，日中两党每次革命斗争都形成了鲜明的对照：日共热衷于推进以议会斗争为主的和平革命路线，而中共则用由合法与非法斗争结合起来的战术来成功地夺取政权。其实，这种对照可以说明部分的实际情况。

日共在"二战"后初期奠定了所谓的"野坂理论"，认为即使在美国占领下，也能够通过以合法活动为主的手段来推进民主和社会主义革命。其国际背景：苏联也在战后不久试图通过由战时同盟国构成的多边机构（例如，对日远东委员会）来争取实现"日本的完全武装解除以及非军事化""建立由日本的所有民主政党和组织代表人物构成的政府"等目标[1]；野坂参三等干部经常和驻日苏联代表保持联系[2]；另外，当时中国也出现了国共合作的可能性，虽然之后不久就短命而终。

　　战后日共中央委员大多是战时被捕的干部，他们对当前形势的分析仍然基于陈旧的"三二（1932 年）纲领"：以三者（第一，绝对主义的天皇制、官僚和军部；第二，半封建土地所有；第三，垄断资本主义）为敌人，尤其是以推翻绝对天皇制为主要目的，将日本革命的性质看作是包括强行实行社会主义革命的可能性在内的资产阶级革命[3]。按照这种认识，美国占领当局并不被认为是必须打倒的敌人。岂止如此，不仅书记长德田球一视美国占领军为解放军，而且在党内盛行"只有获得美国的支持，才能实现和平革命"的幻想[4]。

　　这些认识不久后就发展为所谓的"野坂理论"了。战时，野坂参三作为共产国际的执行委员在延安跟中共干部一起工作，跟日共其他干部相比更富有国际经验。由于 1946 年 1 月野坂回国时大放异彩，有的日共干部认为他似乎代表着世界共产党领导人的意志。书记长德田不得不承认野坂成为中央委员，但他坚持以自己为首的领导体制，尤其是通过新设置的"组织活动指导部（以下简称"组活"）"来实现领导工作[5]。1947 年 6 月，中央委员会全体会议采纳了所谓的"野坂理论"，认为即使在"同盟国（事实上美国）管理日本"的条件下，也能"一边达成民主革命，一

1　Директивы представителю СССР в дальневосточной комиссии для Японии, 5 февраля 1946 г. *Под ред. Г. Н. Севостьянов, Сост. В. В. Алдошин, Ю. В. Иванов, В. М. Семенов,* Советско-американские отношения. 1945–1948, Москва: Международный фонд, 2004（以下，CAO），no.71，c.162–164.

2　"二战"结束之前，苏共中央国际情报部部长德米托罗夫（Dimitrov）等认为，"我们能利用冈野（野坂）同志的集团以便在日本建立新体制"，他们向斯大林、马林科夫和莫洛托夫提出此案。战后不久，野坂参三从延安经由莫斯科回国。他在苏联跟总谍报局长库兹涅佐夫见了面。此后，德米托罗夫以为跟冈野同志保持联系的部门将不是全联邦共产党中央委员会，而是国家保安人民委员部乃至红军谍报局（和田『歴史としての野坂参三』，124—138 页）。此外，从 1949 年初起，有的党员作为书记局办事员在党本部开始工作，发现了野坂似乎日派党机关报"赤旗"的记者（高桥胜之）到苏联大使馆，以便和苏共组织保持联系（増山太助『戦後期　左翼人士群像』柘植書房新社、2000 年、51 頁）。

3　丸山茂樹「五〇年問題試論」運動史研究会編『運動史研究』第 4 号、1980 年 2 月、12 頁。

4　増山『戦後期 左翼人士群像』、51 頁。1945 年 11 月 16 日，日共中央委员会提出"自卫组织"的问题，称并不应该进行此活动本身，而要把自卫组织和党务结合起来。24 日，该委员会在谈及"自卫团"时称把自卫团附属于地方委员会，但目前并不需要考虑"特别行动队"，而且自卫团也不需要有武器（「日本共産党中央委員会議事録」1945 年 11 月 16、24 日，『（縮微胶巻）戦後日本共産党関係資料』不二出版、2007 年、1 巻、[1]-2，4 頁）。

5　袴田『私の戦後史』，36—47 頁。除了作为执行机关的书记局以外，德田另行新设置了"组活"。

边执行以社会主义革命为目的的过渡性任务"。该理论重视"跟议会外的群众活动结合起来","通过议会用民主方法来掌握政权,建立民主人民政权"。在中央委员会上,无人对此提出不同意见[1]。

1949 年,此理论导致了"9 月革命"的说法及幻想。同年 1 月,日共在第 24 次众议院大选中全力以赴:虽然民主自由党获得绝对多数的议席,但日共增加了 31 议席,共计 34 议席。此时,在第 14 次日共中央委员会全体会议上又重新强调了野坂理论的"议会主义和和平革命论"[2]。此后不久,支持德田的那些人散播了"9 月革命"的说法,极力主张即使处于美国占领之下,也能建立人民政权[3]。连吉田茂前首相也回忆称,"共产主义者也将占领军称为解放军,还主张即使诉诸武装革命,也能和平地达成革命,因此彼时的他们乍一看给人以在占领军控制之下走稳健道路的印象"[4]。

与日共议会主义形成对照的是中共的斗争方式。毛泽东在战场上跟国民党展开激战,对日共的斗争方式进行批评。1949 年 2 月 3 日,毛告知秘密访华的米高扬,"最强的共产党是朝鲜、印度和中国的。其次则是保有强势的日本共产党"。"就日本共产党而言","他们(中共)知道,1946 年日共政治局委员冈野(野坂参三)有通过议会斗争来夺取政权的错误看法。日共政治局委员的多半反对此看法。最近,日共立场得到了改善"[5]。此时,毛对野坂理论进行了批评,但基于不正确的消息,认为日共正在克服野坂理论。当他论及"设置亚洲各国共产党情报局的问

1　亀山『戦後日本共産党の二重帳簿』、55 頁。实际上,当时日共中央书记局指示地方委员会,要求"避免对同盟国(美国等)的政策进行批评","不要涉及国际问题,因为目前日本所处的境地让这种问题变得极其敏感"和"应该将所有问题集中于国内的阶级斗争"(通達・通知［日本共産党中央委員会書記局各地方・地区委員会］1947 年 3 月 6 日『(缩微胶卷)戦後日本共産党関係資料』、5 卷、［4］-919 頁)。

2　『日本共産党の五〇年問題について〔増補改訂版〕』新日本出版社、［1981］1994 年、83 頁;増山太助「『五〇年問題』覚書(上):その前夜」運動史研究会編『運動史研究』第 4 号、1980 年 2 月、25 頁。

3　『日本共産党の五〇年問題について〔増補改訂版〕』、86 頁。

4　吉田茂『回想十年』中巻、中央公論新社、［1998］2014 年、169 頁。

5　*АМ. Ледовский, Р. А. Мировицкая, В. С. Мясников*(Составители), Русско-китайские отношения в XX веке. Т. V: Советско-китайские отношения. 1946-февраль 1950 гг. Кн. 2, М.: Памятники исторической мысли, 2005г (以下，РКО)., но.432, с.63.

题”时，认为“首先，此局不是由亚洲所有国家的共产党代表构成的，而是由一些国家，例如中国、朝鲜、印度支那和菲律宾的共产党代表组成，这是符合目的的。就日共而言，它占整个共产运动的比重还不大，而且我们跟日本共产主义者没关系”[1]。当时，毛不仅不重视跟日共的关系，而且指出“不应该像王明同志的提法，说毛泽东思想‘是马列主义在殖民地半殖民地的具体运用和发展’，这种提法不妥当”[2]。

虽然中共并不热心于建立包括日共在内的情报局，但米高扬代表苏共的看法说，当中共中央设置“以中共为首的东亚各国共产党情报局”时，首先它“应当是由中日朝三个共产党构成的”[3]。此后，虽然莫斯科未必看重日共在东方革命扮演的角色，但斯大林于 1949 年 7 月向秘密访苏的刘少奇提出中苏两党分工的建议时称，“你们多做东方和殖民地、半殖民地国家的工作，与东南亚各国建立密切的联系，在这方面多发挥你们的作用和影响。我们对西方多承担些义务，多做些工作”[4]。此时，斯大林构想的重点不在于日共所处的远东，而在于东南亚地区，尤其是印度支那半岛。

在日共和印共后退的背景下，北京在东方革命运动中的比重变得更为明显了。1949 年 11 月在北京召开的亚洲澳洲工会会议，为中共提供了大显身手的机会。在莫斯科看来，中日两国共党之间的成败或者说差异越发大了。这种对照最终导致欧洲共产党情报局对日本提出了批评。

1950 年 1 月 6 日，日本共产党情报局突然在其杂志《为了争取恒久和平和人民民主》中发表了以“关于日本形势”为题的论文，对野坂理论进行了全面批评。撰稿人不详，但被认为论文内容很大程度上反映了斯大林的意志。无论如何，此论文指出，包括日共在内的所有民主分子“应该立即为争取日本独立、建立民主及爱好和平的日本缔结公正的和约，使美军尽快从日本撤离，保证各民族之间的恒久和

1　Там же，с.63.

2　《在中共七届二中全会上的总结》1949 年 3 月 13 日，中共中央文献研究室编：《毛泽东文集》第 5 卷，北京：人民出版社，1996 年，第 259 页。

3　РКО，но.432，с.63.

4　金牛：《刘少奇秘访克里姆林宫》《百年潮》1997 年第 5 期，http://www.xiexingcun.com/bainianchao/banc1997/banc19970510.html（最后确认，2019 年 2 月 25 日）。

平而进行决定性斗争"。但"若干日共活动家"并不执行这些最重要的任务，尤其是"日共有名的活动家野坂（冈野）在分析日本内外政治形势时，认为战后日本即使在占领条件之下仍然具有一切向社会主义和平过渡的条件，而且力图证明这种情况好像更能成为'将马列主义适应日本本地水土的形式'似的"。情报局就此做出结论，称"野坂'理论'显然与马列主义没有任何共同点"[1]。

中共了解到日共领导部对此评论的最初反应是消极的，于是跟随莫斯科的姿态发布了其对日共的批评。北京一边克制自己，坦率地承认其对日共的了解是很有限的，一边对日共中央政治局的反应进行批评，说政治局"发表声明表示野坂的错误'已经被克服'，并且认为（共产党）情报局刊物的批评是'没有考虑到'日本共产党的处境"，但"日共中央政治局的这种理解和态度就是不正确且不妥当的"。同时，中共还给出意见称，"日本像今天这样在美国帝国主义的统治之下，劳动人民想要争取政权只能通过一场激烈的革命斗争，而议会在这场斗争中只能作为一个辅助的手段"[2]。

总之，一般的说法以上述日中两党间的鲜明对照性为前提，说明中苏两党干预日共方针的这个外因才是真正导致日共党内分裂及其方针骤变的决定性因素。但是，实际情况并没有那么简单。

三

首先，上述的说法忽略了日共内部在接受中苏批评之前就存在潜在的意见对立以及与此密切相关的权力斗争的情况。这一情况给日共提供了自主行为的余地，因为有的干部早已提出了准备进行非法斗争的必要性。

如上所述，"二战"后日共干部的多半基于"三二纲领"决定方针，但包括中西功在内的干部们都一边谨慎地避免论及"三二纲领"本身的问题，一边又提出疑

1　日本共産党中央委員会五〇年問題文献資料編集委員会編『日本共産党五〇年問題資料集』新日本出版社、［1957］1981年、1卷，2—3頁。

2　《日本人民解放的道路》，《人民日报》1950年1月17日（人民数据库资料）。

问，说既然目前情况不似以往，即绝对主义的旧天皇制权力统治基本上已经瓦解了，那么就必须采用基于新情况的新战略及战术。中西认为，如果"人民""建立以广泛的国民为基础的民主联合政府，那么就能期待越过资产阶级民主的民主体制"。但以他为代表的部分人被排除出了运动的中心[1]。例如，在美占领当局于1947年2月1日禁止了占领期最大的劳资纠纷之后，中西给和平革命论的定型化敲了警钟，提出意见书，指出控制日本的体制是由两层（即国际帝国主义和日本反动帝国主义）构成的[2]。当时，除了他以外，还有几十个理论家也参加了围绕对"三二纲领"的解释的论战。志贺义雄与神山茂夫之间的争论也是引人注目的。不过，德田书记长不愿意将此争论从"分析占领情况"的阶段转变为讨论"和平革命论"的阶段。在第六次党大会（1947年12月）召开之前，他吩咐志贺应当把议论集中到分析占领问题上，从而使得这次争论没有得出结论[3]。在劳动运动于1949年不得已而后退时，中西功重新提出了意见书，其中涉及"二战"后的形势变化等问题，其实他已经开始对"野坂理论"及"德田流派战术"提出批评了。但志贺在9月中央委员会上对中西的意见进行了反驳，并否决了它[4]。

由于这种意见对立离不开党内权力斗争，党内纠纷也变得越来越深刻了。在1950年表面化的主流派（"所感派"）与非主流派（"国际派"）之间的裂缝起源于战后不久的内讧。"二战"后不久，宫本（属于后者）主张在战时他与袴田作为战前最后的中央委员坚持了不背叛的立场，因而应该扩充那时的委员会来重新组成中央委员会。德田对此感到十分愤怒，担忧宫本很有可能夺取重建党的主动权[5]。他们私人间的好恶后来上升为对文化方面的争论。根据袴田的回忆，德田还在感情上厌恶宫本的妻子（身为小说家的宫本百合子）。与他所讨厌的小说相比，德田更喜欢自己女婿（西泽隆二）所看重的舞蹈，即交谊舞。1949年，德田和西泽等对宫本百合子的批评也是极为激烈的。与此同时，宫本的日共机关报《前卫》的主编职务

1 丸山「五〇年問題試論」、12—13頁。

2 同上书，16页；増山太助『検証　占領期の労働運動』れんが書房新社、1993年。

3 増山『戦後期 左翼人士群像』、47頁。

4 亀山『戦後日本共産党の二重帳簿』、89—90頁。此外，参照小山弘健（津田道夫编·解説）『戦後日本共産党史：党内闘争の歴史』こぶし書房、[1958]2008年、76—78頁。

5 同上书，24页。

被解除[1]。12 月，关东地方委员会文化部长青山敏夫在《前卫》发表一篇论文，反驳了宫本在几个月前提出的评论。同月 29 日，即在共产党情报局发表论文的前夕，为了对青山与宫本的两篇论文进行讨论，党本部举办了研讨会。但其实研讨会像是变成了德田书记长与宫本争论"官僚主义"的舞台一样[2]。第二天，德田、西泽和伊藤律等在党员文化人会议上围攻了宫本，两者之间的关系发展上升为感情冲突的纠纷[3]。

此外，到 1949 年为止，党内早已出现了以德田为首的领导体制松散的征兆。根据有关人员的证言，作为德田亲信之一的西泽隆二于 1949 年 2 月发表私人言论称，德球（德田球一）身体衰弱了很多，今后的事情还是应该交给宫显（宫本显治）。但因为他并不了解群众运动，最好和志田重男（当时在关西地区从事群众运动）合作[4]。这里，我们可以发现两大事实：首先，当时德田派系内部也已发生某种纠纷；其次，有的干部早已开始构想"后德田"体制。就后德田体制而言，日共于 1949 年进行改组，恢复了原来的劳动组合（工会）对策部。战后不久，德田废除了劳动组合、农民对策部，设置以自己为首的组织活动部，并由后者吸收前者的组织。因此劳动组合对策部的恢复在某种意义上可以说是德田领导制度松散的现象之一[5]。

加之，当时在学生运动中也存在对日共中央的不满。全日本学生自治会总联合（全学联）于 1948 年 9 月成立。翌年 5 月召开的第二次大会上提出了新方针，但有的成员不满于党中央的指导理论或其战术。具体来说，他们指出"从党中央领导学生运动的理论中可以看出存在过于低估学生的作用及其斗争精力的倾向"；党在第六次大会上采用的"地区人民斗争就是自治体社会主义的偏向，只要求学生对'学校权利'或'地方权利'进行斗争，但不把对中央权力（日本政府）和美国占领军的斗争放在眼里"。"在像日本这样发展了中央集权的垄断资本主义的国家中，这是'错误的战术'"。党中央"应当立即承认其错误"。根据当时与学生集团有关系的党

1　袴田『私の戦後史』，64 頁。

2　増山『戦後期 左翼人士群像』，59 頁。

3　亀山『戦後日本共産党の二重帳簿』，91 頁。

4　増山「『五〇年問題』覚書（上）」，25 頁。

5　同上书，29 頁。

干部的回忆，上述批评似乎是以东京大学为中心的全学联中央集团的多数意见[1]。

　　但其实不止如此。就劳动运动而言，一些党员对党中央的领导方式，尤其对德田书记长所推进的方式持有不满情绪。他所推进的劳动运动方式可以简称为无政府主义的劳动运动。此方式着重于罢工，是通过罢工来进行毁坏工厂机械等的暴力斗争。不仅如此，德田等干部也在工会执行机关里设置党小组，试图通过小组来操纵工会。由于此战术被工会内部的反共分子所批评并被利用于搞分裂，因此有些干部不满于这种运动形式[2]。加之，特别在1949年下半年，劳动运动相继遭遇了挫折。例如，东芝的工会在"二战"后一直是工会运动的主要力量，但其工会于1949年7月分裂为二：3 000名工人结成了新劳联；虽然旧工会设法维持在1.9万名的规模，但它最终于11月不得已作出了让步并结束了斗争。无论如何，9月底，日共在紧急中央委员会上承认了其必须准备反攻。事实上，这意味着日共用中央委员会的名义确认了德田与野坂的形势分析犯了错误[3]。换句话说，在接受苏中两党的忠告之前，日共中央在某种程度上就已经理解或承认了在认识和战术上的错误。

　　不过，这种反省未必加强了日共中央的危机感。原本驻日苏联代表部高度评价野坂的品质，期待着他在促使党机构进行非法活动的进程中扮演主动的角色，但他辜负了莫斯科的期待。1949年10月底，苏联代表部对野坂分析称，"他是日本共产党中最佳的理论家之一。他基于马列主义理论直接建立了为共产党领导干部提供政治教育与理论培养的体制"。"野坂跟我们驻东京的工作员保持联系，他通过后者给我们提供有关日本国内政治与经济情况、占领当局的政策和包括日共在内的各个政党活动的信息。"苏联代表部一边认为野坂于1946年5月就错误地认为日本处于和平民主革命的阶段，一边期待着野坂成为"为把整个（党）组织转变为地下组织而发挥主导作用"的党员之一[4]。在莫斯科看来，野坂等领导人在非法化（成为地下

1　增山「『五〇年問題』覚書（上）」、33頁。当时的东京大学基层（细胞）班长安东就这一点回忆称，虽然"9月革命"归于失败，党中央却不进行"决定性的自我批评"，因此他们开始怀疑中央的领导与路线（安東仁兵衛『戦後日本共産党私記』文藝春秋、1995年、76—77頁）。

2　袴田『私の戦後史』、54、60頁。

3　增山「『五〇年問題』覚書（上）」、38—40頁。

4　Сешкин「野坂参三調書」1949年10月29日（和田『歴史としての野坂参三』、資料5）、299—302頁。

组织）的问题上长时间不采取积极姿态，因此翌年 1 月突然发布对日批评，以便刺
激后者。到此为止，驻日苏联代表部似乎终于被迫转变了以往的立场而开始指出日
共的症结了。其中一个政治顾问在日共中央干部于 1950 年 6 月 6 日被清洗后不久
向莫斯科提出报告书进行汇报：去年 1 月，日共在大选上取得了大胜以后，美国占
领当局对共产主义运动加以限制，但日共耽误了使党组织非法化的准备工作；在
1950 年 5 月 3 日麦克阿瑟发布包括禁止共产党活动的指示在内的声明前夕，他们
才着手这些工作；此前，日共领导人根本无法接受美军当局将禁止共产党活动的相
关信息 [1]。既然苏联代表部在此前一直高度重视野坂的作用，那么此报告对过去日共
行为的批评就只不过是事后诸葛亮了。

从表面上看，到 1950 年 4 月底以前，日共似乎对非法化活动一直不积极，但
这并不意味着党内毫未进行此类活动的准备工作。当时在大阪市和北海道做过组
织工作的党员就此作证说，日共早已在第六次大会（1947 年 12 月）上就试图采取
非法性的警戒体制，因此德田在 1950 年 1 月对共产党情报局进行反驳时曾指出这
方面的情况 [2]。其中最具象征性的努力就是 1949 年春季志田重男作为组织活动指导
部部长提出的一个大胆的改组构想：废除各级的各种对策部，以便实现中央从上
直接领导（下部组织）的体制；党的基层组织（日文所谓的"细胞"）应该分为平
原、山村及海洋和河流这三大划区；在平原的大型企业或交通机关里建设模仿工厂
（所谓的 Putilov 工厂）以奠定自卫阵势，在山村建立"山岳根据地"以组织游击阵
势，并在海洋和河流上编成"人民舰队"。当时，此案遭到袴田里见的强烈反对而
被废除，但自 1951 年起，事实上作为武斗方针的一个环节已开始建立"山岳根据

1　Мамин（政治顾问辅助）調書「日本共産党の状態について」1950 年 6 月 26 日（同上，资料 6）、
304—305 頁。

2　「五〇年分裂から六全協まで　吉田四郎氏に聞く」運動史研究会編『運動史研究』第 8 号、1981
年 8 月、78 頁。德田在所谓的"所感"论文中指出，野坂论文包含应当克服的缺点是很显然的，不过
这些缺点已在实践层面上克服了（日本共産党中央委員会政治局「『日本の情勢について』に関する所
感」1950 年 1 月 12 日『アカハタ』13 日、『日本共産党五〇年問題資料集』1 巻、4 頁）。实际上，在
第六次大会召开的前一天（1947 年 12 月 20 日），日共主要干部举行秘密会议，以免受到美国占领当局
的监视行动。在此会议上，德田阐述"以美帝国主义为敌人的看法"和要求"加强适合于此［目的］的
组织体制"等（根据渡部富哉向伊藤律进行的采访，渡部富哉监修伊藤律書簡刊行委員会編『生還者
の証言：伊藤律書簡集』五月書房、1999 年、172—173 頁）。此后，当时决定的斗争方针成为"党的方
针"（椎野悦朗「解説」德田球一『德田球一全集』第 3 巻、446 頁）。

地"，这被认为是当时"志田构想"的一部分[1]。另外，1949 年 6 月，福岛县平市发生被警察称为"骚扰"的事件：包括日共福岛县石城地区委员会系统下的党员在内的群众 500 余名暂时占据了平市警察局[2]。此类事件与野坂的和平路线之间有一定的差距。无论如何，上述的历史事实证明在遇到中苏两党的批评之前，日共内部已有之后采取强硬方针的苗头。

四

其次，也必须探讨中苏两党是如何要求日共转变其以往和平革命路线的。就东方情报局构想而言，首先中共对待日共问题就极为消极。1949 年 5 月，毛泽东在会见朝鲜劳动党代表金一时指出，"中共中央已接到包含缅甸、马来亚和印度支那各共产党在内的四个共产党的书信，它们提出了创设东方各国共产党情报局的建议"，不过"目前创设情报局可能还为时尚早"[3]。此后不久，他会见科瓦廖夫时说，"中国共产党在东方十二个国家中最多只能跟五个国家（即蒙古人民共和国、暹罗、印度支那、菲律宾和朝鲜）有联系。此外，我们缺乏跟日本和印度尼西亚经常沟通的关系，我们并不知道该国的情况"[4]。斯大林就东方情报局的问题对毛泽东表示过同意[5]。

刘少奇在召开亚澳工会会议之前，把东亚各国的情况主要分为三类，认为对不同类型的国家应该采用不同的方式：第一，"亚洲职工代表会议对于那些业已解放的亚洲国家——中国、北朝鲜、蒙古的工人群众……还可采用许多办法去协助他们进行组织工作"；第二，"对于那些存在着解放区的亚洲国家——越南、缅甸、印尼

1　增山『戦後期 左翼人士群像』、211、213 頁。

2　警察庁警備局『戦後主要左翼事件回想』大日本法令印刷株式会社、1968 年、20—21 頁。

3　Телеграмма Т. Ф. Штыкова Вышинскому，15 мая，1949 г.，华东师范大学冷战史研究中心（沈志华提供）《朝鲜战争：俄国档案原件》2 卷（以下，КА），с.238.

4　Шифртелеграмма Ковалева Филиппову，18 мая，1949 г.，КА，с.240.

5　Шифртелеграмма И. В.Сталина И. В. Ковалеву для передачи Мао Цзэдуну，26 мая 1949 г.，РКО，но.484，с.136–138.

的一部分工人群众，亦可进行若干组织工作"；第三，"亚洲职工代表会议对于那些处于帝国主义压迫之下的亚洲国家的工人群众，只应作一般的号召，而不要去进行任何组织工作"[1]。关于日本是否处于第三类型的问题，当时刘少奇没有任何表示。另外，日本代表没有参加亚澳工会会议，因为"美国驻日军事当局禁止了日本工会代表团团员前来北京"。但"大会向民主进步的日本工会和日本工人阶级致敬"[2]。刘少奇本人也在开幕词中评价日本工人运动称，"在日本，进步的工人运动和反对美帝国主义把日本变为殖民地的进步的人民运动正在发展"[3]。

不仅如此，他认为东方革命运动应该如同中国革命经验那样以自力更生为主，以外部援助为辅。就亚澳工会会议结束后不久召开的亚洲各国妇女会议的决议而言，刘认为"决议绝不要涉及苏联及将会取胜的中国革命，这样才不仅可以避免在亚洲各国妇女中产生一种气氛——即她们并不依靠自身的力量而是满足于得到他人的帮助，而且可以阻挡她们找多余的借口来主张中苏干涉别国的内政"[4]。至少就日共问题而言，中共坚持了谨慎态度。

同时，当中苏两党向南亚共产党呼吁采取武斗方式时，它们未必要求日共应用同样的战术。1949年12月24日晚上，毛泽东会见斯大林，谈了"安南问题、日本问题、印度问题、印尼问题、东方情报局问题"等很多问题[5]。有关讨论的详细内容不明，可从前后的情况来看，此时他们俩可能会商议对日印等共产党如何进行批评的问题。从后来的过程来看，对日印进行的批评都是莫斯科主导的，都要求两党采取更为强硬的斗争方式，但两者之间有微妙的差别。共产党情报局对印共指出，殖民地及附属国的人民革命斗争"开始有了武装的性质"；"如同中国、越南、马来亚和其他各国的例子所显示的那样，目前武装斗争正在成为很多殖民地及附属国的

1 《关于召开亚洲职工和亚洲妇女代表会议问题的信和电报》1949年9月12日，《建国以来刘少奇文稿》第一册，第63页。
2 《大会关于抗议日本的美国占领当局阻止日本工会代表来华出席亚澳工会代表会议的决议》1949年11月19日，新华时事丛刊社编：《亚洲澳洲工会代表会议》，上海：新华书店，1950年，第65页。
3 《在亚洲澳洲工会会议上的开幕词》1949年11月16日，《建国以来刘少奇文稿》第一册，第165页。
4 Запись беседы П. А. Шибаева с Лю Шао-Цием, 沈志华、李丹慧收集和整理：《中苏关系：俄国档案原文复印件汇编》，上海：华东师范大学国际冷战史研究中心，2004年（以下，КСО），7卷，c.1599.
5 中共中央文献研究室编：《毛泽东年谱1949—1976》第1卷，北京：中央文献出版社，2013年，第63页（1949年12月25日条）。

民族解放运动的主要形式"；"民族解放斗争取胜的唯一决定性条件在于，趁国内条件允许时组织共产党领导下的人民解放军"[1]。另一方面，如上所述，情报局敦促日共进行"决定性斗争"，但它并不表明武斗的必要性。与对印共的忠告相比，这是明显的区别。

在谈到中共如何处理日印共产党时，即使莫斯科愿意北京发挥主导作用，后者的态度也未必如此，中共必定请求斯大林的批准，以免担负重责。实际上，在情报局发表了有关日共的评论之后，中共并不希望立刻表明自己的立场。北京在看透日共就情报局的评论表达不满之后，才在《人民日报》发表有关社论。这里发生的时差说明中共对待日共问题的态度是自我克制的。印共问题也是如此。1950 年 2 月上旬，在莫斯科提出批评后不久，印共党内就出现了"很严重并且可能破坏党的左翼化倾向"。刘少奇就此问题认为，毛泽东将会在莫斯科同斯大林磋商应当采取什么对策[2]。几个月以后，当中共向克里姆林宫转达有关印度问题的消息时，斯大林回答北京称，"我得到信息并已知道印度同志承认了自己的错误并赞同中共的方针。我以为，此后对他们的特别声明并不一定是必须的。只监督他们是否实现他们所发表的政策转变即可"[3]。由此可见，斯大林不仅在日共问题上，而且在印共问题上也掌握了最高决定权。

尽管如此，其实北京为培养东方各个共产党的干部发挥了一定的作用[4]。1948 年 7 月，中共中央决定开办"马列学院的高级党校"，其任务是"比较系统地培养具有理论知识的党的领导干部和宣传干部"。"1950 年起专设一个班，培养兄弟党派来的学员"。实际上，同年 1 月，中共中央通知越共中央称，"你们送来 21 个学生，已送我们高级党校马列学院学习，准备为他们专开一班"[5]。

1 「二五、植民地および従属諸国における民族解放運動等の強力な発展」（コミンフォルム機関紙 1950 年 1 月 27 日号社説）日刊労働通信社編『コミンフォルム重要文献集』日刊労働通信社、1953 年、317—318 頁。

2 Запись беседы П. А. Шибаева с Лю Шао-Цием，КСО-7，c.1832.

3 Шифртелеграмма Филиппова Сов. послу［Н. В. Рощин］，3 мая 1950，КА-4，c.529.

4 参照沈志华：《冷战的起源：战后苏联的对外政策及其转变》，北京：九州出版社，2003 年，第 209—227 页。

5 中共中央给越共（印度支那共产党）的电报，1950 年 1 月 6 日，《建国以来刘少奇文稿》第一册，第 294—295 页，注释 2。

虽然北京在这方面扮演一定的角色，但是它并不放弃各个共产党以自力更生为主的原则，连中共担负重任的印支问题也不例外。1950 年底，刘少奇就此点在给胡志明的信中表明："我们认为你们坚持反对帝国主义及来信中所说的'长期奋斗，自力更生'的方针，是完全正确的。"无论军事、军队组织、财政经济还是财经组织等问题，"都只能根据越南的实际情况，从越南的实际情况出发来加以规定。不顾越南实际情况，机械地搬运中国的经验是错误的"[1]。中共连对印支的态度都是如此，何况它对日共的姿态了。

五

在遭到中苏两党的批评之后，日共是如何处理其斗争方针的问题的呢？既然日共党内早已有了潜在的纠纷，从某种意义上说，国际批评只不过是促使其对立浮现罢了。无人能否定日共干部很深刻地检讨了国外共党的批评，但与此同时也难以否定每个派系都在利用那种国际压力，以便争取在党内的主导权。这种党内斗争本身表明日共还有发挥自主作用的余地。顺便提及，当时主流派（所谓的"所感派"）占全体党员的 90%，中央委员的 80%（28 名）；其对手（所谓的"国际派"）占全体党员的 10%，中央委员的 20%（7 名）[2]。

前述共产党情报局的评论，"在形式上是对野坂个人'理论'的批评"，但它其实"显然对日本共产党的指导方向进行了正面进攻"[3]。党内潜在的对立让德田领导部立刻作出决定，在一定程度上排斥该评论，以便在党内保持主导地位。他们在以《对"关于日本形势（情报局的评论）"所感》为题的论文中，一边赞扬情报局的光辉业绩，一边进行反驳称：野坂理论的所有缺点早已在实践中得以克服；（外国同志）如果不顾日本当地的客观或主观条件"对我党及同志的言行进行批评的话，它

1　《给胡志明的信》1950 年 12 月 8 日，《建国以来刘少奇文稿》第二册，第 601 页。

2　宫地『検証：大須事件の全貌』、154 頁。

3　亀山『戦後日本共産党の二重帳簿』、86 頁。

就将给人民及我党带来严重损害，这是非常明显的"[1]。按前党员的证言，此时德田在党本部公然随便乱说，"情报局的小子怎么也不了解（我党）。他们将要被撤职了"。他仿佛并不理解该评论反映着斯大林的意志[2]。

即使主流派在党内保持着主动权，但年轻或骨干的党员对领导部的不满却变得日益深刻了。有党员作证说，他所交往的很多工会活动家、年轻人和学生党员都承认情报局所批评的内容，尤其是其对"野坂理论"的否定。他们"仿佛期待着将以此《评论》为契机，扬弃党内的异议"。这一看法被认为是超过党内各派系，"以骨干党员为中心的所谓'党内舆论'"[3]。"国际派"似乎凭借这种舆论开始指责上述《所感》所提出的见解。例如，志贺义雄认为，"《所感》表明了党领导部的右翼机会主义已经成为党的最大危害"，"为了防止党的官僚化，政治局首先必须实行自我批判与相互批判"[4]。当时站在非流派立场的一个党员回忆称，德田"开始随此前感情冲动的对立来看待对《所感》提出的批评"，宫本则"强烈地反抗德田的这种态度，因此从一开始（两人）的正面冲突就呈现出夺取领导权的状况"[5]。

不过，《人民日报》所发表的社论（1950年1月17日）改变了趋势，使日共党内"一举有了着落"[6]。日共不得已服从中苏两党的统一步调而接受了情报局的批评[7]。此后不久，德田书记长在第十八次扩大中央委员会上作报告讲：要打破日本的民族危机，就必须跟包含苏联及中华人民共和国在内的各国达成全面和约；"强调无产阶级的国际团结则是必要的"[8]。19日，扩大中央委员会通过的一个决议认为，

1　日本共産党中央委員会政治局「『日本の情勢について』に関する所感」1950年1月12日『アカハタ』13日、『日本共産党五〇年問題資料集』1巻、4—5頁。

2　亀山『戦後日本共産党の二重帳簿』、87頁。

3　増山太助「『五〇年問題』覚書（中）：『コミンフォルム論評』から朝鮮戦争の勃発まで」『運動史研究』第5号、1980年2月、95頁。

4　志賀義雄「拡大中央委員会書記長一般報告草案にたいする意見」1950年1月15日（『アカハタ』同年4月26日、『日本共産党五〇年問題資料集』1巻、6頁。

5　亀山『戦後日本共産党の二重帳簿』、92頁。

6　同上書、95頁。

7　増山「『五〇年問題』覚書（中）」、99頁。

8　徳田書記長「新しい情勢とこれに対応するわが党の政策——第十八回拡大中央委員会一般報告」（1950年1月18日、該報告在此会上達成了一致意見）、『アカハタ』1950年1月24日、『日本共産党五〇年問題資料集』1巻、15—16頁。

"中央委员会就共产党情报局机关报的评论所具有的积极意义达成了一致意见"，承认了野坂同志的自我批评：其"理论"在原则上是谬误，而且虽然已理解它是错误的，但并没有公然且明确地清算它¹。然而，主流派表面上仿佛接受了中苏两党的忠告，但其实未必如此。2 月，野坂在重新提出的自我批判中，一边承认《人民日报》社论的意义，认为通过国会争取政权就是对马列主义原则的脱离，一边又打算使自己的理论正当化：在"二战"刚结束不久的日本"宣传武装革命方式只会是有害的"；他们所追求的"和平方式意味着除了武装斗争以外的一切群众斗争"；尽管不能否定他的倾向给党的活动在一定程度上造成了负面影响，但"其他同志已修正了"它，而他们已在"总体上基本正确的方针下前进了"²。事到如今，包括野坂在内的主流派陷入了艰难的境地：他们一边迫于国际压力承认理论或实践上的错误，一边又不得不对过去的言行进行一部分的正当化，以免发生"国际派"夺取党内权力的情况。尽管国际压力很容易变成党内斗争的催化剂，但其斗争也说明即使在国际压力之下，日共仍享有自主的余地。

　　不顾来自中苏的批评，德田在扩大中央委员会的会期中，不仅对共产党情报局的批评吐露了不满，而且对志贺与宫本试图凭借国际批判成为卖乖取宠之人的行为表示了愤慨³。仅根据目前得到的各种资料无法了解当时德田的真实想法，可他似乎在摸索妥协的途径。其实，他曾通过宫本派系的同志对国际派间接地提出过一个提议，要求志贺与宫本对他们此前对（实践性）运动采取的旁观态度进行自我批评⁴。但是，国际派不可能接受此案，反之更进一步加强了对所感派的指责。宫本显治彻底接受了情报局的忠告，认为"共产党情报局不仅是对加盟共产党，而且对全世界各个共产党的共同伟大事业都起到了重要的指南作用"⁵。到 4 月为止，主流派开始

1　日本共産党第十八回拡大中央委員会「コミンフォルム機関紙の論評に関する決議」1950 年 1 月 19 日、『アカハタ』21 日、『日本共産党五〇年問題資料集』1 卷、16 頁。

2　野坂参三「私の自己批判」『アカハタ』1950 年 2 月 6 日、『日本共産党五〇年問題資料集』1 卷、19、22 頁。

3　増山「『五〇年問題』覚書（中）」、96—97 頁。

4　亀山『戦後日本共産党の二重帳簿』、94—95 頁。

5　宮本顕治「共産党・労働者党情報局の『論評』の積極的意義」1950 年 3 月 5 日、『前衛』49 号 1950 年 5 月、『日本共産党五〇年問題資料集』1 卷、32—33 頁。

谈及"志贺与宫本系统"，而后者则不得不否认那个系统本身的存在，以免党内以此进行分派。

无论所感派还是国际派都面临三种压力：党内压力，即相互批判或权力斗争；国内压力，即美军占领当局越来越加强对共产党的镇压；国际压力，即莫斯科或北京对日共提出的要求。因此只以最后因素，即来自国外的压力，并不能够说明两派此后的行为走向。

六

主流派或所感派试图推进两种秘密的工作，一是摸索和北京进行接触，二是进行使党不合法的准备，这两者密切关联。1950 年春，中国人民解放战争的方式被宣传扩大。例如，印共"全面接受"了共产党情报局的评论，认为"中国人民解放战争的胜利"对印共及工人阶级而言就是"绝无错误的指针"；在国内具备一定条件的情况下，"创设人民解放军"将有利于争取民族解放战争的胜利[1]。巴基斯坦共产党也"全面接受"了情报局评论的结论说，他们将"把在工人阶级领导下的人民解放战争发展为如同中国与越南那样更高的形式"[2]。

在这样的国际背景之下，当时日共与驻日中共党员秘密来往。之后不久成为临时中央领导部议长的椎野悦朗在事后就此指出，1950 年 1 月 17 日《人民日报》发表社论后不久，称为"驻日中国共产党的代表"以及"将军"的人来了联系，包括德田书记长在内的几个干部与他见了一两次面。此时，"将军"谈到几个重大问题，诸如"美国帝国主义必定侵略朝鲜""（日本）共产党将要处于不合法的地位""干部留在本部是很危险的，应该赶快建立非法的组织""应当收集武器并准备进行游击战活动"和"这是中国共产党的正式意见"[3]。从前后的情况来看，此证词有些内

---

1 「二六、コミンフォルム機関紙論文に関するインド共産党の声明」1950 年 3 月 2 日、『コミンフォルム重要文献集』、320 頁。

2 「二八、コミンフォルム機関紙論文に関するパキスタン共産党の声明」（1950 年 4 月 12 日付「パキスタン・タイムス」紙））、『コミンフォルム重要文献集』、321 頁。

3 増山「『五〇年問題』覚書（中）」、101 頁。

容可能是不正确的。关于中共以朝鲜战争为前提要求日共准备游击战的部分，椎野可能搞混了朝鲜战争前后中共的见解。

实际上，到 2 月中旬，日共干部好像已经开始准备不合法活动。当时在书记局工作的党员回忆称，中共"将军"给予"启发"或"指导"之后不久，椎野悦朗被指定为非法组织的最高责任者，德田又指示椎野对宫本隐瞒。大概 2 月中旬，他在党本部跟野坂龙妇女部长见面时，野坂说她"将要派 A 先生从事特殊任务"，此任务指的是"后面（不合法）的工作"。他到此时才第一次知道"非法组织的准备工作"[1]。德田领导层同时计划让一个党员偷渡到北京，以求确认中共在这方面工作的意见或忠告。

具体而言，1950 年 2 月，德田与野坂让党本部经济调查部代理部长安齐库治作为特使带着秘密任务偷渡到大陆[2]。关于人选的理由，根据事后椎野的证言，德田认为因为是以接头为目的，所以擅长中文的安齐最为合适。当时，致外国的党的信任书必须要野坂参三签名。当野坂给安齐信任书时，他是否交给后者某些特别任务，还不清楚。事后，安齐就此问题保持沉默[3]。从安齐偷渡到大陆以后，就再也没接到他的任何消息。这暗示着三个意思：中日两党在建立联系上，都避不开时间和空间的障碍；中共尽力避免过度干涉日共内部纠纷；在直接接受来自中国的建议或忠告之前，日共即已着手进行使党不合法的准备了。

到 4 月底，主流派一边谋求党内的重新统一，一边为准备不合法组织而配置党员。在自 4 月 28 日起召开的第 19 次中央委员会全体会议上，德田做报告说，依据 1 月份第 18 次扩大中央委员会的各项决议与有关重要决定所进行的一系列实践活动，都证实了这些做法是正确的，在国际上引起了"重大反响"，如苏共机关报《真理报》、中国各大报纸和莫斯科广播都谈到了上述决议。德田是希望凭借这种国

1　增山「『五〇年問題』覚書（中）」、100—101 頁。如同有关党员所指出的那样，我们可以认为共产党情报局的评论（1950 年 1 月）早已劝日共进行这种准备。志賀義雄『日本共産党史覚え書』田畑書店、1978 年、111 頁。

2　伊藤律『伊藤律回想録：北京幽閉 27 年』文藝春秋、1993 年、22 頁；亀山『戦後日本共産党の二重帳簿』、97、120 頁。

3　増山太助「あんくらさんの冥福を祈る」安斎庫治追悼集刊行委員会編『安斎庫治追悼集』平河工業社、1995 年、73 頁。

际权威来排斥党内分派和表明不能允许中立的态度[1]。 他还在该会上提出了为秋季大会制定的报告草案，发表了"有关战略战术问题的纲领"。它承认国际垄断资本（美帝）企图使日本变为其殖民地，但同时指出日本并不能立即跃进到社会主义，日本的人民民主革命具有独特的性质。例如，"在我们的方针中，中立主义是不可能的。不过，如果群众对国际纠纷的态度没有达到如此水平，我们就要根据日本的实际情况来支持群众的中立要求"，并说"议会斗争本身并不是错误的"。同时，德田尖锐地指责认为以往所有的行为都是谬误的那种"清算主义"，以便确保自己过去言行的正当性[2]。中央全体会议的最终声明表明，"就战略问题的处理基本上达成了一致意见"，将同派别分裂斗争到底[3]。

但是，国际派仍然难以承认德田所提出的蓝图，坚持批判态度。关于斗争的对象，德田依然把重点放在日本的政治权力上，但宫本却认为日本的反动势力从属于外国帝国主义，后者掌握了日本政治经济的全权，因此应该重视把日本从外国帝国主义中解放出来作为社会解放的前提条件[4]。德田不得已在一定程度上接受了这种批判，修改了上次草案的部分内容：他理解群众所要求的中立是以"民族独立"为目的的[5]。

主流派是在暗地里进行不合法活动的准备工作的。在中央全体会议会期还有两天的最后阶段中，德田的心腹部下伊藤律忽然告知"绝密信息"，说日共已经面临被当局镇压的危险了[6]。4 月 29 日，会议日程没完会议就结束了。当晚，德田召集身边亲信，即野坂、伊藤、志田、绀野与次郎和西泽等来举行秘密会议，商定准备

1　徳田書記長「第十九回中央委員会総会における報告」『アカハタ』1950 年 5 月 2 日、『日本共産党五〇年問題資料集』1 巻、88 頁。

2　徳田球一「『当来する革命における日本共産党の基本的任務について』を提出するに当って」『日本共産党五〇年問題資料集』1 巻、67、74、84—86 頁。

3　日本共産党第十九回中央委員会総会「第十九回中央委員会総会を終るにあたっての声明」1950 年 4 月 30 日、『アカハタ』5 月 2 日、『日本共産党五〇年問題資料集』1 巻、94 頁。

4　宮本顕治「来るべき革命の性質と日本共産党の基本的任務（十九中総提出原案）に対する意見」『党活動指針』別冊（三）1950 年 6 月 6 日、『日本共産党五〇年問題資料集』1 巻、123—124 頁。

5　徳田球一「来るべき革命における日本共産党の基本的な任務について（草案）」（『党活動指針』別冊（一）1950 年 5 月 18 日、『日本共産党五〇年問題資料集』1 巻、178—179、185、194 頁。

6　亀山『戦後日本共産党の二重帳簿』、99 頁。

非公开组织的事宜。此时，他们还决定从这种工作中排除宫本显治[1]。不久后，在党机关报《赤旗》工作的非主流派分子也同时都被解雇了[2]。

在党内变化如此之大的背景之下，德田决定重新派另一个党员偷渡到中国大陆，以便再次确认北京的意见。他们选中的候选人是宫岛义勇。此前研究日中苏关系的学者几乎都忽视了宫岛偷渡之事及他的回忆的相关文章[3]。他曾经在东宝争议中发挥过领导作用，但在被清洗之后，加入了日共党本部。从 1949 年起，宫岛开始在中央委员会书记局工作，负责研讨促进日中贸易的计划。有党员回忆说，由于得不到安齐的报告，德田派宫岛到北京[4]。甚至宫岛本人也认为，安齐在北京没能和中共当局进行接触[5]。其实未必如此。由于相关资料还没有找到，安齐偷渡到北京以后的状况还不清楚。按照目前日共中央的解释，1950 年 4 月，安齐、两个侨居中国的共产主义者日本人和庄涛、杨正等日本问题研究专家一起在中共中央对外联络部的指导下创设了"日本问题研究班"，以准备建立"北京机关"[6]。但很遗憾，党外研究者只能看到宫岛本人的回忆录，无法了解此事与宫岛偷渡有什么关系。即使安齐已着手准备"日本问题研究班"的设立工作，这种信息也未必能立刻且准确地传达到日共本部。无论如何，5 月 1 日，当志田重男在党本部向宫岛询问研讨中日贸易问题的进展情况时，后者介绍了计划的主旨。志田表示赞成该主旨，并要求宫岛去中国提出这种计划，最后附带说他已提前做好相关的安排。此后不久，宫岛依照志田的指示跟野坂和德田见了面。野坂告诉他"如果在现场遇到一些麻烦的问题，就要去跟周恩来见面"，可是宫岛到此时也没有接收到任何任务。他估计自己的核心任务是确认中共的看法。不管怎样，知悉这次偷渡之事的只有很少的干部，即野坂、志田、西泽、德田和冈田（文吉）等[7]。第二天，宫岛即刻动身，于 5 月 5 日或 6 日抵达天津，但他难以和北京建立联系。过了一个月左右，他才到达北京。宫岛

1　『日本共産党の五〇年問題について〔増補改訂版〕』、92、94 頁。

2　亀山『戦後日本共産党の二重帳簿』、99 頁。

3　例えば、和田『朝鮮戦争全史』；劉《战后日中关系》；下斗米『日本冷戦史』。

4　増山「あんくらさんの冥福を祈る」、73 頁。

5　宮島義勇（山口猛編）『「天皇」と呼ばれた男：撮影監督宮島義勇の昭和回想録』愛育社、2002 年。

6　『日本共産党の五〇年問題について〔増補改訂版〕』、99 頁。

7　宮島『「天皇」と呼ばれた男』、412—414、423、425 頁。

立刻提出关于日中贸易的报告书，不过此时正是朝鲜战争爆发前后，他并没有得到机会跟中共干部见面。直到几个月后，才总算见到了周恩来[1]。

此时，日共本部自主地推进了党内改组，形成了其表面和内部不一样的双面组织。6月6日，美军占领当局发布了解除日共中央正式委员公职的指令。濒临危机的日共统制委员会一边暂停召集会议，一边任命组成以椎野悦朗议长为首的临时中央领导部（以下简称"临中"）。"临中"被定义为到召开下次党大会为止的临时中央领导部[2]，这是表面的或正式的党组织。与此同时，以志田重男为中心开始组成地下不合法的组织并开展活动，同时用新的不合法机关报代替受到停刊处分的《赤旗》，由伊藤律主要承办机关报发行的工作。由此，日本国内的领导体系形成了以志田、伊藤与椎野为首的"三人体制"，但事实上负责政策、组织方面的志田和椎野两人很少相互协商，总是志田单方面给出指令[3]。"临中"重新与分派主义分子进行斗争的旗帜更加鲜明了[4]。其间，在北京逗留的宫岛义勇几乎没有和"临中"取得过直接联系，并不熟知改组的情况[5]。由此可见，在得知中共干部的见解之前，甚至在朝鲜战争爆发之前已出现了日共不合法的组织，它主要是对美军占领当局施压的一个回应。

到8月10日前后，宫岛终于见到了周恩来。周在会上就日本阶级结构问题阐述道："日本国民的过半数是农民，因此需要组织以农民为中心的斗争。"宫岛反驳了这种战术，说既然日本"工业正在迅速扩大"，所以也必须组织适合这种条件的斗争，"并不能简单地应用中国方式"。不过，周恩来也坚持了其一贯的意见，说"在现实问题上看，能包围主要城市和军事基地的无非是农村和山区"。这些会话都是基于宫岛事后回忆的内容，有可能部分内容是不正确的。但我们从中可知，两人

---

1 宫島『「天皇」と呼ばれた男』、415、417頁。

2 日本共産党第十五回拡大中央委員会「五〇年問題について」1957年11月5日（翌日发表）、『日本共産党の五〇年問題について〔増補改訂版〕』、13頁；日本共産党統制委員会「臨時中央指導部の指名」1950年6月7日、『アカハタ』翌日、『日本共産党五〇年問題資料集』2巻、2頁。

3 増山『戦後期 左翼人士群像』、174頁。

4 椎野悦朗「すべてを反ファッショ民主民族戦線へ：党全国代表者会議における一般報告」1950年6月18日、『アカハタ』20日、『日本共産党五〇年問題資料集』2巻、8頁。

5 宫島『「天皇」と呼ばれた男』、425頁。

似乎没能取得一致意见。据宫岛回忆称，会谈"终于得出了一些结论"。他把结论分为三个部分：第一，日本共产党的现状是先要摆脱分裂的状况，取得整体的统一。无论所感派还是国际派，都要形成党的统一，这是最优先事项；第二，现在党（日共）的核心遭到镇压。因此必须保护其干部；第三，日本人民应该以反美斗争为中心，以农民为主轴站起来。尤其是目前朝鲜战争将要扩大，应当明确对此的应对态度。在某种场合，有可能要进行武装斗争[1]。后来因这三点产生了一些误会，比如，当时的国际派以为，北京指示德田要立刻逃亡到中国，准备进行武装斗争等等[2]。当代的日共领导人也认为，在宫岛传达周恩来的意见之后，"军事方针"全面进入日本[3]。事实上，宫岛回国以后似乎兴奋地说过，既然"各亚洲共产党一齐准备武装暴动"，"日本也要赶紧……（做好准备）"[4]。但是宫岛也曾作证说，周恩来不是直接指示德田要来中国，而是指出中国将为保护日共干部给予一切可能的援助；周也未必有武装斗争的指示，他的本意只不过是认为"在某种情况下，有可能有必要"[5]。由此不能断言日共在这个问题上没有自主的余地。1950 年 8 月下旬，德田听到宫岛的报告后，终于理解了他跟周的看法几乎是一样的[6]。此后不久，主流派干部陆续偷渡到北京，以便设立国外支部，但这一连串的事情跟党内斗争有密切关系。每个派系都要争取国际权威（中苏两党的承认），以掌握党内主导权。这种斗争其实是日共的主动行为或自主判断所作出的。

1951 年前后，日共主流派有三个领导部：第一，伊藤、志田、紺野等统率的国内地下组织；第二，由椎野、铃木市藏、听涛克巳、河田贤治等组成的国内公开组织，即"临中"；第三，德田、野坂、西泽等创设的国外组织，即"北京机关"[7]。对抗这些集团的非主流派包括各种各样的集团或分子，其中格外突出的集团就是1950 年 8 月底组成的"全国统一委员会"（以下简称为"全统委"）。国际派代表人

1　宫岛『「天皇」と呼ばれた男』、420—422 頁。

2　亀山『戦後日本共産党の二重帳簿』、120 頁。

3　不破『日本共産党にたいする干渉と内通の記録』下巻、351 頁。

4　増山『戦後期 左翼人士群像』、225 頁。

5　宫岛『「天皇」と呼ばれた男』、422 頁。

6　同上书，425—426 頁。

7　袴田『私の戦後史』、87 頁。

物宫本也参加了"全统委"。不过，1950 年 9 月 3 日，《人民日报》的社论决定了两派之间的胜负。社论一边说服"日共领导机关（临中）必须对这些持有不同意见的同志采用十分慎重的态度"，一边基本上承认了"临中"的正当性[1]。

"临中"主要凭借这种国际权威来把"全统委"等反对派当作"分派"，加强了对他们的批判[2]。椎野强烈要求"分派"要"无条件服从"临中和统制委的决议及党的法则，甚至要求他们解散"全统委"而跟党中央团结起来[3]。如此强硬的姿态远远超过了北京的要求，无非是自主判断的结果。另一方面，在《人民日报》发表社论之前，当非主流派准备结成"全统委"时，他们也对所感派破坏党的行为进行了全面批判。但他们看到北京的社论以后，不得不从结成"全统委"的声明中删掉这种批判，而且附加了一节——他们将结成作为党内委员会的全国统一委员会，以此促进党的统一。他们被迫跟随着中共的方针修改了声明的原案[4]。尽管如此，"全统委"还是不能接受"临中的单方面方针"，认为后者所要求的"无条件服从"就是"解散政党主义的错误"，甚至指出了北京《人民日报》的社论并不是支持特定个人或分派的意见的[5]。但在主流派在北京准备设立国外支部的情况下，"全统委"很难继续维持下去。到 10 月 22 日，他们终于宣布解散委员会[6]。

这里有意思的是，主流派在设立"北京机关"之前，并在访苏得知斯大林的指示之前，早已制定了不合法行为或武装斗争的基本方针。10 月 10 日，"临中"议长向同志们呼吁，既然统治阶级"用无视宪法或法律的非法行为来施压"了，人民

1　《现在是日本人民团结对敌的时候》，《人民日报》1950 年 9 月 3 日（人民数据库资料）。

2　有趣的是，"临中"首先对分派盲从国际权威的姿态进行指责。它认为，分派主义者忽视国内革命力量，只顾追求国外援助。「党は分派を一掃することによってのみ強化される」『党活動指針』1950 年 9 月 8 日、『日本共産党五〇年問題資料集』2 巻、116—118 頁。

3　椎野悦朗「北京人民日報社説発表に際して」；同「全党あげて分派策動を粉砕せよ」『党活動指針』1950 年 9 月 11、20 日、『日本共産党五〇年問題資料集』2 巻、131、132 頁。

4　亀山『戦後日本共産党の二重帳簿』、109—111 頁；日本共産党全国統一委員会「党の革命的統一のために声明する」1950 年 9 月 8 日、『日本共産党五〇年問題資料集』2 巻、122 頁。

5　日本共産党全国統一委員会「統一委員会の性格について」1950 年 9 月、日本共産党全国統一委員会発行『統一情報』活版 2 号 10 月上旬号；「同志椎野の談話によせて」[日期不詳]『統一情報』1 号 1950 年 9 月 15 日、『日本共産党五〇年問題資料集』2 巻、124—125、139—140 頁。

6　日本共産党全国統一委員会「党の統一促進のためにわれわれは進んで原則に返る！」1950 年 10 月 22 日、『日本共産党五〇年問題資料集』2 巻、184 頁。

也必须结成"自卫组织"[1]。此外，主流派还在非合法机关报上发表了一篇具有划时代意义的论文《共产主义者与爱国者的新任务：以实力还实力进行斗争》，阐述了武装斗争是如何不能避免的——既然"敌人动员权力，即军队、警察、法院、监狱与反动团体等来对人民加以狂暴的镇压"，人民就必须用"组织起来的实力"来对抗敌人；加强非合法组织是极为重要的。为了完成新的任务，就要"学会军事知识"，"武力或军事问题是权力斗争的一部分，也是服从政治的需要"。同时，此论文亦对"忽视条件或准备不好的武装暴动"进行了批评，而且并不要求把俄罗斯革命、中国革命或是东欧的人民民主革命的经验直接套用于日本革命[2]。据一些证言，可以推测上述论文是野坂参三在偷渡到北京之前写的[3]。

总之，1950 年 10 月前后，德田球一以为，以《人民日报》社论为契机，党将会走向统一的方向。此时，主流派干部陆续下决心偷渡到北京[4]。同时，"临中"在"全统委"解散后，还认为这绝不意味着分派已经消失[5]。实际上，非主流派，尤其是宫本显治等的"国际派"危机感加剧，"要求派其代表（到北京或莫斯科）进行说明的声音高涨了起来"[6]。该派的袴田里见就此发表意见说，10 月前后，宫本、龟山幸三、春日庄次郎等"国际派"干部在（东京的）浅草举行了聚会"，袴田也出席过两次。他们达成了一致意见——"我们的立场看来得不到中苏两党的支持，借此机会最好派代表到北京去，向对方充分说明我们的看法以及德田主流派的无理举动"。袴田战前去过莫斯科留学，相比其他同志更为习惯国际活动，最终积极接受

1 椎野悦朗「十月十日五周年にさいし全党の同志諸君に訴える」1950 年 10 月 10 日『党活動指針』同日、『日本共産党五〇年問題資料集』2 巻、178—179 頁。

2 「共産主義者と愛国者の新しい任務：力には力を以ってたたかえ」『内外評論』特別号通巻四号、1950 年 10 月 12 日、日刊労働通信社編『地下潜入の態勢を整えた日本共産党の文献集（続編）』日刊労働通信社、1951 年、509、513、518—519 頁。

3 亀山『戦後日本共産党の二重帳簿』、135 頁；「五〇年分裂から六全協まで　吉田四郎氏に聞く」、79 頁。有的相关党员说明，由于当时伊藤律在不合法机关报独断专行发表了此论文，他从政治局被解任了（藤井冠次『伊藤律と北京・徳田機関』三一書房、1980 年、24 頁）。如果考虑到野坂本人书写此草稿的事实，那种说法也许只不过是事后诸葛亮了，但实情还不清楚。

4 増山「『五〇年問題』覚書（下の一）」、169—171 頁。

5 日本共産党臨時中央指導部、日本共産党統制委員会「スパイ・挑発者との闘争」『前衛』55 号、1951 年 2 月、『日本共産党五〇年問題資料集』2 巻、229 頁。

6 亀山『戦後日本共産党の二重帳簿』、118 頁。

了访问中国的任务[1]。按照龟山的证词，袴田原来不是"全权代表"，而只不过是联系人。此后，本来计划让宫本与春日作为正式代表访问北京的，但最终没有实行[2]。实际上，12月，袴田先偷渡到香港，然后经由深圳到北京。他试图通过中共中央对外联络部转达意见[3]。但是，包括袴田在内的任何人都没有告诉中共宫本等人将要来访北京[4]。总之，在主流派占优势的情况下，两派都开始争夺国际权威（中苏两党）的支持了。

七

这种争夺战终于在莫斯科展开了，但其前哨战在北京已经开始了。主流派何时在北京创设了其国外支部即"北京机关"还不清楚，可他们于1951年4月偷渡到莫斯科之前，应该就已经建成。地点在靠近西单的胡同里。德田等干部平时都穿着中山装，使用中国人的姓氏。附带说明一下，冈田文吉在德田（北京）与志田（日本）之间起了联络人的作用[5]。德田领导的"北京机关"跟中共中央保持紧密的联系，受到后者的各种援助。伊藤律回忆说，当时其机关人员享受中共尽善尽美的款待，或者可以说是相当于中共中央委员的待遇[6]。同日方直接联系的部门为中共中央对外联络部（以下简称"中联部"）。后者多大程度干预"北京机关"还不清楚，但即使中联部向日共提出了各种建议，也没有可能剥夺了日方的自主性。

要理解这些情况，就必须思考四个大背景：第一，中共当时同东亚各党保持的联系并不那么密切，因而中联部"最重要的任务是与东方各国兄弟党联络并帮助他们"[7]。它首先需要对日共等的情况加以研究。更重要的是，如同前中联部日本专家

1 袴田『私の戦後史』，72—73頁。

2 亀山『戦後日本共産党の二重帳簿』，119頁。

3 袴田『私の戦後史』，75—86頁。

4 亀山『戦後日本共産党の二重帳簿』，123頁。

5 藤井『伊藤律と北京・德田機関』，21—22、30頁。

6 伊藤『伊藤律回想録』，19—20、23頁。

7 刘少奇给（王）稼祥的电报，1951年1月16日《建国以来刘少奇文稿》第3册，25页。

赵安博所说的那样，"北京机关"并不是中共组织的一部分，它自主行动[1]。

第二，至于日共问题，北京让斯大林最终处理并决定，以免过度干涉日共内部的纠纷。1951年1月，中共中央在北京接受了亚洲各党的常驻代表，以便同他们保持联系并培养各国干部，但同时它也要面对东方各党的内部纠纷。刘少奇认为，北京不能单独处理如此难题，要求苏共中央派其常驻代表到中共中央。针对印共，他向苏共建议，由"北京或莫斯科邀请印度共产党代表"。谈到日共问题，虽然刘与德田或野坂见过两次面，但一些日共文件还需要翻译，因而当时中共还没能够理解日共的整体情况。刘少奇还以为，前一年《人民日报》社论对日共的影响力是有限的，也希望邀请除主流派以外的反对派来北京，跟这两派一起制定统一的活动方针[2]。不过，最终判断则委托莫斯科作出[3]。按照安齐库治的证言，在谈及"武装斗争"的问题时，毛泽东再三叮嘱日共要谨慎[4]。中共中央干部的这种态度在一定程度上符合宫岛上述就同周恩来见面所说的证词。

第三，"北京机关"的内部纠纷与中共党内关系可能是联系在一起的。日方内部的分歧主要存在于以德田为首的集团（伊藤律、冈田文吉、听涛克巳和土桥一吉等）与包括野坂和西泽在内的派系之间。据伊藤的说法，德田与西泽之间的对立在他们于1951年春季访问莫斯科时越发加剧，因为后者迎合中苏两党一些干部，开始主张要跟宫本显治等达成协议，但德田对此却坚决反对。另外，中共内部关系加剧了这种对立。斯大林告诉德田，"只要日本人民支持你，我就支持你"，毛泽东也说过"我没跟你（德田）见过面，但如斯大林同志所讲的那样，我党也支持你"。除毛以外，刘少奇及周恩来等干部也支持德田。与此形成对比的是，跟"北京机关"日常联系的中联部，特别是其日本专家李初梨（副部长）与赵安博敬仰在

1　「趙安博回想録：対日工作現場の第一線にいた人物が語る日中関係史の一断面」水谷尚子『「反日」以前：中国対日工作者たちの回想』文藝春秋、2006年、103頁。

2　«П. Ф. Юдин о беседах с Мао Цзэдуном. Докладные записки И. В. Сталину и Н. С. Хрущеву. 1951—1957 гг.» (В. Г. Бухерт) // Исторический архив, 2006 г., № 4, с.16-18.

3　顺便提及，1951年，克里姆林宫希望中共负担较多的国际工会基金的资金，即高于东欧各党的负担，但当然低于苏共。Выписка из протокол no.84 заседание Политбюро ЦК [1 декабря 1951г.], КСО-9, с.153.

4　藤井冠次「北京機関で共に活動して：五一年綱領と安斎庫治」、増山「あんくらさんの冥福を祈る」、『安斎庫治追悼集』、68、74頁。

延安活动过的野坂参三。而且，王稼祥部长高度评价宫本显治，李副部长也向野坂说过，在他们看来，"宫本显治等并不是分派，而是日共的一部分且是'同等'（于主流派的）"。中联部似乎"对野坂、宫本路线寄予期望"。野坂一方的安齐库治也在背后暗中活动[1]。总之，这种权力斗争的存在说明日共仍然保持着自主行动的余地。

第四，本国的"临中"在"北京机关"的干部偷渡到莫斯科之前，早已在1951年2月底的第四次全国协议会（以下"四全协"）上作出了采取包括军事方针在内的决定。关于斗争方针，主张必须发展以工农联盟为基础的民主民族战线，扩大发展"一切形式的人民自卫团"，例如农民自卫队；认为"能够对抗敌人暴力控制的人民之坚强实力斗争，应该起到重大的政治作用"[2]；革命要求"人民的武力斗争"，尤其是工人阶级所进行的各种"抵抗斗争"是"武装斗争的萌芽和基础"；应该结成"核心自卫队"，组织"游击队"，后者要在城市及山区里建立"根据地"；应当从"游击队"发展为"人民解放军"[3]；目前正在进入这一阶段，即"只有谋求彻底加强非合法活动，党与群众的革命斗争才能得到发展"；为了组织自卫队等的非合法活动，"以在每个地区设立中央领导的地下组织为最急迫的课题"[4]。对这一决议，有必要加以补充说明：同年5月，当斯大林直接问德田是否同意该决议时，后者回答说，他全面同意它，其实此草案就是他本人准备的[5]；五人（志田、伊藤、椎

1　伊藤『伊藤律回想録』、20—24、31 頁。当时，安齐"在背后'拥立宫本'，而受到德田的责问"（増山『戦後期 左翼人士群像』、204 頁）。他试图通过中联部向中共干部转达："德田先生是个罕见的革命家，可其理论水平还很低。日本的党应当让像宫本先生一样的理论家当委员长"（増山「あんくらさんの冥福を祈る」、74 頁）。

2　「日本共産党第四回全国協議会決定」、『日本共産党五〇年問題資料集』3 巻、7、9、32 頁。

3　「日本共産党第四回全国協議会決定」「第三、軍事方針について」日本共産党東京都委員会教育委員会責任編集『日本共産党党性高揚文献』1 巻、駿台社、1952 年、145、148—149、151 頁。所有当代日共公开发行的文献都删除了在四全协决定中的军事方针的部分。

4　日本共産党第四回全国協議会決定「第四、組織問題について：非合法活動の強化」『日本共産党党性高揚文献』1 巻、158、160、169 頁。

5　Адырхаев, Николай Борисович. Встреча Сталина с японскими коммунистами//Проблемы дальнего востока, 1990, но.2. с.141. 但是，20 世纪 50 年代后期，日共内部组织的"50 年问题调查委员会"得到一个信息：四全协没有取得德田与野坂的事先承认，只是得到事后承认（亀山『戦後日本共産党の二重帳簿』、242 頁）。这种事情还不清楚，可从前后的情况看来，德田等有可能至少在原则上事先支持四全协的方针。

野、长谷川浩与紺野）分别负责撰写决议的"行动方针的一部分"，但椎野所写的"军事方针"由于其他四人都反对而被当作"未决议通过的论文"，即"参考文件"；尽管如此，他们急于发表军事方针，以便说服国际派[1]。

"四全协"结束以后不久，"北京机关"的主要干部都动身到苏联。这次访问很可能有两大目的：第一，谋求凭借斯大林的权威来推进党内统一，或者试图表示其对党内统一采取积极的姿态，以求得到斯大林支持的机会；第二，争取斯大林对"新纲领"的最终承认。因此，在他们偷渡到莫斯科的前后，本国的"临中"先后不得已发表"自我批判"，以此说服反对派支持"临中"。这一连串的自我批评可能是按照北京机关的指示进行的[2]。"临中"议长椎野承认他有忽视理论的倾向等等[3]。然而，包括国际派在内的党员在如何对待"临中"这些自我批判的问题上出现了分歧——有些人部分地接受这次批判，而宫本等则全面否决了它们[4]。但此后不久，至少从表面上看，只有莫斯科的最终判断，才能结束日共的内部争论。

1951 年 4 月中旬，在北京逗留的主流派（德田、野坂、西泽）以及国际派（袴田）动身去莫斯科。同行的王稼祥向袴田事先说明，"由于日本政党的分裂与路线问题很严重，北京不能单独决定什么。（你们）去莫斯科在斯大林同志那里会看到结局的"。两派都在前往莫斯科的行程中，各自坐在同一列火车的不同车厢里，避免互相见面[5]。两者到达莫斯科后，亦各自住在不同的房间，相互无往来[6]。日共干部与斯大林共举行了四次会谈，但在会谈上掌握主动权的仍然是主流派，而袴田只能参加最后一次会议。5 月中旬，在第一次会谈上，德田向斯大林说明，"他们来莫斯科，以请求斯大林同志协助处理问题"。不过，后者立刻回答说，"我们不是审

1 増山『戦後期 左翼人士群像』、218 頁。据别的有关党员称，紺野草拟军事方针，长谷川帮助他执笔（亀山『戦後日本共産党の二重帳簿』、240—241 頁）。

2 「五〇年分裂から六全協まで 吉田四郎氏に聞く」、80 頁。

3 椎野悦朗「党の理論的武装のために：私の自己批判」1951 年 7 月 5 日、『前衛』同年 8 月、『日本共産党五〇年問題資料集』3 巻、98 頁。

4 亀山『戦後日本共産党の二重帳簿』、127 頁。

5 袴田『私の戦後史』、89—90 頁。

6 *Адырхаев,* Встреча Сталина с японскими коммунистами，c.141; 袴田『私の戦後史』、91 頁。

判员，也无法判断哪一方的立场是正确或错误的。你们自己、你们政党应该决定此问题"。同时他指出，列宁曾经要求过制定党的行动纲领，以团结同志们。他有可能暗示日共也应当准备纲领。此后，德田等一边排除袴田，一边开始起草纲领草案[1]。

恰巧此时，中国革命的经验在东方世界被格外突出推广，印共公布纲领草案，表明"目前，伟大的中国人民民主带领的各亚洲民族正在为从帝国主义中解放出来而进行斗争"[2]；《人民日报》也发表了《中国共产党的三十年》，指出中国革命的胜利"给全世界工人阶级带来一种确信，给全世界殖民地半殖民地人民带来一种确信，就是伟大的十月革命所展开的世界工人阶级解放事业和世界殖民地半殖民地人民解放事业，必然会取得胜利"[3]。

在这种背景下，日苏两党领导人举行了第二次会谈。德田等提出了纲领草案，但斯大林对只列举了许多一般立场的草稿表示了不满，他要求将它改得更为丰富，要带有"当下行动纲领的性质"，并让它强调党的主要任务是对美斗争。会谈后，斯大林一边留意日共草案，一边亲笔拟定纲领文件草稿[4]。在第三次会谈上，日方就苏方提出的草案说，他们"不能就按现在这样接受该文件"，德田附带说，虽然"文件里的所有内容都是正确的"，但它使用了"高度专业的语言与风格"，因而"无人能相信这是我们所写的作品"。不过，斯大林还是坚决要求日方就照原样接受他的草稿[5]。这种态度是具有强制性的，日方已无法反驳共产主义世界的最高权威的意见。从某种意义上说，第四次会谈的目的就只是迫使国际派（袴田）同意新纲领的原案，并且强逼他进行自我批评，以便恢复党内统一[6]。至于纲领问题，袴

1　Там же，c.142.

2　「三四、インド共産党綱領草案」（一九五一年五月十一日付コミンフォルム機関紙），『コミンフォルム重要文献集』、356 頁。

3　胡乔木"经过第三次修改之后，文稿基本决定，接下来就是送请毛泽东最后定稿和发表了"。胡乔木传编写组：《胡乔木传》上卷，北京：当代中国出版社，2015 年，第 187、192 页。

4　*Адырхаев*，Встреча Сталина с японскими коммунистами，c.142–143.

5　Там же，c.143. 当代日共中央高度重视斯大林强逼日方接受他亲笔的新纲领（所谓的"51 年文书"），『日本共産党の八十年　1922〜2002』、111 頁。

6　据袴田的回忆，在会谈之前，他只有不得已勉强地接受新纲领，才能跟苏方见面。袴田『私の戦後史』、95 頁。

田在会议上说明，"问题很严重，对它进行研讨需要花费时间，所以目前无法表明确切的意见"。斯大林对此回答说，纲领文件的目的在于加强党内团结，他还追问袴田是不是反对党的团结[1]。后来袴田就这次会谈回忆说，"斯大林的伟大性，对我们这样的共产主义者而言是具有绝对性的"。说他本人不仅在这个问题，而且在自我批评的问题上也不得不接受斯大林的要求[2]。关于当时中方的态度，赵安博作证说，在场的王稼祥不太同意新纲领，可他认为既然德田首先同意了，中方就不用插嘴了[3]。

　　总之，莫斯科会谈导致了三大后果：第一，共产党情报局对日共分派（事实上包括国际派在内的各个成员）重新进行了全面批评，称"无视党的利益、扰乱党的纪律、破坏党内统一的若干共产党员的分派活动只是有利于日美反动派"，以便恢复以德田派为首的党内统一[4]；第二，大部分国际派（包括宫本显治在内）不得不下决心服从主流派的领导体制，最终结束了一年多的党内分裂与抗争[5]。例如，袴田在非公开的机关报《内外评论》上发表自我批评书，阐述"我作为一个影响这个分派组织并参加其领导部的人，觉得应负起重大责任"，"我声明我放弃以前使自己分派活动合理化的想法，今后将断绝一切同分派的关系，与此同时将要为根绝它而进行斗争"等等[6]；第三，在暂时恢复党内统一的情况下，举行第五次全国协议会（以下简称为"五全协"），并且开始全面推进所谓的"军事方针"。

1　*Адырхаев*, Встреча Сталина с японскими коммунистами，с.143.

2　袴田『私の戦後史』、100頁。

3　「趙安博回想録」（水谷『「反日」以前』）、103頁。实情还不清楚，袴田也回忆说，"其间代表中国党在场的国际部长王稼祥一言不发"（袴田『私の戦後史』、101頁）。苏方译员的回忆也并没记录中方在会议上明显的言行（*Адырхаев*, Встреча Сталина с японскими коммунистами，с.143–144）。

4　「『分派主義者にたいする闘争に関する決議』について」、『恒久平和と人民民主主義のために』1951年8月10日、『日本共産党五〇年問題資料集』3巻、173頁；不破『日本共産党にたいする干渉と内通の記録』下巻、328頁。

5　亀山『戦後日本共産党の二重帳簿』、176頁。宫本等国际派通过承认"新纲领"及"军事方针"来复党了（増山『戦後期 左翼人士群像』、220頁）。至于此点，也参照宮地『検証：大須事件の全貌』、54頁、「五〇年分裂から六全協まで　吉田四郎氏に聞く」、90頁。

6　袴田里見「私は分派と一切の関係を断ち分派根絶のために奮闘する」德田派非公然機関誌『内外評論』1951年8月23日、日刊労働通信社編『日本共産党の文献集（第三編）』日刊労働通信社、1952年、55頁。

八

就日共的"军事方针"而言，很多人会轻易地误以为当时日共是冒着失败的风险谋求真正的暴力革命的。其实，当时在当地进行斗争的党员并没有如此认识。一个在东京推行过这一军事方针的党员就此证实道，"当时，至少主流派的干部并不认为，他们可能或应当在日本争取暴力革命"，"军事方针具有两个真正的意义"——"第一个就是当时被非合法化的共产党及其附属劳动运动要抵抗自卫"或实行"非合法的武力防卫"；"另一个则是，扰乱出兵朝鲜战争的美军的后方"，因为"日本已成为朝鲜战争重要的出击、后勤和补给的基地"[1]。在北海道负责过"军事方针"的有关人员也就此回忆说，当时他们认为，那时的形势"发展为第三次世界大战是必然的"，"因此日本应当进行抵抗运动"，谁都没有要推进革命的实际感觉[2]。

谈起非合法的活动或抵抗自卫，要追溯到五全协或四全协之前，甚至是朝鲜战争前夕。比如，1950年4月底在第19次中央委员会全体会议召开时，日共东京都委员会的组织已开始被分成两部分，即"正面"和"背面"的组织。在"临中"终于采纳"军事方针"之前，"非公开工作队"早已着手对付警察及警察预备队的工作，比如，党员潜入警察等的下级组织，以掌握后者的行动和扩大前者的影响力。在野坂于同年10月提出山村根据地或游击队论以前，至少东京地区早已派遣被清洗的工人党员到农村以及横滨近郊等，以便把农民等组织起来。这些工作原本跟后来的"军事方针"毫无关系[3]。准确地说，在四全协（1951年2月底）之后，被清洗的分子与警察工作组结成一体进行了"Y"（军事委员会或军事行动的别称）活动[4]。当时，"背面"（地下）的组织设立了军事委员会，比如东京都的非公开委员会（地下组织部）设立了东京都军事委员会[5]。只是，这并不意味着日共能够立刻统一

1　大窪『まっ直ぐ』、206—207、213頁。

2　「五〇年分裂から六全協まで　吉田四郎氏に聞く」、83頁。

3　大窪『まっ直ぐ』、202、208—209頁。

4　増山『戦後期 左翼人士群像』、213頁。

5　大窪『まっ直ぐ』、204頁。

党内意志与完善指挥体系，比如 1951 年春季到夏季，东京都地下组织的领导人对"Y"的擅自行动一直持谨慎态度[1]。总之，就算在四全协采取了"军事方针"之后，也难以马上执行其方针。有关人员就此解释说，这可能是因为负责人绀野与次郎并没有执行能力[2]。但更为重要的是，到 1951 年 10 月召开的五全协为止，"临中"不仅要集中进行自我批评以争取党内统一，而且要等斯大林对新纲领的答复。

在共产世界权威的支持下，五全协最终提出采纳真正的"军事方针"。"临中"就新纲领事先加以说明，"它肯定会消除仍然留在党基本方针中的不明确的部分以及弱点与缺陷，为党内统一奠定了坚实的基础"[3]；用"和平的方法"来革命一定会有"新民族解放民主政府"的认识则是"严重错误"的[4]。10 月 16 日，五全协达成了一系列决定："美国占领军与吉田政府构成了一个牢固阵营的权力"，"在实践方面，为了撤废（美）占领制度，打倒吉田政府成为决定性的步骤"[5]；"进一步加强合法与非合法活动的结合和统一，彻底强化同群众的结合则是越来越重要的"[6]；"日本已成为美国的殖民地"，"美国一直强行实施一个政策，即把包括冲绳在内的日本变成侵略亚洲的要塞以及亚洲的大兵工厂，重新武装日本"，例如美国推进"恢复旧兵工厂和把产业变成军需工业"[7]，作为"目前任务"，必须"尽量利用合法活动，并且在全国国民中广泛组织保障与发展前者的强有力的非合法活动"，各亚洲民族的解放斗争正是"我民族解放斗争的伟大联盟军"[8]。

同时，五全协用《球根栽培法》的书名伪装了主张武装斗争方针的文件。文件主张："我们必须准备武装与开始行动"；既然我们"对武装权力进行斗争"，就

1　增山『戦後期 左翼人士群像』、219—220 頁。

2　「五〇年分裂から六全協まで　吉田四郎氏に聞く」、81 頁。

3　日本共産党第二〇回中央委員会「民族解放・民主統一戦線と党の統一の発展のために：『新綱領』を提示するに当って」1951 年 8 月、『日本共産党五〇年問題資料集』3 巻、176 頁。

4　「『五一年文書』（綱領：日本共産党の当面の要求）」1951 年 8 月、『日本共産党の五〇年問題について〔増補改訂版〕』、320 頁。

5　「新綱領草案の討議を終結するに当って」『日本共産党五〇年問題資料集』3 巻、202 頁。

6　「一般報告」『日本共産党五〇年問題資料集』3 巻、209 頁。

7　「一般報告」（三、国内情勢）『日本共産党党性高揚文献』1 巻、231、234—235 頁。当代日共公开发行的文献几乎都忽略《一般報告》中的这一部分。

8　「一般報告」（四、当面の任）、『日本共産党党性高揚文献』1 巻、265、269 頁。

必须"创设军事组织、武装自己和行动起来"，以便保卫我方和打倒敌方；"目前，最为初步且基本的军事组织就是中核自卫队"，这就是"组织在工厂与农村用武器来保护自己、攻打敌人的一切准备和行动"的"日本的民兵"；此后就要创设"所有形式的抵抗自卫组织"；最后，军事委员会以把基本组织（中核自卫队）发展为"工人或农民的游击队"并且"组织人民军"作为"更大的目标"。乍一看，这些战略都仿佛是向中国革命学习，其实，日共也同时高度重视日本独特的条件，称"工人阶级不仅能阻止敌方生产与运送军需物资以及破坏它们，以此麻痹敌人，而且能制造武器和武装自己，甚至能为农民提供武器和帮助他们武装起来。日本工业发达，拥有许多熟练工人，因此很容易武装国民"[1]。

德田本人在解释新纲领时，也并没有将日中两国革命看成一样的，他认为"日本的反民族反动分子""只靠美国援助来保持其统治"，此举"如同希腊、西德、拉美各国、英国、法国以及其他西欧各国的例子所表现的那样，必定致国民于奴隶的状态"。他向中国革命学习的主要方面在于包含资本家在内的民族解放运动的那种方式，换句话说就是扩大统一战线基础的方式[2]。此论文甚至都没有涉及基于中国经验的武装斗争方式或解放军的组织。一个在基层从事过军事方针的党员也认为，当时日共将日本革命看作是"俄罗斯方式"（城市工人的大罢工暴动）与"中国方式"（农村包围城市）的结合，因此他们不仅试图组织自卫队，而且在农村建立游击队[3]。但是，日共党内自始至终都没有对此问题达成共识。

在五全协前后，主流派急于实践"军事方针"以便掌握党内领导权，因此重新设置了控制整个军事问题的"中央军事委员会"代替以往的"Y"组织（地下单一领导部）。被撤销"临中"议长职务的椎野就任"中央军委"主任。同时，在各级地下领导部之下，也设立了各级军事委员会，诸如地方、府县、地区和基层军

1　家庭園藝研究会編『球根栽培法』東京：東書房、1951 年 10 月 3 日、2—5 頁。東京大学社会科学研究所図書室 B:290476:76:1，http://library.iss.u-tokyo.ac.jp/cgi-bin/img/img.cgi?rgtn=6507157334（最後確認，2018 年 3 月 15 日）。

2　「四一、日本共産党の新綱領は何にもとずいているか」（1952 年 2 月 15 日付コミンフォルム機関紙、德田签名的日期为 1951 年 12 月 20 日）、『コミンフォルム重要文献集』、404、408 頁。

3　由井誓「"『五一年綱領』と極左冒険主義"のひとこま」運動史研究会編『運動史研究』第 4 号、1980 年 2 月、46 頁。

委。其中，地区军委负责领导和统治中核自卫队[1]。"中央军委"委员被派到各暴力革命据点，坚决进行武装斗争，比如吉田四郎被派到北海道和东北地区，滨武司和沼田秀乡被派到东京，村上弘被派到大阪，岩林虎之助被派到日本中部和名古屋[2]。但不管怎样，新制度几乎都是纸上谈兵，未必真正反映出实情，事实上指挥系统还不成熟。在五全协结束以后，各级军委与党的组织开始并列，这个状态导致了各种混乱：地下组织的负责人未必得知所有的决定或信息；地区军委的成员得不到中央军委在组织或活动上的动向，也不知悉全国各个军委的实际情况；军委陆续拉拢各支部的成员；在国内党高层中，尤其在椎野与志田之间很少举行会议协商，而志田最终领导了全国各地下组织，据椎野后来回忆说，他对志田的"独断专行"是有不满的[3]。

因为相关资料极其有限，各级军委如何组织与统治中核自卫队还不清楚，只能再现一些片段。据有关的信息分析，中核自卫队及独立游击队在全国有 55 个部队，其成员有 2 500 名左右。在各个地方从事地下或"Y"活动的人数如下：北海道和东北地区有 400 名，关东地区有 350 名，九州地区有 300 名，近畿（关西）地区有 200 名，东海、中国和四国地区各有 100 名[4]。最早期结成并最为典型的中核自卫队之一可能就是早稻田大学基层所组织的小队。1952 年 4 月，该大学各个系的学生党员共十名左右结成了中核自卫队，命名为"民族解放早稻田突击队"。两个月以后，高层要求他们组织以山岳与农村为基地的独立游击队，因为光靠中核自卫队的活动极其有限。6 月中旬，早稻田突击队队长等编制了由五名成员组成的游击队[5]。

从五全协的前夕起，陆续出现了武装斗争的实例。1951 年 12 月 26 日，首都警察厅巡警印藤胜郎遭到杀害，警察总部进行搜查并且认为是小田原工会的过激分子和日共党员一起进行的有计划的作案。这个事件被认为是日共基于"军事方针"

1 増山『戦後期 左翼人士群像』、220 頁；兵本達吉『日本共産党の戦後秘史』新潮社、2005 年、145—146 頁。
2 宮地『検証：大須事件の全貌』、16—17 頁。
3 「五〇年分裂から六全協まで 吉田四郎氏に聞く」、81 頁；大窪『まっ直ぐ』、222—224 頁；増山『戦後期 左翼人士群像』、174 頁。
4 増山『戦後期 左翼人士群像』、213 頁。
5 由井「『五一年綱領』と極左冒険主義"のひとこま」、44、46 頁。当時、由井負責突击队队长。

所进行的首次"军事斗争"[1]。翌年 1 月 21 日，发生了著名的"白鸟事件"，北海道札幌警察局警备课长兼警部白鸟一雄在骑自行车回家的路上从背后被枪杀。村山国治、佐藤直道、高安知彦等属于日共札幌市委员会非公开组织的党员事先对白鸟的行动进行了调查，此后不久就由其中一名成员（被认为是佐藤）实行了暗杀计划。之后，同此事件有关的一些党员被驱逐出境（前往中国大陆），企图以此抹掉"军事"问题的证据[2]。此外，自 1952 年 5 月到 7 月，又连续发生了所谓的"三大骚扰事件"。第一，"流血的五一节事件"。4 月 30 日，日共东京都政治局通过讨论达成共识，即"举行武装斗争是错误的"。但这次会议结束以后，中央军委委员长志田指示东京都政治局（滨武司），要求其基于"军事方针"执行冲入人民广场（皇居前面的广场）的行动。如此，5 月 1 日，游行队伍与警察队在广场发生冲突，发展为出现死者的流血冲突事件[3]。这一事件说明党内尤其在中央与地区之间不断产生分歧，党内的指挥系统还不成熟。第二，"吹田、枚方事件"。在日共东大阪地区军委松村泰雄的领导下，以"对赞同朝鲜战争及背叛革命的卖国贼实施制裁"为目的，"旧枚方工厂（战前日本陆军的炮弹制造工厂）爆破队"着手准备工作。6 月 24 日深夜，其队伍用定时炸弹炸毁了旧枚方工厂甲斐地区的一些工厂设备。翌日早晨，由另外的游行队伍冲入了国营铁路吹田调车场。这两次作战的主要目的在于搅乱出兵朝鲜战争的美军后方[4]。第三，"大须事件"。7 月 7 日晚上，访问中苏后回国的议员帆足计、宫腰喜助在名古屋市中区大须球场上举行了报告会。在最后阶段，在会场的学生们开始煽动，以包围他们的警察为敌，呼吁观众团结对抗警察。此后不久，在场外马路上的游击队与警察发生冲突。其实，日共名古屋市军事委员会在武装斗争方面准备并不充分。在事件的一个月以前，他们还没接收到中央军委关于创设中核自卫队以及制造火焰瓶的指示。只是在事件前夕，中央军委委员长志田给岩

1　「印藤巡查杀害事件」警察厅警备局『戦後主要左翼事件回想』、44 頁；兵本『日本共産党の戦後秘史』、177 頁。

2　渡部富哉『白鳥事件：偽りの冤罪』同時代社、2012 年、31—58、345 頁。吉田四郎被送到北京之前，好不容易才逃跑了，以免承担对军事问题的责任（「五〇年分裂から六全協まで　吉田四郎氏に聞く」、93 頁）。被送到大陆的党员回国后公开了这类事情的一部分（川口孝夫『流されて蜀の国へ』サンケイ総合印刷株式会社、1998 年。

3　兵本『日本共産党の戦後秘史』、187—188 頁。

4　脇田憲一『朝鮮戦争と吹田・枚方事件：戦後史の空白を埋める』明石書店、2004 年。

林虎之助（负责名古屋地区工作的中央军委委员）发布密令称，要求名古屋市通过大规模的火焰瓶武装来取得成功。因此，当天有些游击队投掷火焰瓶[1]。这一事例也表明党中央与地区在如何举行示威运动的问题上存在分歧。

既然日共缺乏编制军队、制造武器和建立基地的基础与经验，那么制造和使用都比较简便的"火焰瓶"对他们而言就是最重要的方法之一了，但用此种武器进行斗争的历史都以短命告终。1952 年 5 月 1 日，游行队伍在五一节事件中并没有使用它。游行队伍首次投掷火焰瓶始于 5 月 30 日，这天早稻田大学、东京大学等学生的队伍向新宿车站前面的警察岗亭投掷火焰瓶。民族解放早稻田突击队队长就此回忆说，到 5 月 1 日为止，他们会使用火焰瓶了，但据他的记忆，实际上首先带着火焰瓶走上街头是在 5 月 30 日[2]。之后，"吹田、枚方事件"或"大须事件"都使用了火焰瓶[3]。可是，7 月上旬，日共高层忽然呼吁停止使用火焰瓶进行斗争的方式。

九

1952 年 7 月 15 日，德田书记长为纪念日共成立 30 周年发表了一篇论文，在其中强调了两个不同的论点：第一，与以往的文章相比，他更为清楚地指出，新纲领"将日本面临的革命性质定义为附属国的革命，即民族解放民主革命"，"把马列主义适用于中国革命而在中国打开新道路的毛泽东同志的思想，解释为对我们而言也应该是不变的领导原理"；第二，他避免高举武装斗争的旗帜，而强调了"将合法与非合法活动结合起来的方式"，以此发出警告，有的党员把所有的努力局限于罢工和游行，而不够关注各级选举那样的合法斗争[4]。日共国内高层以此论文的发表为契机，修正甚至是停止了武斗的方式，"基于军事方针使用火焰瓶斗争的极左

1 　宮地『検証：大須事件の全貌』、13—14、87 頁；兵本『日本共産党の戦後秘史』、214 頁。

2 　由井「『五一年綱領』と極左冒険主義"のひとこま」、45 頁。

3 　宮地『検証：大須事件の全貌』、16 頁。

4 　「四四、日本共産党の三十周年に寄す」（『ボリシェヴィーク』誌 1952 年 7 月第 14 号＝八一二、三・「プラウダ」紙）『コミンフォルム重要文献集』、434、439 頁。

冒险主义"就此告一段落[1]。实际上，同日，川上贯一（大阪二区共产党的国会候选人）在一个集会上讲话说，德田的纪念论文具体地指出了党应该如何恢复因火焰瓶斗争而失去的信任，以后投掷火焰瓶的党员将立刻被开除出党[2]。

不过，这并不意味着基层党员服从、理解甚至接受了高层决定，而高层本身也未必已经达成共识。例如，当时椎野悦朗好像处于被"软禁"状态，志田与其亲信随之垄断了"军事斗争"的领导系统。这反而有可能产生不同系统的不同指示，因而导致了斗争的扩散[3]。一些零碎的实例证明存在着如此混乱的状态。一个参加"枚方事件"的有关人员作证说，"我们的火焰瓶斗争终于以这个七一五（1952年7月15日）集会结束了，但我们并没受到Y组织（军委）的任何停止（斗争）的指令"[4]。就算在朝鲜停战前夕，即1953年7月中旬，日共西日本军委还作出决定在山村地带设置独立游击队。翌月，成立了以"独立游击队关西第一支队"为名的队伍，但它也以短命告终，因为日共西日本或大阪支部不愿负责此队伍的工作[5]。

这种事情的确只不过是现实的一些小片段，可是能充分说明两个意义。第一，即使在朝鲜战争仍在进行时，日共国内高层也早已作出对冒进武装斗争方式加以限制的决定。这是否真正反映德田等"北京机关"的意志还不清楚，但显然德田的纪念论文劝导要慎重采取非法活动的斗争方式，要重新重视议会工作等的合法活动。实际上，这一姿态似乎部分地反映了中苏对日本或对东方的和平攻势[6]。尤其是

1　増山『戦後期 左翼人士群像』、214頁；由井「"『五一年綱領』と極左冒険主義"のひとこま」、49頁。

2　当时在场的胁田听到如此发言（脇田『朝鮮戦争と吹田・枚方事件』、185頁）。

3　増山『戦後期 左翼人士群像』、221頁。

4　脇田『朝鮮戦争と吹田・枚方事件』、186頁。

5　1953年7月18日，近畿南部一带遭遇了集中性暴雨。日共大阪府委员会派救援队伍到和歌山市，并且西日本军委以此次救援为契机决定在和歌山和奈良建立山村地带的据点。不过，10月底，队伍事实上被瓦解了。同上书，第463—558页。

6　1952年春季，在对日和约生效时，苏联也加入的联合国对日占领机构，即对日理事会被废除。苏联外交部关注"在废除理事会之后通过各种各样的方式来在日本留下苏维埃代表"，而且认为"对于驻在日本的苏联代表成为通商代表团同日本达成协议就是符合目的的"（Телеграмма Громыка Сталину, 21 февраля, 1952 г. КСО–9, с.2119）。与此同时，4月上旬，莫斯科国际经济会议召开。苏联外交部高度重视美国的新闻报道，即西欧各国关注此次会议证明它们对美国贸易政策感到很大不满（Обзор торгово-политических отношений СССР с США первом полугодии 1952 г., 4 августа 1952 г. САО–2, но.163, 576）。此后不久，日中贸易促进会议成立，并且参加这次国际经济会议的日本国会议员在回国途中顺道去北京缔结了第一次日中民间贸易协定（井上正也『日中国交正常化の政治史』名古屋大学出版会、2010年、76—77頁）。

1952 年 5 月，北京在准备亚洲太平洋和平会议时，开始强调和平解决一切国际纠纷或与各种不同政治制度的国家和平共处等的愿望[1]。但不管怎样，从 1952 年春季到夏季，斯大林为了把美军困在朝鲜半岛上，一直都希望持续当地的战斗，以便拖延西方大国发动第三次世界大战的时间[2]。由此可见，日共修改武斗方式未必反映斯大林的这种战术。

　　第二，既然日共党内指挥系统仍未成熟，那么每个决定在从高层传达到基层时，都一定会遇到时间和空间的障碍[3]。这肯定会给各级党组织与党员提供自主判断和行动的余地。斯大林对东方战术如何姑且不论，在 1952 年 4 月美军对日占领结束之后，一些日共的各级党员自然会期待日共的政治情势发生变化，主张重新加强议会方面的合法工作。与此同时，日共高层转变战术暂且不谈，有的党员，尤其是基层的活动家可能对于持续非合法活动并不持怀疑态度。如上所述，"军事方针"的主要目的在于抵抗性自卫和捣乱朝鲜战争的后方。既然这两种情况没有根本变化，他们继续进行武斗就是很自然的。假如高层并不能将其决定迅速传达到基层的话，这就更自然了。总之，从上到下如此不团结的党内状况本身就能够说明，各级党员在某种程度上不得已只能作自主判断。

　　1953 年，在斯大林逝世后不久，有关国家之间达成了朝鲜停战协议。翌年夏季，北京对日本的和平姿态表示，"恢复远东各国与日本之间的正常关系已成为亚洲所有爱好和平的国家和人民的迫切任务"[4]。事至如此，日共领导部开始着手重新制订党纲。他们在这次工作中也需要依靠中苏两党的指点以巩固党内统一。于是，绀野与次郎、河田贤治和宫本太郎访华，与野坂和西泽商讨纲领问题。他们都认为

1　高橋伸夫『中国革命と国際環境』慶應義塾大学出版会、1996 年、144—147 頁。

2　参照 Vojtech Mastny, *The Cold War and Soviet Insecurity: The Stalin Years*, Oxford University Press, 1996, p.132, ch.8。

3　诸如，1952 年 7 月左右，当德田发表日共 30 周年纪念论文时，他开始怀疑在"北京机关"与日本国内以志田为首的领导部之间有可能缺乏了解，因为他没能受到国内党当局关于党内统一情况的报告，而且也没能发现播送他论文的反响。德田仿佛对伊藤律（他承担和国内接头的任务）的怀疑越来越大（藤井『伊藤律と北京・德田機関』、44—45 頁）。

4　《毛泽东、周恩来为庆祝抗日战争胜利九周年给马林科夫、莫洛托夫的电报》，1954 年 9 月 2 日，中共中央文献研究室编《建国以来毛泽东文稿》第 4 册，北京：中央文献出版社，[1987] 1992 年，第 540 页。

必须同苏党当面协商，遂于 1954 年夏季到访莫斯科。日共党员在当地宿舍里准备了所谓"莫斯科草案"的新方针，此时其"最大的目的在于对武装斗争进行自我批评，并且提出了谋求党内统一及团结的新方针"。9 月，他们用一两个月的时间完成了草案。苏方研究了草案之后，要求日方补充一句话"五一年纲领是正确的"，以此保全中苏两党的面子。日共不得已接受了苏共的修正意见[1]。

1955 年 7 月底，日共在第六次全国协议会上通过了所谓的"六全协决议"。这个决议一面基于上述的草案采纳了苏方的要求，一面附加了日共领导部独自的修改内容。其修订或删改的内容涉及许多方面，但值得一提的是有关军事方针的部分：草案表明"这次最大的错误在于冒进斗争的部分"，或者使用"武装斗争"的语言，但最后方案却删掉了这些表述，并且用"极左冒险主义"代替了冒进或武装斗争的说法。草案亦指出"四全协与五全协的决议一定程度上促进了冒进斗争"，甚至导致了"小规模自卫队的组织"活动，并说"吹田事件、名古屋（大须）事件等就是其代表"，五一节事件也是"由党的错误政策造成的"。这些部分都被删除了[2]。迄今为止，日共中央一直避免全面承认采取了军事方针的责任，总是企图消灭证据[3]，甚至把责任转嫁给个别的党员，被派到中国的党员（例如小松丰吉）抑或在北京被幽闭 27 年的伊藤律就是其代表，但这不过是冰山一角[4]。一般来说，掌握权力的当事人是不会把失去自己权威的历史记录留下来的。

附记：引文中的（　）内的文字是笔者（松村）的补充说明。本文是日本学术振兴会科学研究费补助金、基盘研究（C）一般（课题编号 16K03508）研究的阶段性成果。论文内容经大幅添加与修改并翻译成日文后，以《強制と自主独立の間——日本共産党「軍事方針」をめぐる国際環境（1949—55）》为题，刊登在日文杂志《宇都宮大学国際学部研究論集》第 47—49 号（2019 年 2 月—2020 年 2 月）上。

1　袴田『私の戦後史』、113—114、120、122 頁。

2　亀山『戦後日本共産党の二重帳簿』、213—215 頁。

3　吉田四郎就此证言称，他们接受［来自上级的］指示，即需要接二连三销毁有关非法活动的文件（「五〇年分裂から六全協まで　吉田四郎氏に聞く」、97 頁）。

4　就小松而言，参照増山『戦後期 左翼人士群像』、214 頁；渡部『白鳥事件』、270 頁。至于伊藤律，参照渡部『偽りの烙印』、345 頁；兵本『日本共産党の戦後秘史』、262 頁；伊藤『伊藤律回想録』。

附录　日本外务省外交史料馆与
亚洲历史资料中心合作的经过和现状

外务省内亚洲历史资料中心合作室

引言

2017 年 8 月，日本国立档案馆亚洲历史资料中心开始刊载外交史料馆收藏的"战后外交记录"的图像史料。自此，从第一次及第二次公开的外交记录档案中可以检索、阅览 102 册的图像资料。

2001 年亚洲历史资料中心成立，外交史料馆从那时起就一直向该中心提供馆藏的图像史料及书刊等信息。而今，亚洲历史资料中心已经开始刊载战后外交记录。以此为契机，我们将在这篇活动报告中回顾迄今为止外交史料馆与亚洲历史资料中心合作的经过和取得的成果，并同时汇报工作现状，以对今后的合作前景进行展望。

一、"亚洲历史资料整理筹备事业"的开始

1994 年 8 月 31 日，当时的村山富市首相为了筹备翌年即将举行的战后五十周年纪念活动，发表了有关"和平友好交流计划"的讲话。"和平友好交流计划"由两部分组成：其一，以直面过去的历史为目的的"支持历史研究的事业"；其二，

与亚洲各邻国间"以促进对话与相互理解为目的的交流事业"。村山首相还在该讲话中提出，"我们一直以来都认为设立亚洲历史资料中心十分必要，因此想要推进相关研究"。

接到这一指示后，筹备亚洲历史资料中心具体内容的任务就被委任给了由 15 名学识渊博的资深学者组成的"有识之士会议"，会议负责人由原庆应义塾大学校长石川忠雄担任。有识之士会议在听取一般民众的期望和要求的基础上，结合国内外实际情况的调查报告和有识之士的意见，于 1995 年 6 月 30 日提出设立亚洲历史资料中心，其宗旨：广泛地、公允地收集有关日本和亚洲近邻各国之间的近现代史的资料及资料信息，并将此提供给以国内外研究人员为代表的广大民众。

经过多方努力，日本内阁于 1999 年 11 月 30 日召开会议，决定设立亚洲历史资料中心。会议内容概要如下：

日本政府从很早以前就对设立亚洲历史资料中心一事进行了讨论。此次将以下各事业定位为"亚洲历史资料整备事业"，由日本政府主导，并组织力量有序地推进此项工作。决定开设亚洲历史资料中心，作为整备事业中的一个重要环节。其目的在于，将日本政府保管的、与日本及其近邻国家之间的历史相关的资料整理并收藏，使日本国民及相关各国的国民能够对这些资料更加容易地加以利用。我们相信，这一事业可以促进日本与邻近各国间的相互理解。

在日本内阁会议上还就如何实现上述目的，讨论了具体的实施计划，其中一个内容是"构建亚洲历史资料数据库"，详情如下：

　　在历史记录中档案占据核心部分。为了适应高度信息化的时代潮流，能否在整理和检索资料之际通过电脑提供信息服务这一点至关重要。有鉴于此，亚洲历史资料中心利用国立公文书馆（即档案馆）、外务省外交史料馆、防卫厅防卫研究所图书馆等国家机构保管的亚洲历史资料（也就是作为日本重要档案及记录的所有有关近现代日本和亚洲近邻各国之间关系的相关历史资料）构建以电子信息的形式储存的数据库，以便通过互联网等形式提供信息。

在"亚洲历史资料整备事业"的框架中，外交史料馆在日本政府的帮助下，以制作电子档案的方式与亚洲历史资料中心开展了合作。截至 2011 年，十年间，作为亚洲历史资料整备事业的一环，外交史料馆向亚洲历史资料中心提供了约 900 万部的图像资料。此后，从 2012 年度至 2015 年度，外交史料馆又将为保存阅览使用而制作的图像资料以租借的形式提供给了亚洲历史资料中心。截至 2017 年 12 月，"二战"结束以前的资料约 75% 已经可以阅览了。从 2016 年开始，政府制定了"'二战'后 70 年实施方策"的计划，进入了一个提供"二战"后外交记录的图像资料的新阶段。

二、战后 70 周年的政策措施

2015 年，时任首相安倍晋三主办并设立了"以回顾 20 世纪，构思 21 世纪的世界秩序和日本的作用为目的的知识分子恳谈会"（以下简称为"21 世纪恳谈会"）。安倍晋三首相在 21 世纪恳谈会的开幕式上提出的议题之一，就是"'二战'后 70 年，日本和美国、澳大利亚、欧洲各国，特别是与以中国和韩国为代表的亚洲各国走过了何种和解之道？"

2015 年 5 月 22 日，21 世纪恳谈会举行了第五次会议。在会上，东京大学研究生院教授川岛真就村山谈话讲道："亚洲历史资料中心作为一个可以阅览战前日本历史资料的网站，在现在的东亚地区得到了广泛的使用，这对于日本与东亚各国在解决历史认识问题和走向和解的方面作出了很大的贡献"，对亚洲历史资料中心的存在意义做出了积极评价。但是，世界各国在对中心作出高度评价的同时也提出："'二战'结束前部分的资料做得很不错，希望也公开'二战'后日本与各国和解进程的相关资料。"

针对上述提议，亚洲历史资料中心于 2015 年 8 月 6 日提交了 21 世纪恳谈会报告书，指出："在'二战'后 70 周年之际，日本应该采取的具体措施就是充实亚洲历史资料中心。本中心得到国内外学者的一致好评，但现在的资料仅限于'二战'结束前的史料，有必要收集并公开'二战'后的相关史料。"

根据上述报告，日本外务省和国立公文书馆与亚洲历史资料中心进行了协调，决定提供"二战"后外交记录的图像版。

亚洲历史资料中心这边基于 21 世纪恳谈会报告中提出的日本应该采取的具体措施之一就是"充实亚洲历史资料中心"的提议，围绕两个问题进行了讨论：（1）应该提供的"二战"后历史资料的具体范围；（2）通过网络链接提供信息的扩充方案。到 2016 年 3 月 15 日，亚洲历史资料中心召开了咨询委员会议，在会上通过了"亚洲历史资料中心当前所应采取的措施方案（提议）"。

该提议指出："迄今为止，亚洲历史资料中心收集的对象以从明治初期到第二次世界大战结束时的资料为主。而今，我们根据 21 世纪恳谈会的建议，决定提供'二战'后的资料，其范围截至 1973 年。我们认为这样比较合理。"也就是说，到 1972 年中日邦交正常化为止的档案均为提供的对象。

三、提供的方向性和现在的工作进展情况

外交史料馆决定从美军占领日本时期开始，尽量按照年代顺序公开资料，为此选定了每个年度预定向亚洲历史资料中心提供的史料。

目前公开的第一次至第十二次的外交记录中，以用微缩胶卷和电子媒体（CD-R）形式公开的文书为中心，选定能表现日本在战后与亚洲各国进行和解的文书档案为提供方向，并沿着这一方向推进工作。

另外，虽然主要是针对日本与亚洲的和解历史，但为了让读者在某种程度上以通史和多层次的角度理解战后日本外交，计划将在战后外交中占有重要地位的日美关系，日本在联合国等国际组织、机构中的多元外交关系也包含在提供对象中。

2016 年度提供的 102 册资料全部都是占领时期 A 门的档案，具体来看，主要内容有《联合国军队进驻日本本土及军政关系的文件》（分类为 A 门 1 类 0 项 0 目）。这里面包含着以 1945 年 9 月 3 日重光葵与麦克阿瑟的会谈为代表的日本与 GHQ 重要人物的会谈记录。此外还有总括了日本政府和 GHQ 围绕宪法改革进行交涉的记录、临时法制调查会的相关文书、引起了宪法改革问题的各种法案的制定的相关文书等的《日本国宪法相关文件》（分类为 A 门 3 类 0 项 0 目）。其中，国

务大臣松本丞治制定的"宪法改革私案"、终战联络中央事务局的白洲次郎写给GHQ民政局长惠特尼的所谓的"吉普道路"的书信等文件也包含在内。

在 2017 年度，计划提供占领时期剩余的记录和关于日本在旧金山媾和后回归国际社会的文件，里面包括日本加入联合国及其他国际机构的文件档案，以及有关日本与外国缔结的实务性协定的文件。

四、业务流程

（一）对象史料的选定

业务程序从选定下一年度应提供的图像对象史料开始。

首先，在选定时重视系统性。也就是说，在公开的第一次至第二十一次的外交记录中，并非只是将微缩胶卷等公开的文件档案机械地作为提供对象，而是要将与当时公开的文件有关的史料都加进去。在同一个文件名的记录文档中，一部分在截至第二十一次公开外交记录时已经公开，但还有其他文件的公开权限被移至之后公开的外交记录之中。比如《远东委员会相关文件》（分类为 B 门 1 类 1 项 0 目 1 号）总共由三卷组成，但在第四次外交记录公开（1978 年 7 月）时以微缩胶卷形式公开的只有第一卷，而第二卷和第三卷的权限公开时间被移至 2015 年 5 月，因此要到 2015 年才将三卷一起公开。这样一来，即使是对本馆所藏史料的体系不熟悉的读者也能够在具有总体性、连续性和关联性的基础上查阅档案。

另外，外交史料馆向亚洲历史资料中心提供的图像簿册，在亚洲历史资料中心开始公开之前，原则上在外交史料馆可以同时使用原件。这是"外交史料馆利用等的规则"中所说的"通过简便的方法来利用"的规定。这样，对于可能来外交史料馆阅读的读者来说是非常有益的。

（二）审查与公开前的准备

在向亚洲历史资料中心提供资料之际，所有的记录都需要审查。审查时适用的基准是外务省外交史料馆根据公文书管理法制定的对利用申请予以处理的审查基准。通过与利用申请使用同一个基准进行审查，实质上就是积极地对需要审查的文档进行有计划的事前审查，这能够使事前审查的效率大幅度提高。在第一次至第二十一次的外交记录公开对象中，有很多在当初仅是以微缩胶卷和电子媒体（CD-R）的形式公开的。由于以微缩胶卷形式公开的公文书的原件之后由外交史料馆移管，因此为了能让阅览者阅览原件，有必要对其按顺序进行整理。

外交史料馆在审查公文书时倾注了大量心血。不过，在审查上花费大量时间也有好处。因为在过去属于非公开的信息，随着时间的流逝有很多可以部分公开了。但另一方面，也有一些需要受到保护的个人信息不能公开，不得已只能把这部分涂黑，因此会有一些页面是以信息被覆盖的状态刊登的。外务省已在尽最大努力减少被涂黑的部分。

对于审查结束后的记录，会采取包括去除涂黑和金属物等保存措施在内的公开准备工作。另外，在拍照对象的史料中，有时可以看到经年劣化的破损和污点等，因此在准备公开阶段，确认对象史料的状态至关重要。破损明显的地方，要标上"要补修"三个字，插上一页。之后在要补修的部分，由负责补修的职员再次确认是否会影响到拍照，并根据需要实施补修。事实上，需要补修的文件档案有很多，所以在这一业务上只能有选择地处理必要的部分，有效地利用有限的人力。

（三）微型胶卷拍照

公开准备工作一结束，就要委托专业公司进行微型胶卷的拍照和电子数据化处理。此时要特别注重保存和使用两个方面的要素。

首先要注意在拍照过程中不要加重公文书的破损。为此，外交史料馆的职员首先要检查各记录纸张劣化的状态，还要检查目录的有无和页码的完整性，这些要素对微型胶卷的拍照不可或缺。

在拍照之前，要把每年度预定提供给亚洲历史资料中心的拍照簿册集中放在拍照间。由四至六名工作人员或者受委托的公司职员在四个月的时间内在这里进行事前确认、整理和拍照。各簿册要标上统一序号，同时准备好借出和返还的记录本，并提前将注意事项传达给受委托的公司，在与他们的紧密沟通中完成工作。

在亚洲历史资料中心进行公开之际，要将包含在各目录中的文书算作一个文件，以此为单位打开图像资料。因此，本馆还要提供链接数据以显示目录与图像的对应关系。最终会按每个目录标注序号，但在事前整理的工作中，需要明确各簿册内的各文件隔开的位置，使链接数据的制作更加有条不紊地进行。

事前整理工作结束后，要解开串起簿册的线绳，按原有顺序谨慎小心地将各文件放入塑料袋，再放入防止丢失的箱子里进行管理。

在拍照时以两页并排为一个图像单位。由四名专业微型胶卷摄影师历时两个月拍摄。由于当场很难对是否拍摄纸片和手写的批注等状况作出判断，因此每当此时都需要有外交史料馆的负责职员予以解答。一卷胶卷大约拍摄一至三本簿册。

拍摄完的胶卷经委托的公司检查后，再次由外交史料馆对图像进行确认。具体来说，就是要将各簿册与胶卷进行对照，确认文字是否缺漏，图像的浓淡、图像的顺序是否正确等。之后再将检查后的胶卷进行电子化，以电子媒体的形式（现在是DVD-R）交货。但在这时，外交史料馆的负责人还要再逐张确认、验货。

这样完工的图像数据和链接数据才一起提交给亚洲历史资料中心，中心在整理和完善书志信息等各种准备工作之后对外公开。

五、今后的合作

今后，外交史料馆将继续制作电子图像提供给亚洲历史资料中心。眼下正在提供截至 1972 年的史料图像，并打算继续维持现在的合作方针。

为了进一步充实已成为世界上屈指可数的数据档案馆的亚洲历史资料中心，我们将尽力提供帮助。希望通过与世界共享外交史料，为提高亚洲国际关系史的研究水准作出贡献，进而为促进亚洲各国对过去历史进程的相互理解作出贡献。